浙江省习近平新时代中国特色社会主义思想研究中心课题成果

"八八战略"
二十周年研究丛书

金 华

八婺勇争华
共建枢纽城

周志山 等 著

ZHEJIANG UNIVERSITY PRESS

浙江大学出版社

·杭州·

图书在版编目(CIP)数据

金华:八婺勇争华 共建枢纽城 / 周志山等著. —
杭州:浙江大学出版社,2023.9
("八八战略"二十周年研究丛书)
ISBN 978-7-308-24107-6

Ⅰ.①金… Ⅱ.①周… Ⅲ.①社会主义建设－研究－
金华 Ⅳ.①D619.553

中国国家版本馆 CIP 数据核字(2023)第 151965 号

金 华:八婺勇争华 共建枢纽城
JINHUA:BAWU YONG ZHENGHUA GONG JIAN SHUNIUCHENG

周志山 等 著

出 品 人	褚超孚
策划编辑	张 琛 吴伟伟 陈佩钰
责任编辑	吴伟伟
责任校对	张培洁
责任印制	范红法
封面设计	周 灵
出版发行	浙江大学出版社
	(杭州天目山路 148 号 邮政编码 310007)
	(网址:http://www.zjupress.com)
排 版	浙江大千时代文化传媒有限公司
印 刷	杭州钱江彩色印务有限公司
开 本	710mm×1000mm 1/16
印 张	19
字 数	256 千
版 印 次	2023 年 9 月第 1 版 2023 年 9 月第 1 次印刷
书 号	ISBN 978-7-308-24107-6
定 价	78.00 元

编写说明

20年前,习近平同志担任浙江省委书记期间,经过深入调查研究和系统谋划,为浙江量身打造了"八八战略"这一总纲领总方略,并为浙江发展倾注了大量心血、汗水和智慧,在之江大地书写了波澜壮阔的奋斗篇章,给浙江留下了宝贵的思想财富、精神财富和实践成果。20年来,"八八战略"引领浙江在省域层面率先开启了中国式现代化先行实践之路,推动浙江大地发生了全方位、系统性、深层次的精彩蝶变,实现了从资源小省向经济大省、外贸大省向开放大省、环境整治向美丽浙江、总体小康到高水平全面小康的历史性跃迁。

在"八八战略"实施20周年的重要时间节点,浙江省习近平新时代中国特色社会主义思想研究中心和浙江省社会科学界联合会共同组织力量编写"'八八战略'二十周年研究丛书",并将之纳入"浙江文化研究工程"。丛书重点论述了"八八战略"在浙江省11个地市(杭州、宁波、温州、湖州、嘉兴、绍兴、金华、衢州、舟山、台州、丽水)深入落实的全过程,以及所带来的深刻影响。我们希望,通过这套丛书,能让读者用心感悟习近平总书记的关心关怀和殷殷重托,学深悟透、感恩奋进、实干争先,持续推动"八八战略"走深走实,坚定不移沿着习近平总书记指引的道路奋勇前进,推动浙江在新时代新征程上奋力谱写共同富裕和中国式现代化先行的靓丽篇章。

目　录

导　论

金华地处"浙江之心",素有"历史文化之邦、名人荟萃之地、文风鼎盛之城、山清水秀之乡"的美誉,是长三角重要节点城市,浙江高质量发展的重要增长极。新中国成立特别是改革开放以来,历届省委、省政府对金华发展寄予厚望。金华东邻台州,南毗丽水,西连衢州,北接绍兴、杭州。南北跨度 129 公里,东西跨度 151 公里,土地面积 10942 平方公里。市区位于东阳江、武义江和金华江交汇处,面积 2049 平方公里,建成区面积 104.3 平方公里。2022 年末,全市常住人口为 712.7 万人。金华正朝着打造国际枢纽城、奋进现代都市区的康庄大道奋力前进。

习近平同志在浙江工作期间多次到金华调研,围绕经济建设、民主政治建设、文化建设、社会建设、生态文明建设以及全面从严治党等方面作出了系列重要指示,系统回答了如何推进金华经济社会高质量发展的一系列理论和实践问题,明确了发展的指导原则、价值导向、发展模式、发展道路等重大问题。

建设浙中城市群,不仅是金华的事,也是优化全省城市空间布局的大事。2002 年 12 月 28 日,习近平同志在金华调研时指出:"金华的中心城市形态是组团式城市群的形态",强调"要注重各县(市、区)的优势互补,实行资源整合、要素融合,优化生产力布局"。[①] 从国际经验

---

① 习近平:《干在实处　走在前列——推进浙江新发展的思考与实践》,中共中央党校出版社 2013 年版,第 506—507 页。

看,城市群的发展有两种基本形态,第一种是以特大城市为中心的城市群,实际上是都市圈或者大都市连绵带;第二种是由多个实力基本相当的城市组成的城市群,从金华实际看,比较现实的选择是第二种形态,通过功能互补、错位发展,发挥整体优势,使浙中城市群成为带动浙中地区乃至浙西地区经济社会发展的增长极。

金华市历届党委始终坚持以"八八战略"为指引,按照习近平同志在浙江工作期间到金华调研时的重要指示精神,紧扣省委对金华发展的定位定向,一张蓝图绘到底,一任接着一任干,金华经济社会呈现出全面深刻的变化,彰显了"八八战略"跨越时空的理论力量和实践力量。

一、经济建设的探索与实践

近年来,金华全面贯彻新发展理念,以供给侧结构性改革为主线,以提高创新竞争力为导向,充分发挥"区位＋规划""制造＋市场""改革＋开放""生态＋人文"四个方面的特色,围绕"加快打造增长极"的定位定向,积极发挥区位和交通优势,着力打造全国性交通枢纽;积极发挥市场大市优势,着力打造世界小商品之都;积极发挥区域特色经济优势,着力打造创新智造基地;积极发挥名优特农产品丰富的优势,着力打造和美宜居福地;积极发挥金华籍人才较多的优势,以金华发展大会为载体,着力推动招商引资、招才引智,持续推进"八八战略"再深化、改革开放再出发,勠力同心加快建设现代化都市区,坚定不移打造国际枢纽城,奋进现代都市区,实施高质量赶超发展"八大行动",2001年至2022年,全市地区生产总值从597亿元增长到5562亿元,为全省"两个高水平"建设贡献了金华力量。

（一）构建现代经济体系

建设现代化经济体系是推动经济发展质量变革、效率变革、动力变革,解决新时代社会主要矛盾的重要手段。新时代金华大力实施创新强市战略,聚焦产业创新主战场,强化现代化经济体系战略支撑。
一是加强创新平台建设。大力实施"浙中硅谷"工程,建设金华信息经
济集聚区、"千人计划"产业园等创业创新载体,支持金义电子商务新
城、北大信息科技园、浙师大科技信息产业园等科技园区建设。抓好
"两化"融合示范企业、"三名"试点企业,实施高新技术企业和科技型
中小微企业"双倍增"计划。二是优化创业创新环境。大力发展众创、
众包、众扶、众筹等新模式、新业态,大力发展科技创业创新孵化平台,
建设完善"创业苗圃＋孵化器＋加速器"多层次孵化体系,到 2020 年
市级以上新型创业服务平台已超 100 家。跻身国家创新型城市创建
行列,创成国家知识产权示范市,加入长三角 G60 科创走廊。三是拓
展经济发展新动能。发挥消费对增长的基础性作用,加大供给侧结构
性改革,推动企业依靠产品研发和创新提高核心竞争力。大力推进质
量强市、标准强市、品牌强市建设,推动"金华制造"向"金华智造"转
型。"十三五"时期,数字经济产业指数、区域贸易指数位列长三角 27
个中心区城市首位。

（二）建设组团式城市群

建设浙中城市群,不仅是金华的事,也是优化全省城市空间布局
的大事。按照这一思路,金华大力实施群城聚市战略,制定实施全域
同城化战略行动,着力破"散"促"聚"。推进"多规合一"。科学编制
《金义都市区规划（2017—2040 年）》和《金华市城市总体规划（2017—
2040 年）》,强化规划龙头引领作用,大力推进全域、全要素、全过程统
筹与"多规合一",将国民经济与社会发展规划、土地利用规划、生态保
护规划,与城市总体规划相统筹,将给水、排水、燃气、供电、信息通信
等市政设施专项规划,文化、教育、体育、医疗卫生、社会福利等公共服
务设施专项规划,城市总体规划相衔接,集成各类审批信息的综合性
"多规合一"平台,形成市域城乡全覆盖的一本规划、一张蓝图,为建设
现代化都市区提供强有力的规划引领支撑。构建"三条廊道"。推进

综合交通廊道建设,以"大枢纽、大路网、大物流"建设为主线,全力"狠抓交通,共建交通",打造全国性综合交通枢纽,按照"内畅外联"要求,构筑"一轴两纵三圈三通道"总体框架,建成到邻近省会城市 2 小时交通圈、都市区 1 小时通勤圈、都市区核心区半小时联系圈 3 个交通圈层时空布局,市区对外交通由丁字形转变为十字形,实现对外交通快速化、城际交通便捷化、城市交通立体化、公共交通一体化。推进金义科创廊道建设,围绕产业链部署创新链,强化平台、企业、人才、资本、产业"五轮驱动",构建"一轴两区多点"布局结构,集聚各类创新要素、创新平台和中高端产业,打造串联高新园区、科技孵化园区、特色小镇等平台节点的科创空间体系。推进浙中生态廊道建设,实施生态环境优化、基础设施建设、人居文化提升、绿色经济发展等四大行动,深化八婺文化游学、和美乡村旅游、风情特色小吃、全民参与休闲等"四大名品牌"创建,打造集生态保护、休闲观光、文化体验、绿色产业于一体的生态廊道,实现了生态、人文、产业的深度融合。

(三)主动融入"一带一路"

放大"改革＋开放"优势,大力实施开放活市战略,顺应经济全球化、区域经济一体化发展趋势,服务国家重大战略举措,勇当"一带一路"建设排头兵。近年来,金华市融入"一带一路"推动开放优势明显,成立全省首个"一带一路"促进中心,出台《"一带一路"行动计划》,义甬舟、义新欧成了全省两条开放大通道的起点,"义新欧"班列开行量跃居全国第三位。中国(浙江)自由贸易试验区金义片区、省级金义新区、中国(义乌)跨境电子商务综合试验区、义乌国际贸易综合改革试验区等一批改革开放大平台获批建设。着力搭建"网上丝绸之路",大力拓展跨境电商进出口业务,在跨境电子商务主要出口市场设立海外仓。2020 年,跨境网络零售出口全省占比达 46.4%,外贸出口额从2958 亿元增加到 4613 亿元,居全省第二位。金华市荣获中国"一带一路"最具活力城市称号。

二、民主政治建设的探索与实践

金华市委始终坚持人民当家作主、依法治国有机统一,走中国特色社会主义发展道路,充分发挥总揽全局、协调各方的领导核心作用,改进和完善党的领导方式和执政方式,不断提高党科学执政、民主执政、依法执政水平,切实保证一切权力属于人民。同时,坚持法治政府、法治社会一体建设,使地方发展各项工作、社会生活的方方面面逐步迈上制度化、法治化的轨道。

（一）转变政府职能

一直以来,金华高度重视政府自身建设。特别是 2002 年以来,金华市政府紧紧围绕"学习、服务、责任、法治、廉洁"五个主题,加快转变工作作风和政府职能,完善工作制度和运行机制,推进服务理念和服务方式创新,政府自身建设得到全面加强。创建"无证明城市"。到 2011 年,金华全市形成了以市、县行政服务中心为龙头,乡镇（街道）便民服务中心为支撑,村（社区）便民服务中心为前沿的四级公共服务体系。2016 年 12 月以来,根据省委、省政府统一部署,金华按照"做'放管服'改革的排头兵"要求,全面启动"最多跑一次"改革,从服务、政策、制度、环境多方面优化政府公共服务供给,"警医邮"、企业开办"零见面"、"标准地＋承诺制＋代办制"等一批改革工作走在全省前列。2019 年 2 月,金华市政府郑重宣布在金华市域全面实施"无证明城市"改革,用"数据跑""部门跑"代替"群众跑",彻底取消各种"奇葩"证明。从 2019 年 9 月第一例"无证明"事项成功办理以来,各级各类政务大厅办理"无证明"事项达到 2 万余件,减少企业群众跑动 4 万次以上,改革满意率达 99.98％。"无证明城市"改革金华经验正日益显现溢出效应,在长三角乃至全国成为学习借鉴的标杆。针对"号码多不好记、部门多不好找、推诿多不好办"等群众呼声,金华整合政府资源、市场资源和社会资源,于 2013 年建立 8890 便民服务平台,实现生活服务、效能投诉、社会服务三位一体,市、县、乡三级联动,"应急类报警打110、非应急求助找8890、社会力量参与公共服务"的社会治理新机制。被专家称为适应了"互联网＋"和"大数据"时代潮流的4.0版公共服务平台,获评全省公共管理创新案例优秀奖。自2013年设立至2017年,该平台共接电话432.6万个,受理有效诉求158.5万件,总办结率满意率99％以上。

(二)夯实基层民主

健全基层民主自治机制,增强民主决策参与,制度化规范化加大民主监督力度。例如,对于涉及村集体和村民利益的重大事务,通过村民议事会、民情沟通日、村民说事等民主自治形式,积极征询村民意见建议。制定《村规民约》《生态公约》《村民道德公约》等规范性章程,全方位规范村民生活起居、环境保护、道德养成等行为,提高村民自我管理、自我教育、自我服务、自我监督能力。探索村民自治的有效途径,通过"四个民主"即民主选举、民主决策、民主管理、民主监督,加强基层政权建设,消解各种矛盾,有力维护社会稳定。全市全部实行村务公开民主管理,全部设有固定村务公开栏,全部建立村务监督机构。民主选举逐步规范,民主管理成为村民行使当家作主权利的自觉行动。

(三)推进依法治市

历届金华市委始终贯彻落实习近平同志关于法治建设的重要指示精神,按照中央和省委的部署要求,先后作出了关于建设法治金华的决定和关于全面深化法治金华建设的决定,坚持不懈地推进依法治市,走出了一条具有金华特色的法治建设之路。一是科学谋划顶层设计。2014年12月,市委作出《关于全面深化法治金华建设的决定》,明确了深化法治金华建设的总体要求和工作举措。市人大常委会作出了关于全面推进法治金华建设的决议,市政府推出了全面建设法治政府的决定,构筑了"依法治市"的"四梁八柱"。二是全民普法恒久推进。抓住领导干部这个"关键少数"。2011 年以来先后建立了市委理论中心组学法、市政府常务会议学法、市政府"每月一课、每季一考"夜读学法、领导干部年度法律知识考试等制度,2016 年在全省率先采用"学时制＋学分制"的方式,对全市 8000 余名公务员推行法治必修课和月学法、月考法等新模式,形成了"学、考、用"有效结合的领导干部学法用法制度。抓好青少年学法。于 2013 年推进法治副校长建设,落实中小学法治教育计划、课时、师资、教材,将法治教育有机融入青少年日常学习生活中。开展预防青少年犯罪、送法进校园以及"安全伴我行""法在心中"等系列主题活动,增强法治教育吸引力、感染力。抓好企业经管人员和外来人员学法。重点加强对企业主和企业中层以上人员的法律知识教育,推动全体企业职工学法工作,积极探索职工特别是外来人员的法律知识教育,推动全体企业职工学法工作。三是地方立法从无到有。设置专门的立法机构,建立"党委领导、人大主导、政府依托、各方参与"的工作机制,2015 年 7 月金华市成为全省首批可以行使地方立法权的设区市。2016 年,出台《金华市制定地方性法规条例》,为金华市地方立法作出了程序性规范。之后陆续制定了《金华市水环境保护条例》《金华市电梯安全条例》《金华市农村生活垃圾分类管理条例》《金华市养犬管理规定》等地方性法规,为推进"依法治市""法治金华"建设提供了有力的法治保障。

三、文化建设的探索与实践

近年来金华大力推进"文化金华"建设,先后出台《关于加快建设文化大市的决定》《关于大力推进文化强市建设的决定》等文件,深入实施名人名家、婺学经典、婺派建筑、地方曲艺、地方民俗、传统美食、传统工艺等文化振兴行动。在推动文化事业全面繁荣和文化产业快速发展的同时,大力弘扬践行"信义和美、拼搏实干、共建图强"的新时代金华精神。这一精神传承发展了金华的历史文化,客观总结了金华改革发展的实践经验,高度凝练了金华人民的精神特质,与"干在实处、走在前列、勇立潮头"的不懈追求气息相通,是新时代金华发展的有力指引,为"打造增长极、共建都市区、当好答卷人"提供了强大精神力量。

(一)继承发展八婺文化

金华具有悠久的历史文化,在绵延1800多年的历史长河中,孕育了底蕴深厚、特征鲜明的八婺文化。改革开放以来特别是2002年习近平同志到浙江工作以来,金华高度重视传统文化继承保护,在赓续八婺文化发展方面作出了积极努力。文博事业发展态势良好,现有国保单位38处,列全省第二;省保单位132处、市保单位801处,均列全省第一。"浙中考古基地"挂牌成立,国家一级珍贵文物"徐谓礼文书"公开展出,全网阅读量突破1000万人次。举行上山遗址发现20周年学术研讨会,成立"上山文化"遗址联盟,发布"浦江宣言"。金华市博物馆升格为国家二级博物馆。传统村落改造成效突出,自2012年开展首次传统村落调查以来,金华市7次组织较大规模的传统村落资源调查,并在2016年率先系统完成对金华市域范围内传统村落、村落格局、历史文化、社会活动等要素的调查、统计、分析和研究,编制了《金华市传统村落保护与利用规划》,为健全传统村落保护体系打下坚实基础。截至2020年,金华市共有中国传统村落104个,总量居全省第二;省级传统村落117个,市级传统村落139个;率先在全省建立国家、省、市三级保护体系,为精准实施传统村落保护改造打好基础。非遗文化传承亮点纷呈,婺剧成功入选首批浙江文化印记。2016年以来,浙江婺剧艺术研究院4次登上国家大剧院舞台参加新年戏曲晚会,3次登上央视春晚舞台,2次亮相央视戏曲春晚,参加央视元宵晚会、元宵戏曲晚会、中共中央国务院春节团拜会各1次,成为全国地方戏曲院团中唯一全面参与国家最高规格演出的院团。国家级非遗项目32个列全省第三,省级非遗项目116个列全省第三。做大"婺风遗

韵"非遗品牌,非遗一台戏"婺风遗韵·水墨金华"荣获 2020 年度博鳌
国际旅游奖之年度非遗创新奖。

（二）大力发展文化产业,打造影视文化产业高地

围绕建设"全球最强的影视产业基地、国际影视文化之都"的定位
定向,以横店为龙头加快形成"一核四极三区"的影视文化产业全域化
发展格局。横店影视文化产业集聚区为全省首个文化产业集聚区,入
驻影视企业 1200 家,占全省一半,上市企业 32 家,注册"横漂"演员 8
万余人,电视剧产量占全国三分之一,电影占四分之一,已累计接待剧
组 2500 多个、拍摄影视剧 6 万余部（集）,接待游客超过 1.6 亿人次。
金华市影视市场主体数量已超过 4200 家,约占全省三分之二;其中入
选"全国文化企业 30 强"1 家、2019—2020 年国家文化出口重点企业 4
家、浙江省成长型文化企业 18 家、全国影视企业排名前十的 8 家、进
入资本市场的 32 家、规模以上入库企业 78 家,是全省乃至全国影视
产业当之无愧的"排头兵"。

打造传统文化产业高地。东阳木雕列入首批国家级非物质文化
遗产代表作名录,以"东阳木雕竹编"为主的工艺美术业企业目前有
170 多家,家庭作坊 3000 多家,从业 3 万多人,其中有中国工艺美术大
师 8 人。义乌画框生产行业现阶段已发展成熟,并在国际市场上占有
很大份额,其中浙江画之都文化创意股份有限公司是金华市 4 个国家
级文化出口重点企业之一。婺州窑烧制技术获评国家级非遗项目,古
婺窑火等企业不断发展壮大;被称为"金华玉"的黄蜡石雕刻及交易方
兴未艾,年交易额可达 60 亿元。武义扑克牌和文教用品生产已据有
国内市场优势,年产值可达 50 亿元。浦江水晶装饰产品享誉全国,年
交易额可达 40 亿元。打造文化产品贸易高地。依托义乌文化产品
"主题产品突出,产品种类繁多,生产经营并举,出口增势强劲"的特
点,2006 年,义乌成功举办首届文博会,为浙江乃至全国文化用品走
向国际市场、参与国际竞争开辟了快捷通道。2010 年,升格为国家级

展会，成为"中国文化产品走向世界的国际性交流平台"。2014年，义乌文博会更名为中国（义乌）文化产品交易会。截至2020年底，已连续举办了15届。经过多年发展，义乌文交会成功搭建起了文化产品交易（出口）、文化产业展示、文化信息交流、文化项目合作的重要平台，被列为文化部重点扶持的品牌展会之一。

（三）努力培养文明风尚

一是践行新时代金华精神。"信义和美、拼搏实干、共建图强"的新时代金华精神，高度凝练了金华人民的精神特质，传承发展了金华的历史文化，客观总结了金华改革发展的实践经验，与"干在实处、走在前列、勇立潮头"的不懈追求一脉相承、气息相通，是新时代金华发展的有力指引。二是深入开展未成年人思想道德建设。开展"扣好人生第一粒扣子"主题教育实践活动，制定文明校园测评标准100条推进文明校园创建，引导未成年人广泛参与"文明出行""门前五包""文明养犬""禁烟控烟"等文明创建活动，"小小志愿服务队""红领巾楼道长"等未成年人志愿团体迅速壮大。深入推进以平安校园、卫生校园、绿色校园、美丽校园、文化校园等为内容的全域文明示范校园创建工作。三是扎实推进信用城市建设。将信用城市建设纳入创建全国文明城市"双十"行动加以重点推进，全力创建全国信用示范城市。坚持以"共享信用＋文明数据资源"为基础，以个人文明诚信分为评价标准，依托市民卡等载体，通过探索信用文明礼遇和失信不文明行为惩戒等应用场景，引导市民自觉践行《金华市民文明公约》，养成良好习惯，营造守信用、讲文明的社会氛围。信用承诺全面推广，信用联合奖惩机制不断健全，"信义金""信义居""信义贷"等创新应用深入推进。截至2019年末，"好家风信用贷"已发放贷款99.56亿元，惠及7.7万余户家庭；"信义金"城市礼遇措施覆盖出行、医疗等10多个领域，"信义金"专项贷款已发放679笔1.83亿元；全市累计公示市场主体信用承诺82.4万份，居全国261个地级市首位。四是大力选树道德典范。

制定出台《"金华好人"推评管理实施意见》,深入开展"金华好人"月月评活动。截至 2020 年,已有 1055 人被评为"金华好人",189 人入选"浙江好人榜",17 人入选"中国好人榜",4 人荣获全国道德模范提名奖,3 人获评"全国道德模范",5 人获评"感动中国"人物。

四、社会建设的探索与实践

金华大力推进"和美金华"建设,已实现全省"平安市"13 连冠,9 次跻身"中国最安全城市 30 强","平安金鼎"实现县(市、区)"满堂红",荣登全国地级市民生发展榜首。聚力民生实事、关键小事,新增财力的三分之二以上用于民生支出,人均期望寿命提高到 80.21 岁,实现脱贫攻坚"三个清零",省教育基本现代化县(市、区)实现全覆盖。户籍人口医保参保率达 99.97%,居全省首位。基本公共服务均等化全面达标,文化礼堂、居家养老服务中心实现有效覆盖。深化"基层党建+社会治理"创新,形成了以系统治理的"浦江经验"和"民情民访代办制"、依法治理的"龙山经验"、综合治理的"花园模式"等为代表的行之有效的做法。按照"最多跑一次"理念,撬动全方位、各领域、深层次的改革,打造"营商环境最优、便民服务最优、机关效能最高"市。大力推进全国文明城市建设,城市面貌焕然一新,文明行为渐成风景,百姓幸福感、获得感显著提升。

(一)全力推进市域治理现代化

一是迭代升级、谋深谋细。以"基层党建+社会治理"创新为抓手,不断完善和迭代升级风险闭环管控的大平安机制,坚持和深化"后陈经验""龙山经验""浦江经验"以及"基层党建+应急管理标准化"等一系列针对性举措,在全市范围全面推行村务监督"五个一"工作机制,包括选派一批驻村包村的"第一书记"、构建一套村务决策的标准化流程、探索一组简洁管用的公开办法、形成一个"四位一体"的监督方式、健全一套保障落地的有效机制,以村务监督制度化、规范化、程序化,构建德治、自治、法治、智治相结合的治理体系。二是抓纲带目、整合资源。充分发挥党总揽全局、协调各方的领导核心作用,强化基层治理网格员、驻企服务员、民情民访代办员"三大员"队伍建设,集中开展"大家访、大代办、大接访、大化解"活动,把党的领导优势转化为基层社会治理效能。2020年,共有15.5万名党员干部下沉问需,累计收集问题、代办事项27.3万件,解决率超97%,为企业、群众和基层提供更多更优的服务。三是数字赋能,整体联动。着眼全局,从矛盾源头、纠纷化解、民生服务、智慧治理等各个环节着手,环环相扣,系统推进全国市域社会治理现代化示范市建设。从矛盾源头着手,发现企业安全生产是焦点问题,探索建立十大类模块化企业安全管理和检查标准;在矛盾纠纷化解上,政法委、司法行政部门、法院和检察院等有关部门协调联动,形成以人民调解为基础,行政调解、司法调解有机结合的多元化纠纷化解机制;在智慧治理上,以数字化改革推动上层建筑全方位改革,以群众需求为导向,打破"数据孤岛""信息壁垒",实现群众"最多跑一次、只需跑一地"。尤其是发挥县、乡综治指挥中心"最强大脑"的作用,通过大数据分析,实现信息精准推送、提高预警预测、问题及时处置,提高基层治理效能和精细化管理水平。

（二）勠力创建全国文明城市

2004年以来,金华深入贯彻习近平同志在浙江工作期间作出的金华要争创全国文明城市重要指示精神,坚持不懈抓创建,先后荣获国家历史文化名城、国家卫生城市、国家双拥模范城市等荣誉称号,为全国文明城市创建奠定了良好基础。2018年,金华入围"第六届全国文明城市提名城市",全面吹响创建全国文明城市冲锋号。在市委、市政府的坚强领导下,全市上下以"创则必成、决战决胜"的信念和勇气,形成了以"忠诚为民的奉献精神、求真务实的实干精神、拼搏争先的进取精神、众志成城的协作精神"为核心的"创建精神",勠力同心、攻坚克难,高水平打赢文明创建荣誉战,全面建设"崇德向善、文化厚重、和谐宜居、人民满意"的全国文明城市。2020年11月10日,中央文明办在中国文明网上公布第六届全国文明城市入选城市名单,金华市榜上有名。

（三）大力建设"平安金华"

一是实施党建引领能力提升行动,充分发挥各级党委总揽全局、协调各方作用,政府主导作用,社会力量协同作用,更好发挥"基层党建＋单元"作战模式在社会治理中的作用,真正把加强党对基层社会治理工作的领导,贯穿于市域社会治理现代化试点创建全过程、各方面。二是实施固本强基能力提升行动,强化"矛调中心"建设,实现群众反映诉求、化解矛盾纠纷"最多跑一地";抓好"基层治理四平台"阵地,着力构建县乡一体、条抓块统的基层管理模式。三是实施风险防控能力提升行动,推动关口前移、重心下沉,着重抓好政治安全、社会稳定、公共安全三大领域的风险防范,将各类风险化解在基层、消除在萌芽状态。四是实施整体智治能力提升行动,注重数据共享、数据应用、数据安全,促进大数据、云计算、人工智能、区块链等现代科技与市域社会治理深度融合,提升城市运行智慧化水平。

五、生态文明建设的探索与实践

近年来,金华市委、市政府坚定不移沿着习近平总书记指引的"绿水青山就是金山银山"的路子砥砺前行,始终把生态环保工作摆在突出位置,将"环境立市"作为五大发展战略之一,将"浙中生态廊道"作为"三条廊道"之一,将生态环境保卫战作为"九场硬战"之一,将"交出生态文明建设的高分答卷"作为建设"重要窗口"十张高分答卷之一,将"建设浙中花园城市"作为"九市建设"之一,一张蓝图绘到底,一任接着一任干,谱写了生态文明建设的美丽篇章。"河长制"、"治水十法"、垃圾分类"两定四分法"在全国推广,六夺全省治水"大禹鼎"。2020年,金华市区PM2.5平均浓度降至28微克/立方米,空气质量指数优良率达到 92.1%,全域空气质量达到了国家二级标准,全市 43 个地表水断面水质全部达到或优于Ⅲ类,金兰水库、安地水库等"八大水缸"饮用水源水质常年保持在Ⅱ类或Ⅰ类,城市生活垃圾和污水处理率居全国首位,群众对生态环境质量满意度达到 86.15 分,创历史新高。

(一)全域建设浙中大花园

以和美乡村建设为总抓手,形成了"五色五园"特色标志。"五色五园"即保持丘陵盆地自然底色,打造绿水青山的浙中生态田园;彰显工贸联动鲜明特色,打造绿色发展的浙中科技智园;传承八婺文化厚重基色,打造人文荟萃的浙中文化公园;凸现全域旅游亮丽景色,打造宜居宜游的浙中休闲乐园;依托城市集群满园春色,打造和谐美好的浙中幸福家园。同时,注重挖掘自身优势,把握好"山、水、林、湖、村"五大要素,以"十大名山"为依托,打造以生态为基底、以文化为特色的"山系"大花园;以"十大名湖"为点缀,打造长藤结瓜、湖库相嵌的"湖系"大花园;以"三大水系"为脉络,打造"水润八婺、水秀百乡、水绕千村"的"水系"大花园;以"四大林带"为支撑,打造林城一体、林水相依的"林系"大花园;以"四大村落"为特色,打造"望得见山、看得见水、记得住乡愁"的"村系"大花园。

(二)合力打造生态"金名片"

近年来,金华各县(市、区)各部门共同努力,生态环境保护各项工作都取得了积极进展,创出了很多"金名片"。一是打造全国首条集生态保护、休闲观光、文化体验、绿色产业于一体的浙中生态廊道,制定《关于大力推进生态文明建设加快打造浙中生态廊道的若干意见》,出台《浙中生态廊道建设三年行动计划(2017—2019 年)》,编制《浙中生态廊道概念规划》,明确"一年打基础、三年见成效、五年成廊道"的具体阶段目标,率先提出并推进生态廊道建设,梳理谋划生态廊道建设项目 425 个,总投资 1853.1 亿元。二是秉持"谁排污、谁治理,谁保护、谁受益"的理念,在全国率先推行全流域上下游横向水质生态补偿机制。在生态补偿机制作用下,上下游县(市、区)之间构建起了"流域命运共同体",时刻紧盯水质,互相监督和激励,已累计支付生态补偿款 2.14 亿元,有力促进了流域水质改善。三是首创农村生活垃圾分类"二次四分法",该分类法入选党的十九大"砥砺奋进的五年"成就展,央视《焦点访谈》栏目以"垃圾分类、减量变宝"为题向全国推介的"金华经验"引起全国瞩目。同时,加大基础设施建设,生活垃圾基本实现总量"零增长"、处理"零填埋"。四是创新"生态洗衣房"模式,实现了洗涤废水统一纳管处理,经验在全省推广。瞄准工业垃圾收集难、分拣难、处置难的痛点,探索工业垃圾治理"三个五"机制,为全省"无废城市"建设打造了先行样板。金华"河(湖)长制"工作获国务院正向激励,义乌、浦江、磐安创成国家级生态文明建设示范区,金华、东阳、义乌、武义、磐安创成省级生态文明建设示范区。

六、全面从严治党的探索与实践

金华严格按照习近平同志指引的方向,切实推进党的建设,一体推进不敢腐、不能腐、不想腐,推进全面从严治党,营造风清气正的政治生态。

(一)首创"一把手工程"

在落实基层党建工作责任制的实践中,始终牢牢抓住党委书记这个关键环节,强化县(市、区)委书记抓基层党建工作第一责任人的作用和角色定位,形成了书记带头抓、一级抓一级的良好局面。一是创新基层党建述职制度。围绕"书记抓、抓书记",在每年开展的县(市、区)委书记抓基层党建述职中,要求各县(市、区)委书记口头汇报抓基层党建最满意的三件事和最不满意的一件事,每名联系常委都对联系县(市、区)委抓基层党建工作逐一进行点评。市委党建办对各地基层党建工作进行交办、督办,并定期对整改落实情况进行通报。二是建立季度例会制度。每次例会确定一个主题，以现场会形式召开，市委书记带着县（市、区）委书记，利用半天实地考察 1—2 个县（市、区），再利用半天开会交流、集中研讨。现场会在哪召开，"不搞轮流坐庄"，不平衡照顾，而是先由县（市、区）申报，然后市里综合研究，选取季度工作有变化、有进步、有特色的作为现场，让县（市、区）委书记在现场工作展示的对比中查找党建工作差距。三是建立督促暗访制度。市委专门组建了 13 个督导组，派驻各地对基层党建工作开展巡查督导。同时，不定期组织暗访，将情况如实反馈给县（市、区）委书记，通过约谈、提出限期整改要求的方式督查整改落实，整改情况作为下一步"必查项目"，推动各地破解了一批基层党建工作中的难题。

（二）打造一支过得硬打得胜的金华铁军

一是鲜明树立正确用人导向。出台《关于全力打造绝对忠诚勇立潮头敢打硬仗能打胜仗金华铁军的决定》，破除"四唯"倾向，牢固树立凭德才用干部、以实绩论英雄的选人用人导向，不拘一格选用干部。坚持首关不过、余关莫论，严把"政治标准"这个硬杠杠，突出实绩实干的选人用人导向。坚持事业为上、以事择人，将考察识别干部的功夫下在平时，注重在服务保障中心工作、重点工作中检验干部能力素质和作风精神，突出战斗力标准，坚持结构服从功能，不看年龄看实绩，不唯票数听口碑，着眼事业发展选配干部，实现从"谁该用"到"该用谁"的转变。二是创新"晒拼创"工作交流新模式。开展市委、市政府重点工作"晒进度、拼实绩、创一流"活动，活动每季度开展一次，直面全市工业经济发展、产业项目谋划、干部队伍精气神等方面的不足，聚焦"对标比拼勇赶超"，营造"大抓工业、大抓项目、大抓落实"的干事氛围。2300 余名"拼创先锋"在大战大考中脱颖而出，500 余名"实干家"被提拔重用，关键岗位年轻干部比例增至 26%。三是积极构建干部大监督体系。实施干部大监督"151"工程，出台《关于构建干部大监督工作机制的实施意见》等"1+5"制度文件，织好织密覆盖全方位、全过程的干部监督网络。结合领导干部个人有关事项报告核查、干部档案专项审核、信访举报查核等工作，深入开展选人用人专项检查、领导干部兼职清理、"三超两乱"和"不担当不作为"问题等专项整治，在干部队伍中起到了较大的震慑作用。

（三）积极推进清廉金华建设

出台实施《关于推进清廉金华建设的决定》，系统推进清廉基层党组织、清廉机关、清廉村居、清廉企业、清廉学校、清廉医院建设。突出对"关键少数"特别是"一把手"的管理监督，严格执行"五个不直接分管"制度和"末位表态"制度，推行"一把手"向上级纪委全会公开述廉等制度。保持惩治腐败高压态势，坚持无禁区、全覆盖、零容忍，坚持重遏制、强高压、长震慑，重点查处党的十八大以来不收敛不收手，问题线索反映集中、群众反映强烈，现在重要岗位的领导干部。始终把查处群众身边不正之风和腐败问题作为重要任务，持续开展扶贫领域"雁过拔毛"式腐败专项整治，加大对"村霸"和宗族恶势力、基层干部利用手中权力吃拿卡要问题的整治力度，严肃惩治涉黑涉恶腐败和"保护伞"问题，强化重点督办、限期办结、通报曝光。

过去20年，金华在"八八战略"的指引下取得了举世瞩目的发展成绩。未来金华将以习近平新时代中国特色社会主义思想为指导，立足新发展阶段、贯彻新发展理念、融入新发展格局，紧扣忠实践行"八八战略"主题主线，按照"扛旗争先、崛起浙中"总要求，把握"稳中求进、以进求变"工作基调，着力推进大都市区提能升级、内陆开放走在前列、先进制造业破茧蝶变、共同富裕先行示范、数字化改革竞跑提速，奋力推动金华实现整体性、系统性、本质上赶超争先，高质量谱写共同富裕现代化都市区建设新篇章。

第一章　建设民营经济强市，
打造现代化都市区

金华深入践行习近平新时代中国特色社会主义思想，以新发展理念为引领，以"八八战略"为总纲，以"浙中崛起"为目标，以建设民营经济强市和打造现代化都市区为抓手，培育主导优势产业，区域创新力、竞争力和综合实力不断提升。

第一节　背景、嘱托与梦想

一、背景与发展嘱托

作为改革开放先行地的浙江，于21世纪初率先遭遇了"成长的烦恼"和"制约的疼痛"。位于浙江中部的金华，产业发展"低、小、散、弱"问题突出，开发区热、用电荒、资源短缺、环境污染、社会矛盾高发等挑战加剧，传统增长模式不可维系。面对这些特定发展阶段的系统性结构性难题与挑战，金华积极进取、奋发有为、发挥自身优势创造性落实"八八战略"，以新型工业化和新型城市化推进经济又好又快发展。

（一）走新型工业化道路，加快先进制造业基地建设

发挥优势，抓住机遇，走新型工业化道路，打造先进制造业基地，培育现代产业集群，建设特色经济之都，赢得竞争的主动性，是时任浙

江省委书记习近平同志对金华产业经济发展的明确要求。

习近平同志指出："工业化是现代化发展不可逾越的阶段。我们现在要走一条新型工业化道路，而不是像过去资本主义国家发展工业化那样先污染，后治理，虽然实现了工业化，但回过头来又要花巨大的代价来解决环境问题。走新型工业化道路，不一定要重复传统工业化每一个必经的阶段，而要以信息化带动工业化，以工业化促进信息化，实现工业化和信息化互相结合，互相促进。从浙江来讲，走新型工业化道路，重点是要抓制造业，根据国际产业的转移与发展趋势，打造先进制造业基地。"[①]金华的发展和整个浙江省的发展，都要走新型工业化道路。

1. 发挥块状特色产业优势

走新型工业化道路须发挥地方特色产业优势。习近平同志高度重视浙江块状特色产业优势，他指出："以中小企业为主体的块状特色产业是我省工业发展的特点和优势，在全省经济发展中占有举足轻重的地位，呈现出小商品、大市场的产业格局，低成本、高效益的比较优势，小企业、大协作的集群效应和小资本、大集聚的群体规模。"[②]

就金华而言，他指出："金华等浙中地区具有比较明显的区域特色产业优势，特别是义乌的市场优势和轻工产业，永康的五金工具制造业，东阳的建筑业等，在国内外都有一定的影响力。"[③]"现代社会越有特色就越有竞争力、越有生命力。金华各县（市、区）由于历史文化的差异、资源禀赋的不同，各自的经济特色非常鲜明，应该充分发挥这一优势。一方面要把特色产业做得规模更大、竞争力更强。如义乌的小

---

① 习近平：《干在实处　走在前列——推进浙江新发展的思考与实践》，中共中央党校出版社2013年版，第118页。

② 习近平：《干在实处　走在前列——推进浙江新发展的思考与实践》，中共中央党校出版社2013年版，第116页。

③ 习近平：《干在实处　走在前列——推进浙江新发展的思考与实践》，中共中央党校出版社2013年版，第204页。

商品、永康的五金、东阳的磁性材料等，不仅要在国内知名，也要争取在国际上知名。义乌把发展定位在'国际性商贸城市'，这一方向是对的，有这么好的基础，应该有这样的雄心壮志。"①

2. 建设先进制造业基地

走新型工业化道路须转变增长方式，围绕"先进"二字做足制造业基地升级文章。就金华发展而言，习近平同志强调先进制造业基地建设要突出集聚发展、创新发展与开放发展，积极通过"凤凰涅槃"和"腾笼换鸟"实现产业高度化。②

集聚发展。"发展制造业要讲究集聚优势，讲究功能定位……我们这里的特点是工业园区，通过分功能、分区域的工业园区，充分优化整合工业资源和生产要素。现在，我省工业园区的建设总体上是好的，但也需要进一步规划、整合，加强管理，提高水平，特别是要深入研究各地工业园区的分布和规模是否合理的问题。"③

创新发展。建设先进制造业基地必须坚持制度创新与技术创新。"发展制造业必须实施名牌战略，搞好信用建设……要加大创名牌的力度。"④企业要增强核心竞争力，必须坚持走科技创新的发展之路，拥有更多自主知识产权，充分发挥品牌建设在产业升级中的作用，为把企业进一步做大做强提供强大的科技支撑。

开放发展。"跳出浙江发展浙江"，金华要"充分发挥自身比较优势，积极主动地嫁接长三角地区特别是上海的技术、人才、资金等优势，使之产生联动效应，加快市场对接，提升产业层次，带动整个浙中

① 习近平：《干在实处　走在前列——推进浙江新发展的思考与实践》，中共中央党校出版社2013年版，第507页。
② 习近平：《干在实处　走在前列——推进浙江新发展的思考与实践》，中共中央党校出版社2013年版，第128—129页。
③ 习近平：《干在实处　走在前列——推进浙江新发展的思考与实践》，中共中央党校出版社2013年版，第119页。
④ 习近平：《干在实处　走在前列——推进浙江新发展的思考与实践》，中共中央党校出版社2013年版，第119页。

地区加快发展"①。

3. 坚持可持续发展,打造制造业发展新格局

发展循环经济,提升资源能源的利用效率,告别先污染后治理的老路,是走新型工业化道路的必然要求。习近平同志提出:"要十分注意节约用地,提高土地利用效率……金华工业园区发展的势头也相当好,这是好事,但要防止和制止过多过滥、乱占耕地、污染环境的问题出现。"②在 2003 年 6 月全省工业大会上,他强调建设先进制造业基地"决不能以浪费资源、牺牲环境、破坏生态为代价,决不能以当前的、局部的利益去损害未来的、全面的发展","积极推动制造业发展模式从末端治理向全程控制转变,推动增长方式从'高消耗、高污染、低效益'向'低消耗、低污染、高效益'转变,努力形成资源节约型、生态环保型的制造业发展新格局"。③

(二)走新型城市化道路,加快浙江中西部中心城市建设

习近平同志非常关心金华城市建设,殷切希望浙中城市群建设能担负起浙江中西部中心城市、金华区域产城融合、城乡一体化等重任。

1. 建设浙中城市群是事关全省城市空间布局的大事

2002 年,习近平同志指出:"以组团式城市群为主要形态的浙中中心城市已形成雏形,但要真正把金华建成中心城市,任务还相当艰巨。"④浙江省有关部门要大力支持浙中城市群建设,协调解决浙中城市群建设过程中的重要问题,使浙中城市群成为带动金华全市乃至浙

---

① 习近平:《干在实处　走在前列——推进浙江新发展的思考与实践》,中共中央党校出版社 2013 年版,第 204 页。
② 习近平:《干在实处　走在前列——推进浙江新发展的思考与实践》,中共中央党校出版社 2013 年版,第 508 页。
③ 习近平:《干在实处　走在前列——推进浙江新发展的思考与实践》,中共中央党校出版社 2013 年版,第 123 页。
④ 习近平:《干在实处　走在前列——推进浙江新发展的思考与实践》,中共中央党校出版社 2013 年版,第 507 页。

江中西部地区经济社会发展的增长极。① 金华要争创全国文明城市，加快推进浙江中西部教育中心、文化中心和医疗中心建设。

2.加快浙中城市群建设必须坚持以人为本

城市建设的目标不在于建筑而在于人。城市建设必须坚持以人为本，建设和谐城市，不断满足人们的多方面需求和促进人的全面发展。城市建设必须突出集约发展，把集约发展贯穿到城市建设的全过程，积极推进城市规模结构合理化、城市布局集群化和城市空间土地利用集约化；必须突出城市功能提升完善，把城市发展引导到提升产业结构、完善基础设施、优化生态环境、培育城市文化上来，进一步增强城市的辐射带动作用。

城市建设要注重城市文化建设。"城市文化是城市现代化的根基，是城市的气质，是城市的灵魂……金华这个地方素有'小邹鲁'之称……要十分重视历史文脉的继承和发展，弘扬传统文化和地方特色文化，切实把文化资源保护好、开发好、利用好。要创造、培育新的城市文化资源，提升城市的文化内涵。要重视城市整体形象设计，注意城市的自然美、协调美、内在美，形成与城市历史、文化、经济、社会、环境相适应的特有的城市特色。要注重城市居民素质的提高，用健康的、文明的、向上的文化引导人、教育人，提高和陶冶人的情操。"②

3.加快浙中城市群建设必须突出规划引领

突出规划的先导性、整体性和刚性，是习近平同志对城市建设的一贯要求。他指出：城市规划是城市建设的龙头，建设中心城市，首先要编制好规划；要着眼前瞻性，注重规划的科学性、系统性和可持续性，既要高标准、高起点，又要分阶段、可操作；要高度重视规划的整体

---

① 习近平：《干在实处　走在前列——推进浙江新发展的思考与实践》，中共中央党校出版社2013年版，第508—509页。

② 习近平：《干在实处　走在前列——推进浙江新发展的思考与实践》，中共中央党校出版社2013年版，第508—509页。

协调,不仅城镇体系规划、城市总体规划、城市详细规划和专业规划要搞好衔接,而且城市规划要与国民经济和社会发展中长期规划、产业发展规划、土地利用总体规划和重大基础设施规划相衔接;金华的中心城市形态是组团式城市群的形态,这就更加需要搞好各城市间规划的衔接;城市规划一旦确定,就要维护它的权威性,即使修编也要按规定程序进行。① 2004 年,他强调,要坚持规划先导,进一步深化完善总体规划和各专项规划,优化城市群空间结构和产业布局,明确各城市的功能定位。②

4.加快浙中城市群建设必须突出机制创新

面对城市群建设如何共建共享的难题,习近平同志指出金华面临城乡差距、区域差距较大,中心城市辐射功能较弱等发展困境,浙中城市群建设要注重各县(市、区)的优势互补,实行资源整合、要素融合,优化生产力布局,切实按"设施共建、资源共享、产业共树、环境共保、优势共创"发展思路创造性地开展工作。③

要进一步优化城市群空间结构和产业布局,明确各城市的功能定位;要突出重点,加快基础设施特别是城市间交通网络建设,加快产业集聚和发展,进一步强化城市群发展的产业支撑;要调动方方面面的积极性,正确处理城市群内部各城市的竞争与合作关系,加强协调,齐心协力加快浙中城市群建设;要大胆探索,开拓创新,充分借鉴国外城市群发展的经验,积极探索和把握城市群发展的规律,以体制创新来解决多个行政主体共建城市群过程中的矛盾与问题,以机制创新来探

---

① 习近平:《干在实处　走在前列——推进浙江新发展的思考与实践》,中共中央党校出版社 2013 年版,第 507 页。

② 《习近平在金华调研时强调加快浙中城市群建设　推动经济社会发展再上新台阶》,《浙江日报》2004 年 8 月 11 日。

③ 习近平:《干在实处　走在前列——推进浙江新发展的思考与实践》,中共中央党校出版社 2013 年版,第 507 页。

索城市群建设的有效载体和举措，创造性地开展工作。①

5.加快浙中城市群建设必须统筹城乡发展

做好城市工作，必须突出统筹城乡发展，把统筹城乡发展的要求体现到城市工作的各个领域中去，着力构建城乡互动、协调发展的机制。"城市化的关键是化农民为市民，要让更多的农民进城入镇，提高生活质量，享受现代文明。"②"城乡一体化是一个带有根本性的问题，是解决'三农'问题的根本出路。"要深化城乡管理体制改革，加快农业产业化、农村城镇化、农民非农化，"培育小城镇，建设新农村"，要高度重视农村的公共设施建设和公共服务问题，搞好农村医疗服务、农村文化和体育工作，以不断提高农村生活质量，使农村的生活质量不差于城市，所有人才能共享现代文明。③

二、发展蓝图接力

一张蓝图绘到底，一任接着一任干。历届金华市委、市政府坚定不移地以习近平同志历次来金华调研重要讲话和有关金华工作的重要指示批示精神为指引，沿着"八八战略"指引的路子，不断深化改革扩大开放，持续探索经济高质量发展与现代化都市区建设的"金"彩"华"章。④

（一）抓创新促转型建设民营经济强市

块状经济、民营经济和县域经济发达是浙江经济的特色与优势。金华着力发挥民营经济发达、块状经济集中和市场活跃等优势，不断

---

① 《习近平在金华调研时强调加快浙中城市群建设 推动经济社会发展再上新台阶》，《浙江日报》2004年8月11日。

② 习近平：《干在实处 走在前列——推进浙江新发展的思考与实践》，中共中央党校出版社2013年版，第508页。

③ 习近平：《干在实处 走在前列——推进浙江新发展的思考与实践》，中共中央党校出版社2013年版，第159—160页。

④ 本章所涉及的金华数据与工作，主要来自金华市人民政府网政府信息公开政府工作报告栏目（http://www.jinhua.gov.cn/col/col1229161268/index.html），注明除外。

深化改革创新，深入实施"创业富民、创新强市"和"工业强市"等战略，最大限度地激发市场活力，以民营经济强市建设不断为浙中崛起夯实物质基础。

1. 聚焦实业发展，打造千亿级先进制造业集群

建设先进制造业基地的要点在于培育创新型产业集群。2005年，金华出台了《金华市先进制造业基地产业导向目录》。"十一五"时期，金华把提升区域块状经济、培育产业集群作为工业强市的重要抓手，积极实施品牌战略人才创新工程，以开发区、产业带为主要平台，重点打造汽车、电子信息、现代五金、小商品、生物医药、食品加工、新型建材、棉纺织等优势工业产业集群。

"十二五"时期，金华以产业集聚区建设和产业集群培育"超千亿工程"为抓手，着力培育汽车、装备制造、现代五金、小商品、战略性新兴产业五大产业集群，实施创新能力提升行动计划、质量强市工程和重大人才工程，积极建设"浙中科技城"等创新发展平台，强化品牌、标准化和知识产权工作。

按照走在前列的要求，"十三五"时期，金华以建设智造强市为目标，出台"1＋8＋X"政策体系，开展金华开发区、永康供给侧结构性改革等省级试点，狠抓数字经济"一号产业"，实施主导优势产业培育行动，深入推进"四换三名"、"两化"融合与智能制造行动，积极打造"万亩千亿"发展平台和特色小镇，着力构建以企业为主体的科技创新体系，以政商产学研金为一体的区域创新体系，以高层次人才、高技能人才为重点的"蓝海"支撑体系，以大学生创业为主体的众创发展体系和以产业引导基金为主导的金融服务体系。

面向新征程，"十四五"时期，金华以新发展理念为指引，提出以大力实施人才科技首位战略推动国家创新型城市，强化数字经济"一号产业"和传统制造业改造提升双轮驱动，实施"新智造"计划、未来产业培育计划等，打造一批千亿级先进制造业集群和建设创新智造基地。

2. 聚焦结构升级，培育现代产业新体系

促进产业转型升级和提升区域竞争力，必须大力发展服务业，培育现代产业新体系。金华主动抓住专业市场发达的优势和区位优势，着力推动现代服务业发展，不断推动区域产业体系的优化。

"十一五"时期，金华规划做大做强商贸、旅游、会展、金融、房地产等优势服务业，加快发展现代物流业，建成一批枢纽转运型、专业市场型、产业基地型、都市配送型物流基地，大力培育信息、中介、社区服务等新兴服务业，努力形成与城市化、工业化进程相适应的现代服务业发展新格局。

"十二五"期间，金华实施"商贸富市"战略，强化服务业与工业两轮驱动，把现代服务业作为优化产业结构、扩大消费的重中之重和新的经济增长点，推动市场大市向市场强市转变。

进入"十三五"时期，金华以电子商务、现代物流、服务贸易三大领域为重点，全面推进国家现代服务业综合改革试点工作，积极开展服务业强县（市、区）培育工程，重点推进科技创业园、金融总部中心、文化创意产业园、物流园区、服务外包基地、新型专业市场和特色街区等现代服务业集聚示范区建设，推动生产性服务业向专业化和产业链高端延伸，促进生活性服务业向精细化和高品质转变。

站在"十四五"的门槛上，金华计划通过强化数字经济引领、积极推进先进制造业和现代服务业融合发展等，推进现代服务业集聚示范区优化升级；通过高标准建设自贸区金义片区，打造国际小商品自由贸易中心、数字贸易创新中心、内陆国际物流枢纽港、制造创新示范地和"一带一路"开放合作平台，努力成为国内国际双循环战略枢纽的重大平台。

（二）共建共享打造现代化中心城市

围绕"共"字做足做好统筹区域城乡发展文章，是金华贯彻习近平同志指示批示精神，推进浙江中西部中心城市和全省第四大都市区建设的一贯要求与主要着力点，也是实现城乡融合发展的主引擎。

1. 突出共建共享，建设浙中城市群

着眼于浙中城市群与浙江中西部中心城市建设，金华于 2002 年提出了"设施共建、资源共享、产业共树、环境共保、优势共创"的发展思路，着力培育以金华市区为内核，以义乌、东阳、永康、兰溪等城市为紧密层，并由周边其他城市与中心镇共同构建的浙中城市群。

"十一五"时期，金华完成浙中城市群规划编制，实施"聚合主轴线、依托两市场、构筑四沿带、培育多集群、营造生态网"的空间发展策略，积极完善主城区城市功能，统筹推进基础设施建设，在更高起点上优化城市群空间生产力布局。

"十二五"时期，金华按照"规划一张图、建设一盘棋、产业一条龙、服务一体化"的要求，实施《浙中城市群规划》，编制完善城市群各专项规划，制定土地利用、投融资、环境保护、人才支撑等方面的政策体系，推进"构建城市群七大行动计划"，深化产业群、城市群、市场群互动发展，推进金义、义东浦、金兰、永武磐等特色产业带建设。

"十三五"时期，金华进一步强化共建共融共享共赢理念，按照建设全省第四大都市区的目标，着力推进县域经济向都市区经济转型，着力推进都市区联动发展与聚力发展，加快编制金华—义乌都市区规划，推进"多规合一"，加快打造综合交通枢纽，全力构建"两高（高速公路、高速铁路）三快（城际快速干线、快速公交、快速轻轨）五大（大枢纽、大路网、大物流、大口岸、大走廊）"为骨干的现代综合交通体系，加快形成"一轴两带多组团"都市区空间发展新格局。

进入新发展阶段，金华市委提出"十四五"时期要聚焦组团式城市群形态，坚定不移走以人为核心的新型城镇化道路，坚持交通先行，强化交通基础设施建设先导作用，强化市域统筹，推进"多规合一"，完善国土空间规划体系，建立健全都市区共建机制，推动都市区全域同城化、一体化发展；推进金华市区和义乌市聚合发展，做强金义主轴和发展主核，将金华打造成为长三角南翼的国际性特色城市，服务辐射浙中西部和四省九方地区的综合型中心城市。

2. 突出一体化，统筹城乡发展

"十五"时期，金华全面启动城乡一体化工作，完成了城乡一体化发展规划修编，"百村示范、千村整治"工程取得积极进展，下山移民稳步推进。

"十一五"时期，金华按照"以城带乡、以工补农、反哺农业、回报农民"的方针，加大资金投入，进一步实施"百村示范、千村整治""乡村康庄""欠发达乡镇奔小康"工程等，积极促进城乡结构转型，推动城乡资源要素合理流动，着力建构农民增收的长效机制。

"十二五"时期，金华着眼农业竞争力的提升，积极完善"三位一体"的农业公共服务体系，大力实施农产品品质提升和农民素质提升等工程，培育现代农业经营主体，积极推进"强社名社"和农业品牌创建；着眼村庄整治，大力实施"美丽乡村"建设行动计划，启动实施新一轮农村电网改造工程。

加快城乡一体化发展是"十三五"时期金华统筹城乡发展的主题。为此，金华着力加快推进小城市、特色小镇、中心城镇、卫星城镇发展，强化小城镇与城区的产业协作协同，提高城镇产业发展和集聚人口能力，推进农民就地市民化；进一步加强农村交通、环保、通信等基础设施建设，加快农村"三权"改革和户籍制度改革；推进"一区一镇"建设，打造农业"两区"升级版，提升农业科技创新和设施装备水平，构建现代农业产业体系。

面向"十四五"，金华计划推进以县城为重要载体的城镇化建设，统筹推进中心镇发展改革、小城市培育试点，增强新发展能力和服务能力；深化户籍制度改革，有序推进农业转移人口市民化；坚持农业农村优先发展，通过深化农村土地"三权"分置改革，推动农村闲置宅基地盘活和变现，推动城乡人才双向流动，鼓励和引导城市人才回乡创业;深化"千万工程",推进乡村片区化、组团化发展,做大做强中心村,加快建设数字乡村,建设新时代和美乡村,争创乡村文明与城市文明高度融合的实践典范。

第二节　坚持和深化义乌发展经验
书写浙中崛起"金"彩"华"章

20 年来,金华经济发展和浙中城市群建设取得了显著的成效。地区生产总值由 2002 年的 637.41 亿元增长到 2022 年的 5562.47 亿元。同一时期,三次产业结构由 8.2∶53.8∶38.0 升级为 2.9∶41.9∶55.2,城镇居民人均可支配收入由 11264 元增长到 69626 元,农村居民人均可支配收入由 4157 元增长到 35630 元,城乡居民收入倍差缩小到 1.95。[①]

一、坚持和深化义乌发展经验,打造高水平改革开放金华样本

作为改革开放的先行地,浙江改革浪潮潮涌不断,形成了动态发展的浙江模式与浙江经验。其中,温州模式在 20 世纪 80 年代异军突起,成为当时改革开放和地域发展模式的典范之一。2006 年,浙江省委、省政府联合下文在全省范围内学习推广以"兴商建市、产业联动、城乡统筹、和谐发展、丰厚底蕴、党政有为"为总体特征的义乌发展经验,将该经验视为"温州模式"后浙江实践探索的新典范。

同年 6 月,习近平专程到义乌调研,作出了"莫名其妙、无中生有、点石成金"的 12 字概括,指出深入学习推广义乌发展经验必须做到

---

① 金华市统计局:《2003 金华统计年鉴》《2022 年金华市国民经济和社会发展统计公报》,金华市统计局网,http://tjj.jinhua.gov.cn。

"五个结合"：把贯彻中央精神、落实省委决策部署同本地实际紧密结合起来，把继承前人同推进创新紧密结合起来，把推进经济发展同促进社会全面进步紧密结合起来，把发挥政府这只"有形之手"的作用同发挥市场这只"无形之手"的作用有机结合起来，把推进改革发展同实现社会和谐稳定紧密结合起来。[①]

（一）持续推进改革赋能

学习和深化义乌发展经验，就要理论联系实际，尊重群众的首创精神、推动群众创造性实践的经验；就要在认准发展目标"一根筋"基础上以创新的精神打好"接力赛"；就要用改革的精神推进发展的实践，以改革的举措解决发展中出现的问题；就要积极营造平等竞争、公平的法治环境、政策环境，不断激发整个社会的创造活力和人们的创新精神。[②] 实现浙中崛起、建设现代化都市区唯有不断向改革要动力。

1. 着力争取与推动高层级改革试点试验

干在实处走在前列，努力争取高层级改革试点试验政策支持，以地方改革创新为国家改革探路、为地方发展赋能，是金华坚持和深化义乌发展经验的一贯做法。仅"十三五"时期，金华就承担了 100 余项省级及以上改革试点。

（1）以改革试点激活资源要素

面对土地资源约束紧张的困境，金华将土地整理作为解决用地空间不足和用地指标缺口的主要途径，并利用黄土丘陵多的优势积极组织力量争取改革试点。2005 年 7 月，获批省级黄土丘陵综合开发试点。针对黄土丘陵综合开发试点范围扩容，2007 年金华以占补平衡与提高土地节约集约利用水平为指针，初步建立和完善土地亩产效益

---

①　习近平：《干在实处　走在前列——推进浙江新发展的思考与实践》，中共中央党校出版社2013 年版，第 518—522 页。

②　习近平：《干在实处　走在前列——推进浙江新发展的思考与实践》，中共中央党校出版社2013 年版，第 519—522 页。

评价机制,全面推行工业用地"招拍挂"制度,将土地资源供给向高新技术产业、重点外商投资项目以及成长型企业倾斜。2011年,金华市被列入国土资源部低丘缓坡综合开发利用试点,国土资源部一次性给予金华市5.4万亩低丘缓坡综合开发试点指标。

2015年,东阳、义乌、浦江省级资源要素市场化配置改革试点顺利实施,浦江深化集体林权制度改革经验在全国推广。2016年,金华开发区、永康供给侧结构性改革省级试点展开,处置"僵尸企业"102家,淘汰落后产能企业103家,整治关停"低小散"企业3206家。其后,金华进一步以"亩产论英雄"盘整土地要素,提升节约集约利用水平,并不断以"标准地"推进要素配置市场化改革向纵深发展。

(2)以改革试点统筹城乡发展

2009年,实施义乌统筹城乡改革,推进农村土地流转、集体林权制度改革,开展农村宅基地确权登记和置换试点,兰溪、武义列入国家科技富民强县试点。2011年,东阳被列为省级农村改革试验区。2014年12月,义乌被列为第二批国家级农村改革试验区,承担全国供销合作社综合改革试点任务。2015年,全省协调推进"四个全面"战略布局试点落子浦江。2021年,义乌、东阳、磐安获批浙江高质量发展建设共同富裕示范区首批试点。这些改革试点试验,为加强金华城乡对流、激活乡村发展活力提供了强有力的支持。

(3)以改革试点拓宽制度空间

2006年,编制完成"义乌·中国小商品指数"并对外发布。2010年,金华市编制并印发了现代服务业发展综合配套改革试点方案,积极推进现代服务业集聚区建设。2011年,义乌国际贸易综合配套改革试点获国务院批复。2013年,入选首批信息消费国家试点城市。2014年,金华入选国家现代服务业综合试点,成为浙江省首个、地级市唯一的现代服务业改革试点城市。2018年,金华入围国家级创新型城市建设名单,成为国家级资源循环利用基地试点,义乌成功跻身国家跨境电商综合试验区,义乌国际贸易综合改革试验区框架方案获

省委、省政府批复。2019 年 12 月 9 日，浙江省政府发文同意设立中国
（浙江）自由贸易试验区金华联动创新区。2020 年 5 月 18 日，省政府
批复同意设立金华金义新区。

2. 着力打造营商环境"两优一高"市

环境也是生产力，抓发展先抓环境。区域竞争的根本，在于构建
激发全社会创造活力、公平竞争、产业体系发达的营商环境。良好营
商环境的建构，离不开政府对公共服务环境的营造。着眼于区域竞争
力的提升，金华长期致力于以改革不断撬动营商环境的优化。"十四
五"时期，金华将坚持以数字化改革为牵引，以深化市场化体制改革为
核心，全方位各领域实施"效能革命"，努力把金华打造成为全国营商
环境最优、便民服务最优、机关效能最高的地市。

（1）持续推进行政审批制度改革

2005 年，围绕行政审批制度改革与行政效能建设，金华出台了行
政审批"一审一核""联合踏勘""限时办结"等制度。2007 年，推进集
中统一办理行政许可事项工作，规范招投标统一平台运作。2008 年，
加强行政服务中心建设，推进行政审批职能归并。2009 年，金东、兰
溪、东阳、义乌、武义、磐安等县（市、区）顺利完成行政机关内设机构审
批职能归并，市本级 182 项事项试行网上审批。2011 年，实施行政审
批职能归并改革。2012 年，进一步下放行政审批和管理事项，开展规
范行政许可自由裁量权试点，市级非行政许可审批事项从 352 项减少
到 193 项，行政许可事项从 407 项减少到 336 项。推行代办制、联办
制、模拟制，有效压缩审批时限。

2014 年，行政审批制度改革进一步深化，下放市级审批权限 204
项，开设"中介服务超市"，完善全程代理和集中审批机制，开展负面清
单外企业投资项目不再审批试点。2017 年实施企业投资项目"承诺
制＋标准地"改革，金东推出首块"标准地"。2018 年深化"标准地＋
承诺制＋代办制"改革，全面实施"区域能评、环评＋区块能耗、环境标

准",实现企业投资项目开工前审批全流程最多跑一次、最多 100 天。
2019 年,一般企业投资项目审批"最多 90 天"、竣工验收"最多 30 天"
实现率达 100%。2020 年,项目审批全过程"最多 80 天"实现率
100%;深化"互联网+监管"改革,实现"审批+监管+信用"闭环。

(2)不断优化商事制度改革

2014 年,金华推行先照后证、多证联办、证照合办,工商注册实现
内资 2 天、外资 3 天、简易事项当天办结改革。2015 年,实现"三证合
一""五证合一"到"一照一码"。2017 年,金华在全省率先实现商事登
记全程电子化和电子证照应用。2018 年,全面推进"证照分离",统筹
推进"多证合一、证照联办",市区按照"最多跑一次"的要求完善管理
体制和工作机制。2019 年,企业开办"零见面"改革经验全国推广。
2020 年,深化企业开办"智能登记"改革,市场主体增至 126.9 万户、增
长 16.7%,增幅居全省首位。

(3)持续推进"网上政府"建设

2005 年,金华全市政务外网统一平台建成开通。2011 年,推进
"网上办公"系统建设。2014 年,"四张清单一张网"初步建成,市级部
门行政权力事项精减 54%,财政专项资金整合为 37 项,制定实施部门
责任清单,开通政务服务网。2016 年,市县两级"四张清单一张网"基
本建成,权力清单事项平均削减 36.8%,取消行政事业性收费 97 项,
率先探索"互联网+政务服务"建设。

2017 年,以"最多跑一次"撬动各领域改革,政府非税收入电子化
收缴应用、不动产登记集成服务、政务服务 App 应用等便民举措成效
显著。2018 年,"最多跑一次"改革深化推进,以标准化引领业务流、
信息流、审批流整合,所有民生事项和企业事项实现"一次办结",其中
80%以上开通网上办理,推进涉企事项"一码通用";加快"一窗受理、
集成服务"向基层延伸,推进更多事项实现"就近跑""零上门"。

2019 年,金华开全国先河启动"无证明城市"改革,当年累计减免
证明 134 万件;政府数字化转型获评全国优秀实践案例,"互联网+监

管"改革率先破题、成为全国样板,"无证明、无证件、无复印"办事大厅项目获得中国营商环境执行力奖。2020年,纵深推进"最多跑一次"改革,"政务服务2.0"加快建设,"机器换窗、人机联办"服务模式减少45%的办事大厅实体窗口,"无证明城市"改革入选全国法治政府建设示范项目,73项便民利企"一件事"和30项机关内部"一件事"落地见效,创新推出"网上政策超市",线上兑现涉企奖补金额15.8亿元。2021年,上线一体化智能化公共数据平台,固废"一件事"、安心医保支付、小商品数字自贸等3个应用入选浙江省数字政府系统最佳应用,依申请政务服务事项"一网通办"率达86%。

(二)持续推进开放发展

学习和深化义乌发展经验,就要跳出金华发展金华,就要不断扩大开放,纳区内外及海内外市场、资源、技术与经验为金华发展服务。20年来,金华以开放活市为主线,以招商引资、区域合作和建设"一带一路"节点城市为重点,同时推进对内开放与对外开放,不断提升开放水平。

1. 抓招引工作不放松

坚持内外并举、资智并重,金华走了一条从招商引资到招商选资,再到招大引强与招商引智相结合的发展之路。

"十五"时期,金华实际利用外资累计12.8亿美元,是"九五"时期的7.9倍,吸引5家世界500强企业投资创业。"十一五"时期,累计引进外资22.8亿美元、内资463亿元,引进和实施了一批汽车、装备制造、新能源、新材料等方面的重大项目,执行海外引智项目150项。通过引进浙(婺)商回归工程、组团参会、以商引商等方式,2015年,实际利用外资2.7亿美元,浙(婺)商回归产业项目资金261亿元。"十二五"时期累计引进外资12.4亿美元。

2016年,新引进吉利英伦、零跑科技等总投资超15亿元重大产业项目12个,浙(婺)商回归资金332亿元。2017年,成功举办首届金华发展大会，签约重大产业项目 46 个、人才项目 12 个，成立金华海内外人才总会和婺商总会；当年实际利用外资 4.3 亿美元。2019 年，成功举办第二届金华发展大会，签约 20 亿元以上项目 27 个，市县长项目落地 25 个。2020 年，出台"双龙引才"新政 20 条，在全国率先推行"揭榜挂帅"全球引才机制，达成重大技术难题攻关协议 129 项，榜额超 3 亿元；新引进顶尖人才 40 名、大学生 10.7 万名。重大产业项目加快落地，研究制定招大引强政策措施，落地市县长项目 29 个，签约 20 亿元以上项目 33 个，引进环宇、正威、欣旺达等一批单项投资超 50 亿元重大项目。

2021 年，以"揭榜挂帅"攻克企业技术难题 273 项，引进各类高层次人才 117 名；设立京沪深杭 4 个驻外招商总部，招引落地 10 亿元以上制造业项目 25 个。

2. 抓区域合作发展不放松

跳出金华发展金华，借助区域合作特别是长三角一体化的力量加快发展，是金华开放发展的重大安排。

2003 年，金华市委、市政府开展"北学苏州、南学中山、接轨上海、融入国际，加快浙中城市群建设"活动。2006 年，金华提升四省九方经济区的协作水平，积极参与长三角经济区的分工合作，扩大与东部沿海地区以及港澳台地区的合作交流，主动参与西部大开发、东北老工业基地振兴和中部崛起，引导有条件的企业开展对外投资和跨国经营。

2008 年，面对长三角扩容的历史性机遇，金华主动争取，并通过旅游经贸对接等方式主动加快融入长三角。2010 年，金华加盟长三角城市经济协调会。2016 年，金华入围国家发改委、住建部 6 月初印发的《长江三角洲城市群发展规划》，成为长三角城市群 26 城之一。

2018 年 6 月，加入 G60 科创走廊。2019 年，金华市委提出要通过创新联接、产业承接、开放对接、功能相接、交通连接、服务链接、生态共接、改革衔接率先融入长三角一体化；积极参与《长江三角洲区域一体化发展规划纲要》《浙江省推进长江三角洲区域一体化发展行动方案》等规划编制，制定印发《金华市推进长三角区域一体化发展行动计划》，发布"协同扩大开放 30 条"，金义科创廊道纳入长三角 G60 科创走廊总体规划。2020 年，组织编制《长三角 G60 科创走廊"十四五"先进制造业协同发展规划》，推进新一轮融入长三角 G60 科创走廊《三年行动计划》编制，召开以"接轨上海·创赢未来"为主题的"2020 上海—金华周"。

近年来，金华融入长三角连续取得了 5 个"第一"：牵头组建了长三角 G60 第一个产业联盟"新材料产业技术创新联盟"，第一个高校院所协同创新联盟，落地了长三角 G60 九城市第一个"科创飞地"项目，设立了第一个长三角 G60 国际院士创新中心，承办了第一届人工智能成果展示与对接活动。其中，"科创飞地"平台构建了"孵化在上海、产业化在金华，研发在上海、生产在金华"的协同创新新模式，为金华企业克服高端人才、高端技术引进难题创造了全新的条件。

3. 抓"一带一路"支点城市建设不放松

强化基础设施，创建并扩展开放大通道，建设世界小商品之都是金华开放发展的特色所在。

（1）建平台，不断完善国际贸易基础设施建设

2004 年，甬金集装箱堆场、公共型保税仓库、义乌国际物流中心建成并投入运行。2012 年，义乌航空口岸开放列入国家"十二五"口岸发展规划，内陆口岸场站二期启动建设。2013 年，成功创建国际陆港城市。2014 年，保税物流中心封关运营。2015 年，金义综合保税区获国务院批准建设，进口肉类指定口岸获批筹建，国际邮件互换局投入使用。2016 年，金义综合保税区通过国家验收。2017 年，启动义乌国际贸易综合改革试验区建设，金义综合保税区封关运行。2019 年，启动建设中国（浙江）自由贸易试验区联动创新区，与阿里巴巴共建

eWTP 全球创新中心。2020 年,成功获批中国(浙江)自由贸易试验区金义片区,义乌入选全国进口贸易促进创新示范区;金义综合保税区二期通过竣工初验,义乌综合保税区获批。

除硬件平台外,交流与合作平台建设也持续推进。首届全球跨境电商大会于 2015 年在金华召开。2016 年,会议决定将会址永久落户金华,每年召开一次年度会议。2018 年,金华成功举办第七届中非智库论坛,并连续 3 年召开中非文化合作交流周暨中非经贸论坛,积极推进中非经贸文化合作交流示范区建设。2021 年,中非经贸论坛升格为部省合作项目,成功举办首届中非未来领袖对话等活动。

(2)重改革,不断优化国际贸易推进体系

2008 年,加快大通关及电子通关信息系统建设,进一步推动出口贸易便利化。2012 年,市场采购新型贸易方式基本确立,海关、商检等 10 多项配套便利化监管政策相继实施。2013 年,市场采购贸易方式获批试行,全面实施主体准入、货物通关、财税外汇等贸易便利化措施。2014 年,市场采购贸易方式全面落地。2017 年,推进通关一体化、贸易便利化,80% 以上货物实现"秒放",推进"单一窗口"建设,报检量居全省第二。2018 年,义乌国际贸易综合改革试验区框架方案获省委、省政府批复。2022 年,全市以市场采购方式出口总额达 3267.4 亿元。

(3)建通道,不断拓宽国际贸易大通道

开通国际班列,推进海铁联运,畅通陆路大通道。国际班列由单向到双向、由单线到多线、由偶发到常规。2014 年,"义新欧"中欧班列开通运行。2015 年,"义新欧"班列实现双向常态化运行,金华至宁波海铁联运暨金华至中亚、中俄国际班列和义乌至伊朗国际班列、兰溪嘉宝物流班列开通。2016 年,"义新欧"班列开通线路 8 条、运送量突破 1 万标箱。2017 年,"义新欧"班列全年往返 168 列,市区开通中亚班列。2018 年,"义新欧"写入中西两国联合声明,"一带一路"捷克站投入运营。2019 年,"义新欧"班列 528 列、增长 65%,"金华—中亚"班列 103 列、增长 84％。2020 年，"义新欧"创新双平台运行机制，往返开行 1399 列。海陆联运不断突破。2016 年，义甬舟开放大通道建设启动。2018 年，义乌国际陆港和宁波舟山港一体化深化发展，海铁联运量增长 60.8％。2019 年，义甬舟海铁联运班列运送标箱 11 万个，增长 25％。2020 年 9 月 25 日，义乌"达飞号"海铁联运专列成功首发；2021 年，该专列由"每月一班"升级为"每周一班"。2022 年，"义新欧"中欧班列开行 2269 列，开行量居全国前三。

发展跨境电商，畅通网商大通道。为进一步发挥金华电商企业多、跨境电商增长迅速的优势，2013 年，金华市出台《关于加快网络经济发展的若干意见》，鼓励跨境电商发展，并成立了全国首个跨境电商培训基地。2014 年，金华启动跨境贸易电子商务属地通关公共服务平台建设。2018 年，中国（义乌）跨境电子商务综合试验区获国务院批准。2019 年，大力推进跨境电商综合试验区建设，金华市跨境电商综合服务中心开工，义乌跨境电商保税进口业务量居全国第三批试点城市首位。2020 年，实施跨境电商发展"十大行动"，培育共建海外仓超 40 家，全年实现跨境网络零售出口增长 18％，达 474 亿元。2022 年，获批设立中国（金华）跨境电商综合试验区，跨境电商出口额稳居全省第一。

二、坚持走新型工业化道路，现代产业体系持续优化

以民营经济为主体的"专业市场＋块状经济"组合是金华经济竞争力的根基所在。针对不断变化的市场环境与竞争态势，金华市委、市政府先后出台了《金华市人民政府关于加快培育现代产业体系打造先进制造业基地的通知》《中共金华市委、金华市人民政府关于支持人才创业创新服务浙中崛起的若干意见》《金华市推进工业实体经济高质量发展三年行动计划（2018—2020 年）》《金华市人民政府关于深入实施创新驱动发展战略推动高质量发展的若干意见》等政策，积极推

动专业市场转型升级和块状经济向现代产业集群迈进，将数字经济列为一号产业，推动数字经济与实体经济深度融合、先进制造业与现代服务业深度融合，不断推进质量变革、效率变革和动力变革，一个由创新驱动和现代产业体系支撑的高质量金华发展轨道正在生成。

1. 主体井喷，结构优化

市场主体井喷发展。2013 年，企业法人增长到 8.29 万个，有证照个体经营户 32.91 万户。[①] 2018 年，企业法人达 15.21 万个。[②] 2019 年，企业法人增长到 33.5 万个，市场主体总量增至 109 万户、跃居全省第二。[③] 2022 年，全市在册市场主体 159.6 万户，其中企业 48.2 万户，个体 110.9 万户。[④]

企业结构不断优化。规上企业持续发展，区域产业影响力不断提升。从 2002 年到 2019 年，规上工业企业数由 1727 个增长到 4161 个，总产值由 494.90 亿元增长到 4097.38 亿元，户均产值规模由 0.29 亿元增长到 0.98 亿元。[⑤] 2019 年，A 股上市企业达 30 家，市值突破 2000 亿元。[⑥] 2020 年，全市规模以上工业增加值 920.63 亿元、增长 3.8%，销售产值 4382.21 亿元、增长 2.4%。规模以上工业

① 《金华市第三次经济普查主要数据公报》，兰溪市人民政府网政务公开栏目，2015 年 6 月 18 日，http://www.lanxi.gov.cn/art/2015/6/18/art_1229288054_3693664.html。

② 金华市统计局：《金华市第四次经济普查主要数据公报（第一号）》，金华市统计局网统计公报栏目，2020 年 4 月 15 日，http://tjj.jinhua.gov.cn/art/2020/4/15/art_1229317894_2979314.html。

③ 尹学群：《2020 年金华市政府工作报告》，金华市人民政府网政务公开栏目，2020 年 7 月 25 日，http://www.jinhua.gov.cn/art/2020/7/25/art_1229159978_52702658.html。

④ 国家统计局金华调查队：《2022 年金华经济运行情况简析》，国家统计局金华调查队网调查分析栏目，2023 年 4 月 14 日，http://zjzd.stats.gov.cn/jh/zwgk/xxgk/xxfx/dcfx/202304/t20230414_108889.shtml。

⑤ 金华市统计局：《2020 金华统计年鉴》，金华市统计局网统计年鉴栏目，2020 年 11 月 27 日，http://zjjcmspublic.oss-cn-hangzhou-zwynet-d01-a.internet.cloud.zj.gov.cn/jcms_files/jcms1/web3552/site/tjnj/nj2020/2020nj4-1.htm。

⑥ 尹学群：《2020 年金华市政府工作报告》，金华市人民政府网政务公开栏目，2020 年 7 月 25 日，http://www.jinhua.gov.cn/art/2020/7/25/art_1229159978_52702658.html。

企业完成出口交货值 1056.32 亿元，占销售产值的比重为 24.1%。[①] 2021 年，百亿级企业实现突破，全市 5 家制造业企业在 2021 年同步跨入百亿产值规模；产值超 10 亿元制造业企业 56 家，比上年增加 16 家；产值超 1 亿元制造业企业 1050 家，比上年增加 193 家。[②]

2. 动力变革，质量升级

动力变革持续推进。连续召开工科会，积极更新人才政策，持续推进技术创新平台建设，全社会研发投入持续走高，创新驱动成效显著。2020 年，全市财政科技支出 20.44 亿元，规上工业企业研发费用支出 119.88 亿元。国家级高新技术企业由 2003 年的 9 家增长到 2022 年的 2294 家。截至 2022 年末，累计培育省科技型中小企业 7488 家，拥有省级以上科技孵化器 15 家（国家级 4 家、省级 11 家），省级以上众创空间 53 家（国家级 5 家、省级 48 家）。[③]

质量升级持续推进。2003 年，金华获得品牌建设的突破，首次获得中国名牌 1 个。2011 年，金华设立市长质量奖，积极提升质量建设与品牌建设。2022 年，全市新增"品字标"认证企业 170 家，累计 522 家；新增注册商标 4 万件，累计 48.1 万件；全市新增发布"浙江制造"标准 44 项，累计发布"浙江制造"标准 368 项。[④] 2002—2022 年，由工业增加值 330.11 亿元发展为规模以上工业增加值 1205.6 亿元，全年规模以上企业实现利税由 44.69 亿元增长到 405.8 亿元，利税增速大

---

① 金华市统计局：《2020 年金华市国民经济和社会发展统计公报》，金华市统计局网统计公报栏目，2021 年 2 月 23 日，http://tjj. jinhua. gov. cn/art/2021/2/23/art_1229317894_3815152. html。

② 国家统计局金华调查队：《稳健前行　质效向好——2021 年金华市经济运行情况简析》，国家统计局金华调查队网调查分析栏目，2022 年 2 月 14 日，http://zjzd. stats. gov. cn/jh/zwgk/xxgk/xxfx/dcfx/202203/t20220324_104776. shtml。

③ 2002 年、2003 年、2020 年和 2022 年《金华市国民经济和社会发展统计公报》，金华市统计局网统计公报栏目，http://tjj. jinhua. gov. cn/col/col1229317894/index. html。

④ 2022 年《金华市国民经济和社会发展统计公报》，金华市统计局网统计公报栏目，http://tjj. jinhua. gov. cn/col/col1229317894/index. html。

幅度高于增加值增速,规模以上工业效益提升显著。[①]

3.产业集群市场集聚

(1)块状经济向现代产业集群转型发展

2006年,金华市"十一五"规划纲要将推进产业集群发展作为战略任务,提出"块状和特色经济优势更加明显,形成若干个产业规模大、自主创新能力强、专业化分工水平高、企业核心竞争力强的产业集群"。2009年,浙江省公布了21个块状经济向现代产业集群转型示范区试点名单,金华汽车和零部件产业集群、永康五金产业集群和义乌饰品产业集群在列。2010年,兰溪天然药物、东阳磁性材料两个国家级和永康汽摩配、义乌无缝针织两个省级高新技术特色产业基地加快建设,金华汽车及零部件、永康五金、义乌饰品、兰溪棉纺织、东阳磁性电子材料被列入全省第一、第二批产业集群转型升级示范区。2013年更新的42个试点名单中,金华汽车和零部件产业集群、永康五金产业集群、兰溪棉纺织产业集群和武义特色装备制造产业集群位列其中。截至2018年底,金华全市已培育出年产值超百亿元的产业集群16个、国家级产业基地29个。[②]

近年来,围绕主导优势产业"打造先进制造业基地"要求,金华精准培育智能门锁、光电、新能源汽车等八大细分重点行业。2019年,八大重点细分行业规上工业产值占全市的40.2%,贡献率达67.7%。[③] 2020年,现代五金产业入围国家先进制造业集群培育名单,武义电动工具、金华开发区健康生物医药获评全省"链长制"试点示范,永康获批建设国家林草装备科技创新园,义乌智能显示材料产

---

① 《金华市国民经济和社会发展统计公报》,金华市统计局网统计公报栏目,http://tjj.jinhua.gov.cn/col/col1229317894/index.html。

② 黄云灵、金斌:《吃"改革饭"走"开放路" 金华加快建设现代化都市区》,金华市人民政府网政务公开栏目,2019年8月19日,http://www.jinhua.gov.cn/art/2019/8/19/art_1229159979_52739333.html。

③ 尹学群:《2020年金华市政府工作报告》,金华市人民政府网政务公开栏目,2020年7月25日,http://www.jinhua.gov.cn/art/2020/7/25/art_1229159978_52702658.html。

业、金义新区信息技术应用创新产业入选省"万亩千亿"新产业平台培育名单。2022年，"2＋4＋X"产业集群完成产值4935.1亿元，占全部规上工业产值比重的72.8%。

（2）服务业集聚发展，市场影响力不断提升

利用市场活跃的优势，抓住义乌国际贸易综合改革试点改革和国家现代服务业改革试点的战略机遇，金华特色服务业发展迅猛，专业市场优势进一步提升。2002—2021年，全市各类交易市场数虽然从403家减少到267家，但成交总额由566.14亿元增长到4135.29亿元，年成交额超亿元的市场由23家增长到84家。其中，十亿级市场25家，百亿级市场5家，千亿级市场1家。2021年，全年网络零售3955亿元，占全省网络零售额的15.7%，网络零售额居全省第二；跨境网络零售出口565.5亿元，位居全省第一。①

服务业集聚发展方面，"十三五"时期，武义温泉养生产业园、金东区信息软件创业园、义乌国际商贸城、横店影视产业实验区、中国科技五金城（永康）、金华高新园区软件与服务外包基地等10个集聚区进入省级现代服务业集聚示范区。其中，横店影视产业实验区，经过从无到有、从小到大、从弱到强的发展，已经建成了全球规模最大的影视实景拍摄基地，形成了全国最为密集的影视产业集群，构建了最为完善的影视产业服务机制，成为享誉全国乃至全世界的一张浙江文化金名片。

4.体系调整优势突显

产业体系深度演进。从三次产业结构看，受国际贸易综合改革试点和国家现代服务业试点等的推进，金华服务业发展迅猛，比全省平均更快进入服务业主导消费驱动的新阶段。按当年价格计算，2004

① 金华市统计局：2002年和2021年《金华市国民经济和社会发展统计公报》，金华市统计局网统计公报栏目，http://tjj.jinhua.gov.cn/col/col1229317894/index.html；《全省第一，金华跨境电商出口总量达565.5亿元》，搜狐城市-金华，2022年12月7日，https://www.sohu.com/a/614568841_120621160。

年,第三产业增加值占比突破40%,三次产业结构由2002年的8.2∶53.8∶38.1调整为6.5∶53.3∶40.2。2011年,二产占比首次降到50%以下,产业结构调整为5.0∶48.5∶46.5。2013年,三产占比超过二产占比1.6个百分点,变化为4.3∶47.0∶48.6。2015年,产业结构变化为3.8∶44.6∶51.7,三产比重首次超过50%。2019年,二产比重降至40%以内达39.9%,服务业比重提升至56.9%,两者相差17个百分点。[①]

优势产业更加突显。全市着力培育的主导优势产业,总产值由2016年的1720.1亿元增长到2020年的4214.64亿元,增长了2.45倍。其中,信息经济由342.6亿元增长到725.35亿元,先进装备制造由505.1亿元增长到1824.29亿元,健康生物医药由204.6亿元增长到678.39亿元,文化影视时尚由862.4增长到1861.96亿元,休闲旅游服务由272.8亿元降为269.14亿元;先进装备制造和文化影视时尚总产值都站上了1800亿元的台阶;先进装备制造和健康生物医药在5年间实现了3倍以上的增幅。[②]

统计公报显示,制造业中,金属制品、纺织、医药制造和电气机械与器材制造,是金华的支柱产业,2004—2017年一直位居六大优势产业;纺织服装、服饰业从2013年强势崛起,成功跻身六大优势产业。2018年起,统计公报将注意力放在规模以上工业中高新技术产业、装备制造业、战略性新兴产业和数字经济核心产业制造业上。2018—2022年,四类产业年度增速均不低于6%;其中,数字经济核心产业制造业增长特别迅猛,分别增长20%、16.2%、29.4%、73%和32.8%。[③]

[①]　金华市统计局:《2022金华统计年鉴》,金华市统计局网统计年鉴栏目,2023年1月9日,http://zjjcmspublic.oss-cn-hangzhou-zwynet-d01-a.internet.cloud.zj.gov.cn/jcms_files/jcms1/web3552/site/tjnj/nj2022/2022nj1-8.htm.

[②]　金华市统计局:《2016年金华市国民经济和社会发展统计公报》,金华市统计局网统计公报栏目,2017年4月1日,http://tjj.jinhua.gov.cn/art/2017/4/1/art_1229317894_2979273.html.

[③]　金华市统计局:2004—2022年《金华市国民经济和社会发展统计公报》,金华市统计局网统计公报栏目,http://tjj.jinhua.gov.cn/col/col1229317894/index.html.

第三产业中,电子商务、现代物流、服务贸易三大产业优势明显。电子商务强势发展。2014—2019 年,金华全市网络零售额占全省比重分别为 16.71%、17.66%、17.79%、17.6%、17.2% 和 16.0%,均居全省第二。截至 2020 年初,金华全市有电子商务企业 7.4 万家,活跃零售网店 18.5 万家,直接解决就业岗位 49.8 万个,列全国网商创业活跃度地区排行榜第二。与电子商务相关的快递业持续高速增长。2014—2016 年,快递业务量排名均居全国第六;2017—2019 年,排名分居全国第四、第二、第二。截至 2020 年底,全市物流企业达 2.6 万家,从业人员超过 10 万人,快递业务量全国第一,物流业增加值突破720 亿元。全市服务贸易进出口总量居全省第三。与“一带一路”沿线 64 个国家和地区开展经贸合作,2016—2019 年,出口额分别占全省的 24.4%、23.3%、23.3% 和 21.7%,均居全省首位。[①]

三、坚持走新型城市化道路,浙中城市群日趋成型

金华市紧紧抓住“组团式城市群”这一定位,立足金义一体化、全域同城化,不断强化市域统筹力度,深入推进都市区共建。2002—2021 年,金华市常住人口从 449.19 万人增长至 712 万人,常住人口城镇化率从 20% 上升至 68.7%。其中,市区常住人口由 91.98 万人增长至 148.70 万人。截至 2021 年末,义乌、东阳、永康、兰溪四市的常住人口分别为 188.50 万人、108.80 万人、97.20 万人和 57.80 万人,城镇化率分别为 80.1%、68.1%、66.9% 和 55.6%。[②]

（一）共建效应逐步显现

2005 年,金华市委、市政府作出“发展城市群,共建大金华”的战

---

① 《创新引领　全面开启服务经济新时代——金华国家现代服务业综合试点的创新实践》,《浙江日报》2020 年 6 月 10 日。

② 金华市统计局:《2021 年我市常住人口为 712 万人》,金华市统计局网统计信息栏目,2020 年 4 月 12 日,http://tjj.jinhua.gov.cn/art/2022/4/12/art_1229317895_3968225.html。

略决策,先后完成《浙中城市群生态绿道及旅游一体化规划》《浙中城市群综合交通规划》《浙中城市群轨道交通线网规划》等系列专项规划。2011年,《浙江省城镇体系规划》首次提出金华—义乌都市区为全省第四大都市区,《浙中城市群规划(2008—2020)》同年获批。2012年,金华市委决定在金华市区和义乌城市之间规划建设金义都市新区。2015年,市委、市政府提出县域经济向都市区经济转型的战略部署。2016年,市委作出《关于走在前列共建金华的决定》,以综合交通廊道、金义科创廊道、浙中生态廊道"三条廊道"打造都市区建设的"同心圆"。

2018年,金华市委、市政府聚焦都市能级提升作出了"金义一体化、全域同城化"的战略安排,并于2019年初专门成立了金义都市区共建办公室,实施新的工作机制,促进金义都市区规划统筹、交通联通、产业共建、生态共治、民生共享、区域合作,两年来累计实施重大共建项目110个,掀开了共建都市区新篇章。2020年,编制完成《金义都市区规划》《金义一体化规划》,实施《金义都市区建设行动方案》,全域同城化进一步推进:6个县(市、区)实现跨区域供水;金华市行政服务中心等相关部门积极梳理出110项政务服务高频事项,通过业务系统延伸、网上代办、一窗平台受理等方式,实现"全市通办",打造"八婺同城、市县互通"的政务服务品牌。①

各县(市、区)之间主动携手共建不断推进。例如,义乌国际贸易综合改革试验区范围,除涵盖义乌市全域外,还覆盖了金义都市新区(金东片)和东阳、永康、兰溪等多个点,使国际贸易综合改革红利惠及金华更多区域。义乌和浦江两地以"义浦一家亲、携手创未来"的姿态签署战略合作协议,共同推进县域规划衔接、交通互联互通、产业融合发展、资源要素共享、生态环境共护、文化旅游合作等一系列合作项目。金义都市新区以"飞地经济"模式不断探索共建机制。

---

① 《金华:共建都市区掀开新篇章》,《浙江日报》2020年12月28日。

(二)城市能级不断提升

由华顿经济研究院发布的中国百强城市排行榜中,2015年以来,金华一直位处全国337个城市的前50名,2020年位列第47名。除经济实力外,金华城市能级的提升还直观地表现在交通与城市品牌方面。

1. 交通能级与区位优势不断提升优化

2010年,全市实现了"县县通高速"目标,城际快速通道加快建设,市县间基本形成"一小时交通圈"。"十二五"时期,金华从"高速"时代正式跨入"高铁"时代,综合交通实现跨越式发展。截至2015年底,新增铁路网里程159公里;新增高速公路44公里,公路网总里程达12431公里;公路等级客运站新增7个至38个,国际货运路线开通到30多个国家(地区)。[1] "十三五"时期,金华抓住全国性综合交通枢纽建设的契机,全市新增公路1131公里,建成高等级航道50公里,义乌机场完成4C到4D级扩容改造,横店通用机场建成运营,建成客运枢纽14个、物流枢纽15个,公路总里程达到13562公里,铁路总里程435公里,对外交通快速化、城际交通便捷化、城市交通立体化、"公共交通一体化"的现代交通格局初步形成。[2]

截至2020年底,金华已从"县县通高速"向"县县通高铁"跨越;高速公路网由"丁"字形结构变成"十"字枢纽布局,部分县(市、区)通行时间由1小时压缩至20分钟;衢江金华段、兰江高等级航道通航,水运网通江达海。整合形成浙中多式联运枢纽港、义乌国际陆港、金义智慧物流港等3个物流产业集聚区,金华(义乌)列入商贸服务型国家物流枢纽建设名单。"义新欧"班列实现金华、义乌双平台运营,联通

---

[1]　金华市人民政府办公室:《关于印发金华市综合交通发展规划(2016—2020年)的通知》,金华市人民政府网政务公开栏目,2017年1月19日,http://www.jinhua.gov.cn/art/2017/1/19/art_1229160382_1041963.html。

[2]　金华发布:《未来5年,金华综合交通有什么大变化? 权威答复来了》,澎湃新闻,2021年1月15日,https://www.thepaper.cn/newsDetail_forward_10806657。

37 个国家和地区，线路总长超过 1.3 万公里。开通国内货运专线 3000 多条，通达全国 320 个主要城市。"十四五"时期，金华将谋划实施类项目 98 个、预备类项目 54 个，争取到 2025 年，基本建成全国性综合交通枢纽，实现"123"客运时空圈和货运时空圈，进一步做强区位优势。①

2. 城市品牌不断提升

近年来，金华取得了一系列的城市金名片：国家卫生城市、国家双拥模范城市、国家历史文化名城、中国人居环境范例奖、中国优秀旅游城市、中国电子商务十强城市、"宽带中国"示范城市、中国电子商务创业示范城市、全国知识产权示范城市、中国"一带一路"最具活力城市，等等。2019 年，金华名列中国城市品牌综合影响力指数从 2018 年的第 18 位上升至第 14 位。② 在含金量最高的全国文明城市创建方面，自 2014 年正式启动创建工作以来，金华进入 2018—2020 年创建周期城市名单，并在 2018 年度地级提名城市中取得测评成绩第一名的佳绩。2020 年，金华市以全国第三的优异成绩，被授予"全国文明城市"荣誉称号，高水平完成了 2004 年习近平同志对金华作出"深入开展群众性精神文明创建活动，争创全国文明城市"的重要指示要求。

（三）城乡融合深度推进

城乡一体发展、全面发展是义乌发展经验的重要特征；协同推进新型工业化、新型城市化和城乡一体化发展，是金华发展的一贯坚持与鲜明特色。20 年来，金华深入实施"千万工程"，通过实施《金华市绿色农业行动计划》《金华市推进质量强农"八大行动"工作方案》《美丽城镇建设三年行动》《金华市乡村振兴战略规划（2018—2022 年）》

① 金华发布：《未来 5 年，金华综合交通有什么大变化？权威答复来了》，澎湃新闻，2021 年 1 月 15 日，https://www.thepaper.cn/newsDetail_forward_10806657。
② 方令航：《2019 中国百强品牌城市 金华名列第 14 位》，金华市人民政府网，2019 年 12 月 3 日，http://www.jinhua.gov.cn/art/2019/12/3/art_1229159978_52702329.html。

等,积极"以金义都市区建设为引领,坚持乡村振兴与新型城镇化双轮驱动,统筹城乡国土空间开发格局,优化乡村生产生活生态空间,分类有序推进村庄发展,构建城乡融合发展的乡村振兴新格局"①,着力打造和美乡村,创造美丽城市、美丽城镇、美丽乡村美美与共、各美其美、融合发展的新高度。

2002—2022 年,农村常住居民可支配收入由 4157 元增长到 35630 元,占全省平均水平的比重由 84.15% 提升至 94.85%(见表 1.1),城乡居民收入比由 2.71∶1 降至 1.95∶1,城乡收入差距改善速度快于全省平均水平。2020 年,全市低收入农户人均可支配收入达 12493 元,在全省率先消除年家庭人均收入 9000 元以下农户,低收入农户总量消减 27% 以上;高质量完成村集体经济首轮"消薄"任务,所有行政村年总收入达到 10 万元以上且经营性收入达到 5 万元以上。②

表 1.1　城乡常住居民人均可支配收入指标变化

指标	2002 年			2022 年		
	金华/元	浙江/元	金华占比/%	金华/元	浙江/元	金华占比/%
城镇人均可支配收入	11264	11716	96.14	69626	71268	97.70
农村人均可支配收入	4157	4940	84.15	35630	37565	94.85

数据来源:2002 年和 2022 年金华市国民经济和社会发展统计公报,2019 年《浙江省统计年鉴》和 2021 年浙江省国民经济和社会发展统计公报。

城乡交通与物流服务深度融合发展。"十三五"时期,高水平建设"四好农村路"7600 公里,创建美丽经济交通走廊 3500 公里,开通城际公交线路 26 条,村级物流服务点 3000 个,实现农村客运"村村通",农村物流服务网点和毗邻城际公交全覆盖。

产业深度融合发展。"十三五"时期,现代农业产业体系建设不断

---

① 张海滨:《乡村振兴战略首个五年规划出炉 打造"三生"融合发展的乡村振兴浙江样板》,金华市人民政府网政务公开栏目,2019 年 12 月 27 日,http://www.jinhua.gov.cn/art/2019/12/27/art_1229159979_52736809.html。
② 陆欣、王志金:《金华举行"回眸十三五·展望十四五"农业农村现代化专场发布会》,浙江省人民政府网政务公开栏目,2021 年 5 月 20 日,https://www.zj.gov.cn/art/2021/5/20/art_1229515726_59106357.html。

优化，农业"两区"建设走在全省前列，已建或在建省级现代农业园区 5
个、省级以上特色强镇 11 个，建成单个产值 10 亿元以上示范性农业
全产业链 9 个，启用"金农好好"农产品区域公用品牌，金华两头乌、金
华佛手等 21 个农产品被认定为农产品地理标志，数量居全省首位。
农旅融合持续推进，创建省美丽乡村示范县 4 个、先进县 5 个、示范乡
镇 41 个，建成美丽乡村风景线 65 条、省特色精品村 136 个，浦江县被
评为"中国最美乡村旅游目的地"。[①]

民生服务深度融合发展。金华积极推进"信义金华"建设，打响
"学在金华""健康金华""宜居金华"品牌，着力提升居民的获得感、幸
福感和安全感。2020 年，全市范围内"一卡通用""一网通联""一库通
享""一点通办"等基本实现，建成全市统一的人社公共服务平台、实现
全域医保刷卡互联互通，全市范围内毗邻县市城际公交实现全覆盖，
全市图书馆实现市民卡通借通还，卫生健康、教育服务、科技服务等公
共服务事项不断延伸扩面，综合政务服务不断向基层延伸。[②]

第三节 金华经济建设的经验与启示

弘扬和深化义乌发展经验，深入践行"八八战略"，需要深刻领会
习近平同志的科学思维方法。在新阶段建设"两都两地"，实现"浙中
崛起"，更需要深入学习贯彻习近平同志对金华工作的指示批示精神，
在习近平新时代中国特色社会主义思想的指引下，进一步在区域经济
发展中强化党政有为、战略思维与系统观念。

---

① 陆欣、王志金：《金华举行"回眸十三五·展望十四五"农业农村现代化专场发布会》，浙江省
人民政府网政务公开栏目，2021 年 5 月 20 日，https://www.zj.gov.cn/art/2021/5/20/art_
1229515726_59106357.html。

② 《金华：共建都市区掀开新篇章》，《浙江日报》2020 年 12 月 28 日。

一、高质量发展区域经济必须突出党政有为

义乌发展经验的主要内容与核心特征之一，就是党政有为，做到了"两只手"的有机结合。习近平同志指出："正确处理政府和市场的关系，政府该管的管好、该放的放开，让市场在法治轨道上充分发挥资源配置的基础性作用，使政府真正回到经济调节、市场监管、社会管理、公共服务的本职上来，实现政府这只'有形的手'与市场这只'无形的手'的有机结合。这是义乌发展经验的重要内容之一。"①20 年来的历程表明，正是突出了党政有为，金华才逐步形成了"有为政府＋有效市场"的优势组合，生成了富有创新力和竞争力的区域经济。

（一）突出党建有为，就要守正创新，坚持一任接着一任干

习近平同志指出："义乌的发展经验充分说明，对于经过实践检验的正确的区域经济发展战略，要一以贯之，一任接一任，一届接一届，接好'接力棒'，打好'接力赛'，绝不能动不动就'城头变幻大王旗'。同时，打好'接力赛'也必须有所创新，有新思路、新举措、新作为，这种创新必须是有继承有发展的创新，是符合实际、适应形势的创新，是合乎发展规律、具有远大前途的创新。只有这样，才能真正发展地方经济，富裕一方百姓，既干出老百姓的百年基业，又使每一任、每一届都成就了自己的真正实绩。"②

金华牢牢抓住这一指示精神，始终将"共建金华""浙中崛起"作为战略主线与目标，不断接力，在守正创新中不断将金华推向新的发展高度。2005 年，金华市委、市政府率先将"发展城市群、共建大金华"作为发展的战略主线。其后，"十一五"规划纲要和"十二五"规划纲要

---

① 习近平：《干在实处　走在前列——推进浙江新发展的思考与实践》，中共中央党校出版社 2013 年版，第 521 页。

② 习近平：《干在实处　走在前列——推进浙江新发展的思考与实践》，中共中央党校出版社 2013 年版，第 520 页。

继续强调了这一主线。第十三个五年规划纲要,根据环境变化与走在前列的发展要求将战略主线调整为"把握新常态、共建都市区"。2020年12月,中共金华市第七届委员会第八次全会通过《中共金华市委关于制定金华市国民经济和社会发展第十四个五年规划和二〇三五年远景目标的建议》,提出了"十四五"时期奋力"打造增长极、共建都市区、当好答卷人"的工作总要求;到2035年,全面建成高层次现代产业、高能级组团城市、高效能政务服务、高品质美好生活,实现"浙中崛起",基本建成现代化都市区,基本实现高水平现代化。

就总体目标与重点任务而言,"十一五"规划提出了以城市群发展、新农村建设、工业强市、文化大市建设为着力点;部署了加快城市群发展、着力自主创新和推动产业结构优化升级等主要任务。"十二五"规划将总体目标设定为:坚持科学发展,加速浙中崛起,建设浙江中西部中心城市,全面建成惠及全市人民的小康社会,为基本实现社会主义现代化打下更加扎实的基础;提出抓转型推动经济增量提质和聚合力加快浙中城市群发展等主要任务。"十三五"规划把发展目标定位为打造丝路枢纽、商贸之都、智造强市、文化名城和旅居福地,将创新列为首位战略,要求加快都市区整合发展。"十四五"规划明确金华要以国家创新型城市、建设民营经济强市、双循环发展先行市等"九市建设"为主要着力点,将金华建设成以丝路开放为特色的世界小商品之都、国际影视文化之都、创新智造基地以及和美宜居福地。

(二)突出党政有为,就要强化服务,打造最优营商环境

经济发展,要始终抓牢"政府这只'有形的手'与市场这只'无形的手'的有机结合。义乌之所以能持续快速发展,非常重要的原因之一就在于"政府把该管的坚决管住,该放的充分放开,服务意识强,主动为企业排忧解难,才形成了政企之间的良性互动,营造了一个经济社

会发展的良好环境"①。

20年来，金华深刻领会"环境也是生产力，抓发展先抓环境"的理念，不断深化改革开放，切实转变政府职能，持续探索长效机制，以最优营商环境建设不断推进"有为政府＋有效市场"的优势组合，着力将金华建设成全国营商环境最优、便民服务最优、机关效能最高的地级市。在这一过程中，金华深入推进审批制度改革和商事制度改革，以"最多跑一次"改革、"无证明城市"建设和智慧政府建设等，不断释放并激活市场活力，在制度与基础设施层面不断提升政府公共服务的能力与水平；通过持续推进企业服务年、"五员五送""百企万人评机关""晒拼创"等活动，在具体事项层面不断提升对企业服务的能力与水平；通过改革试点、现代产业集群建设、主导优势产业培育和都市区建设，在产业环境上为企业发展不断打造创业创新的栖息地；通过强化"信用金华"和法治建设，探索"互联网＋监管"模式，严厉打击不法行为，搭建集一套监管流程、两项监管办法、三大监管平台、四个监管阶段为一体的"1234"企业投资项目标准的监管体系，为规范市场行为、优化市场秩序和提升企业层次提供保障。

二、高质量发展区域经济必须突出战略思维

无论是在全省范围内规划与实施"八八战略"，还是对金华工作的指示与批示，习近平同志都强调战略规划的引领作用。他指出，"走在前列"，就要站在时代和全局的高度，就要具备宽广的发展视野，就要有强烈的历史紧迫感，就要紧紧抓住机遇。在《之江新语》一书中，他说："二十年的重要战略机遇期易失难得，稍纵即逝。不是错过了前五年还有后十五年，而是赶不上这个时间表，耽误了前五年就没有后十五年的机会和境遇，失之交臂，悔之晚矣。对新世纪头二十年的重要

---

① 习近平：《干在实处　走在前列——推进浙江新发展的思考与实践》，中共中央党校出版社2013年版，第521页。

战略机遇期，我们一定要有一种强烈的历史紧迫感。只有抓得早、抓得紧、抓得实、用得好，才能抢占先机，赢得优势，扩大实施'八大战略'的各项成果，实现加快浙江全面建设小康社会、提前基本实现现代化的目标。"①

（一）突出战略思维，就要发挥优势，高水平打造民营经济强市

金华交通便利、人文底蕴深厚、民营经济发达、块状经济集中、专业市场活跃。在金华考察期间，习近平同志多次提到了金华发展的优势所在，指出金华要充分发挥优势，进一步做大做强。20 年来，金华紧紧抓住并持续升级这些优势，不断释放改革红利，激活创业创新，推动企业向特色化、规模化、品牌化、集团化发展；不断推进块状经济向现代产业集群转型，持续打造省级与国家级先进制造业基地；不断推进专业市场转型提升，实现线上线下、国内贸易与国际贸易融合发展，并以此孵化物流、会展、广告、设计等现代服务业；不断推进产业集群与市场集群的深度融合，全力打造民营经济强市。

普查数据显示，2013 年，私营企业 7.34 万个，占比 88.4％②；2018 年，私营企业 14.25 万个，占比进一步提升至 93.6％③。2021 年，全市市场主体突破 140 万户，其中个体户近 100 万户；1—11 月，全市规上民营工业企业全年总产值 5257.1 亿元，占比达 87.7％，全市民间投资占全部固定资产投资的 63.7％，成为名副其实的民营经济大市与民营经济强市。④"十四五"时期，金华将继续推进民营经济强市建设，不断巩固、充实与提升区域发展优势。

---

① 习近平：《之江新语》，浙江人民出版社 2007 年版，第 36 页。
② 《金华市第三次经济普查主要数据公报》，兰溪市人民政府网政务公开栏目，2015 年 6 月 18 日，http://www.lanxi.gov.cn/art/2015/6/18/art_1229288054_3693664.html。
③ 金华市统计局：《金华市第四次经济普查主要数据公报（第一号）》，金华市统计局网统计公报栏目，2020 年 4 月 15 日，http://tjj.jinhua.gov.cn/art/2020/4/15/art_1229317894_2979314.html。
④ 国家统计局金华调查队：《稳健前行　质效向好——2021 年金华市经济运行情况简析》，国家统计局金华调查队网调查分析栏目，2022 年 2 月 14 日，http://zjzd.stats.gov.cn/jh/zwgk/xxgk/xxfx/dcfx/202203/t20220324_104776.shtml。

（二）突出战略思维，就要放眼长远，高水平建设国家创新型城市

提高自主创新能力，是调整产业结构、转变增长方式的中心环节。在由投资驱动向创新驱动转变的重要时期，浙江必须加快提高自主创新能力，推进创新型省份和科技强省建设。①

自 2002 年以来，金华着眼产业转型与创新驱动，着力打造创新型经济。特别是近几年来，金华把创新作为第一动力摆在核心位置，规上工业企业研发投入快速增长，全社会研发投入强度稳步加大，科技进步贡献率持续提升，成功跻身国家创新型城市建设行列，为创新智造基地建设奠定了扎实的基础。围绕创新发展，金华深入实施创新能力提升行动和技术创新工程，着力推进企业技改，积极培育高新技术企业和行业龙头企业，积极打造企业技术中心（研究院）。持续召开工科会、金华发展大会，积极建设科技园、高新技术产业园，持续建设浙中科创大走廊，深度融入长三角 G60 科创走廊，推行"总部＋基地""研发＋生产"等飞地合作模式，不断拓宽技术创新平台，构建区域创新体系，高水平融入高层级创新网络。紧紧抓住人才这个第一资源，充分发挥金华籍人才多的优势，持续更新人才政策，深入实施"双龙计划"等引才工程、创造性推进"揭榜挂帅"全球引才机制建设，不断加强招才引智力度，着力打造最优人才生态环境。

（三）突出战略思维，就要抢抓机遇，高水平建设现代化中心城市

回顾 20 年的发展，金华经济持续发展、亮点纷呈，一个很重要的原因就在于服务国家战略，紧紧抓住了国际贸易改革、"一带一路"建设和自由贸易区建设的机遇，紧紧抓住了产业升级技术变革带来的服务业发展和数字经济机遇，紧紧抓住了长三角一体化空间赋能的机遇。

---

① 习近平：《干在实处　走在前列——推进浙江新发展的思考与实践》，中共中央党校出版社 2013 年版，第 131—132 页。

围绕国际贸易，金华以义乌为起点与核心片区，争取了国家级国际贸易综合改革试点和国家跨境电商综合试验区建设，获准推行"市场采购"贸易方式，开通"义新欧"国际班列并不断扩容，获得省委、省政府支持建设义乌国际贸易综合改革试验区，成功跻身中国（浙江）自由贸易试验区金华联动创新区，积极打造"一带一路"支点城市，建设以丝路开放为特色的世界小商品之都。

围绕产业升级，金华抓住了国家现代服务业综合试点的良机，不仅专业市场获得了快速发展，电商、物流、影视等行业也获得了超常规发展，并带动整个第三产业的强势崛起，涌现出一大批淘宝村、淘宝镇，多数县（市、区）进入电子商务百强县，成为金华数字经济发展的重要支撑。根据《2019 长三角数字经济指数报告》，2019 年，金华数字产业指数位列长三角 27 城第一。阿里研究院淘宝村报告显示，2020 年，金华共有 365 个淘宝村，列全国第二。其中，义乌拥有 13 个淘宝镇、162 个淘宝村，永康拥有 13 个淘宝镇、147 个淘宝村，分列全国淘宝村百强县的第 1 位和第 3 位；东阳、武义、浦江同时上榜，分列第 77 位、第 88 位和第 98 位。《小康》杂志发布的"2021 中国县域电商竞争力百强榜"显示，2019 年县域网络零售额前一百中，义乌位居第一。由农业农村部信息中心发布的《2020 全国县域数字农业农村电子商务发展报告》中，义乌列居第一，永康、武义、浦江、东阳分列第 7 位、第 51 位、第 57 位和第 59 位。此外，根据 2020 年《直播电商区域发展指数研究报告》，义乌、永康、武义、婺城、浦江、金东和东阳共 7 个县（市、区）进入直播电商区域发展指数百强榜单，分列第 8 位、第 38 位、第 48 位、第 50 位、第 64 位、第 71 位和第 85 位，总数位居全国第三。

围绕"跳出金华发展金华"，金华抓住了长三角一体化发展的机遇成为 27 城之一，主动推进县域经济向都市区经济转型，积极加入 G60 科创走廊，建设科创飞地，开展上海—金华主题周活动，着力化解区域劣势，在更大范围内配置高端资源，并联合丽水市积极打造长三角城市群重要区域中心。

三、高质量发展区域经济必须突出系统观念

"义乌发展的典型，是一个全面发展的典型，义乌发展经验是走科学发展之路、推进全面协调可持续发展的经验。"[①]回顾金华经济持续发展之路，以系统观念为引领抓好统筹协调发展，积极促进现代产业体系建设、加快浙中城市群建设和城乡融合发展，是非常重要的一条经验。

（一）突出系统观念，就要抓结构转换，高水平建设现代产业体系

走新型工业化道路必须抓集聚、促节约，走"两化"融合与产业互促之路，并持续支持产业结构升级，促进现代产业体系的生成与演进。

以集聚提升区域经济系统结构效应。面对家家点火户户冒烟的情况，金华大力建设工业园区，不断推进企业向园区集中工作。针对园区过多、过散、效益不高问题，金华主动撤并乡镇工业园，多轮推进园区整合提升，进一步建设好省级、国家级开发区。

以节约资源能源提升区域经济系统基础效应。主动按照"绿水青山就是金山银山"理念和"腾笼换鸟、凤凰涅槃"要求，在金华市区建设金磐扶贫开发区，以异地扶贫开发的方式成功地为保护浙江水塔和生态屏障走出新路；积极开展"三改一拆""四换三名""五水共治"等工作，建立污染物排放权交易市场，倒逼企业转型升级。

以"两化"融合与产业互动提升区域经济系统动态效率。出台地方政策建设"两化"深度融合示范区，积极推进企业信息化工作和重点行业信息化改造，深入实施机器换人与电商换市，着力打造"数字化车间""物联网工厂""无人工厂"，积极鼓励企业参与国家贯彻"两化"深度融合管理体系试点。针对第三产业异军突起、第二产业受汽车制造

---

① 习近平：《干在实处　走在前列——推进浙江新发展的思考与实践》，中共中央党校出版社2013年版，第520页。

业影响增长乏力、二产 GDP 占比过快下滑的局面，金华着力推动先进制造业和现代服务业双轮驱动、融合发展，并着眼于实体经济，计划在"十四五"期间加快构建产业基础高端化、产业发展集聚化、产业链现代化的现代产业体系，全力打造先进制造业基地。

（二）突出系统观念，就要抓共建共享，高水平建设浙中城市群

相较于杭州、宁波和温州，金华的中心城市形态是网络状"组团式"的。要真正建成浙江中西部的中心城市和全省重要的增长极，金华必须围绕共建金华做足文章。2002 年以来，金华不断优化共建共享机制，持续提升浙中城市群的内在合力。

做强发展主核主轴，优化空间布局。自 2007 年明确"聚合主轴线"空间发展战略以来，金华通过推进"多规合一"和完善国土空间规划体系，着力推进金华市区和义乌市聚合发展，做强金义主轴和发展主核。

做强大交通，夯实一体化同城化基础设施。积极建设全国综合交通枢纽城市，搭建高速公路、快速路和轨道交通为主干的快速交通网络，开通城际公共交通，进一步提升县市交通便利化水平和降低通行成本。以金义一体化为引领，加快金兰、金武、永武和义东、义浦、东磐同城化步伐。

全域化发展打造跨县域产业集群。持续探索合作开发模式创新，鼓励和支持各县（市、区）跨区域设立产业发展平台，鼓励和支持各县（市、区）相互参股设立产业发展基金。积极推动影视文化产业全域化发展、旅游产业全域化发展，着力推动区域优势制造业强化链条合作，共同建设产业链集群化生产基地。

创新公共服务，织密共建网络，提升共享水平。除公共交通和跨县（市、区）共供水外，金华统筹规划布局公共服务设施，积极推进教育、文化、卫生、旅游等社会民生领域共建共享。2020 年，金华积极打

造"八婺同城、市县互通"的政务服务品牌,不断推进公共服务的一体化、同城化。

（三）突出系统观念,就要抓城乡融合,高水平建设现代化都市区

最大的发展不平衡是城乡发展的不平衡,最大的发展不充分是农业农村发展的不充分。长期制约金华全市现代化水平的短板与主要因素也在农业农村,要高水平建成现代化都市区,必须长期坚持系统观念,深入推进城乡融合发展,争创乡村文明与城市文明高度融合的典范与样本。

以新型城镇化统筹城、镇、村一体化发展。以县城为重要载体,统筹推进小城市培育、中心镇建设和中心村发展,鼓励和支持农业转移人口市民化,积极推进基本公共服务均等化、标准化建设,着力提升公共服务的可及性,让镇村居民就近享受现代文明成果。

以农业农村优先发展打造和美乡村。坚持农业农村发展,持续深化"千万工程"。强化乡村基础设施建设,实施数字乡村建设,推进千村百镇景区化改造,建设美丽乡村。强化农村土地"三权"分置改革,发展"共享农屋""共享粮仓",推动农村闲置宅基地盘活和变现,推动城乡人才双向流动,鼓励和引导城市人才回乡创业,培训新型农民,发展新型农村业态,建设创业型乡村。强化标准农田建设,鼓励特色农业连片发展,推进农业规模化经营,加强农业集团和农业品牌建设,建设特色乡村产业带。

以政策性兜底提升低收入农户共享水平。浙江以发达的市场和民营经济支撑农村居民可支配收入连续38年稳居全国各省区第一,并于2015年在全国率先摆脱了绝对贫困。其中,首发于义乌的来料加工,带动全省数百万低收入农户走向致富之路。2016年以来,在原有政策的基础上,金华市、县两级成立扶贫专班,实施"十大扶贫行动",通过开发公益性岗位和爱心岗位,加大转移支付力度等,于2020

年底实现了"两不愁三保障"突出问题清零、年家庭人均收入 9000 元以下农户清零、集体经济薄弱村清零。

第二章 坚持以人民为中心，
推进民主政治建设

中国特色社会主义民主政治建设要求实现党的领导、人民当家作主、依法治国的有机统一，其中人民当家作主是最核心和最本质的要求。实现人民当家作主就要坚持以人民为中心，尊重人民主体地位。这是中国共产党的一贯主张，而习近平同志在浙江工作期间提出的"八八战略"也充分体现了"以人民为中心"的发展思想。① 一直以来，金华各部门都认真学习有关社会主义民主政治建设的文件和精神，坚持在党的领导下，以人民为中心，从人大、政府、政协、基层民主和法治等方面不断稳步推进，努力落实和深化"八八战略"，让人民群众有更多的获得感、幸福感和安全感。

第一节 民主政治建设要与时俱进

马克思主义在中国的发展史充分说明了与时俱进的重要性。中国的民主政治建设也必须结合中国自身的特殊国情和时代特征，从实际出发，走出具有鲜明时代特色的民主政治建设道路。

2003年，习近平同志到金华调研时就强调："与时俱进是马克思

---

① 中央党校采访实录编辑室：《习近平在浙江》(上)，中共中央党校出版社2021版，第6页。

主义最重要的理论品质。"①金华市的民主政治建设坚持在党的领导下，结合 21 世纪金华自身的客观实际情况，不断深化落实"八八战略"，充分发挥地方人大的职能作用，努力建设让人民满意的服务型政府，调动一切积极力量参政议政，健全规范透明的基层民主制度，推进全面的法治金华建设。

一、充分发挥地方人大的职能作用

实现人民当家作主，让人民掌握自己的命运，是我国政治的重要特色。人民代表大会制度是我国政治特色的根本途径，它确保了人民通过全国人民代表大会和地方各级人民代表大会参与到国家、经济、文化和社会等事务的管理工作中。习近平同志在浙江工作期间，十分重视发挥人大及其常委会的职责和作用，认为人大的职能作用具有不可替代性。2003 年 1 月 26 日，在浙江省第十届人大常委会第一次会议中，习近平同志提到做好新时期的人大工作需要处理好五个方面的关系：一是坚持党的领导与发挥人大作用的关系；二是加快发展与法制保障的关系；三是依法办事与开拓创新的关系；四是监督与支持的关系；五是人大与人民群众的关系。② 2004 年 9 月 14 日，习近平同志在纪念浙江省人民代表大会成立 50 周年座谈会上发表讲话，强调必须不断加强地方人大工作，从多个方面不断完善人大制度。③对于如何更好地发挥金华市人大的职能可以理解为如下几点。

（一）围绕中心工作发挥职能作用

同全国人民代表大会一样，地方各级人民代表大会也是我国的国

---

① 习近平：《干在实处　走在前列——推进浙江新发展的思考与实践》，中共中央党校出版社 2006 年版，第 398 页。

② 习近平：《干在实处　走在前列——推进浙江新发展的思考与实践》，中共中央党校出版社 2006 年版，第 375—376 页。

③ 习近平：《干在实处　走在前列——推进浙江新发展的思考与实践》，中共中央党校出版社 2006 年版，第 373 页。

家权力机关,虽然不直接参与到具体的各项事务的管理中,但也拥有决策权、监督权和执行权。人民群众的根本利益是人大工作的出发点和落脚点。因此,金华市的人大工作主要围绕金华的经济社会发展问题和民生问题展开,助推社会发展,促进社会和谐稳定,让人民有更多的幸福感和获得感。

(二)加强法律上的监督和支持

民主法制建设是人大的根本任务。在金华市地方人大拥有地方立法权之前,主要是按照宪法和法律中基本原则的规定,对行政、审判、检察等机关的工作进行监督和支持,确保其按照宪法和法律的规定正确执行。在金华市地方人大获得立法权之后,还要努力加强立法机制和立法能力的建设,为地方法律法规的完善做出贡献。

(三)提升地方人大代表的履职能力

想要更好地发挥地方人大的作用,就要加强地方人大代表的自身建设,拓宽工作渠道,营造更加良好的环境,努力提升地方人大代表和人大机关干部的履职能力。2004年2月26日,在浙江省人大常委会党组织民主生活会上,习近平同志强调:"要注重代表的政治业务素质和议政能力,把代表的广泛性和先进性结合起来,逐步改善代表结构,提高代表素质。要建立健全代表培训制度,继续加强代表培训,充实新知识、新思想,熟悉新政策、新法规,不断提高代表人民当家作主的本领。"①

二、构建服务型政府

为了更好地适应党的十六大以来浙江经济和社会的新发展,浙江省委要求各地政府根据新形势的变化,加强自身建设,更加积极、科学

---

① 习近平:《干在实处　走在前列——推进浙江新发展的思考与实践》,中共中央党校出版社2006年版,第374页。

地发挥政府的作用。政府不应该只注重经济的增长速度。政府工作的重点是实现经济与社会的全面协调可持续发展。除了做好经济上的宏观调控和市场监管，政府还应该强化自身的社会管理职能，建设一个适应社会主义市场经济不断发展的公共服务型政府。

习近平同志在浙江工作期间，十分重视对政府自身的建设，"八八战略"中第七个优势提到要切实加强机关效能建设，着力构建服务型政府。对于2004年通过的《行政许可法》，习近平同志要求全面贯彻，"深化行政审批制度改革，减少行政许可项目，规范行政许可行为，改革行政许可方式"①。2006年4月25日，在浙江省委十一届十次全会上的报告中，习近平同志强调："强化政府社会管理和公共服务职能，科学合理设置政府机构，努力建设高效精干、公开透明的服务型政府。"②2006年6月8日，习近平同志在义乌市调研，他强调："学习义乌发展经验，必须把发挥政府这只'有形的手'的作用与发挥市场这只'无形的手'的作用有机结合起来。"③这些都要求努力推动政府管理方式的变革，根据人民群众的具体需求切实转变政府职能，提高政府的办事效率。对于如何把金华市政府从全能型政府转变为服务型政府，习近平同志的主要指导思想可以理解为如下几点。

（一）厘清政企关系，为企业发展创造良好宽松的环境

随着改革开放的进一步深入发展，浙江经济中的非公有制比重越来越大。浙江的经济主体，除了国有企业和乡镇企业外，还有私营工商业、个体工商户、港资企业、台资企业和外资企业等。这种市场主体多元化的格局，要求政府调整与企业和市场的关系，主要角色转换为

---

① 习近平：《干在实处 走在前列——推进浙江新发展的思考与实践》，中共中央党校出版社2006年版，第367页。

② 习近平：《干在实处 走在前列——推进浙江新发展的思考与实践》，中共中央党校出版社2006年版，第367页。

③ 习近平：《干在实处 走在前列——推进浙江新发展的思考与实践》，中共中央党校出版社2006年版，第521页。

管理者而不是直接参与者。2002 年,浙江省下发了《关于建设"信用浙江"的若干意见》,希望能够培育公平竞争的环境,形成良好的市场竞争秩序。各地政府一定要理清与企业的产权关系,在市场中通过引导、规范和服务发挥宏观调控的作用,在加强市场监管和规范市场秩序方面发挥应有的作用。

(二)加快行政审批制度改革

想要真正建设服务型政府,简政放权、加快行政审批制度改革势在必行。因为政府本身的能力和精力都是有限的,所以期望政府对所有事情进行事无巨细的审批规制变得不切实际,需要改变旧的全能型政府,提升政府管理效能。2002 年以来,浙江省就进入了第二轮审批制度改革。2003 年 10 月,浙江省政府通过了《关于进一步深化省级行政审批制度改革的实施意见》,要求各地、市政府也进行相应的推进。2005 年 12 月 13 日,浙江省政府发布了《浙江省人民政府办公厅关于进一步清理和规范行政许可项目的通知》,要求各地、各部门对行政许可项目进行全面清理和规范。同时,在制度方面,要求各地成立便民审批服务中心,县级以上部门要成立政务网,形成以人民为中心的审批程序。

(三)加强政府的社会管理职能

随着经济的深入发展,社会结构更加复杂。政府不仅要在经济方面理清同企业之间的关系,也要在社会生活方面理清同社会的关系。随着社会主义市场经济体制的不断发展,政府在经济职能方面更多地行使宏观调控的功能。在社会管理方面,政府应该围绕各种社会矛盾和问题,强化社会管理和优化公共服务,在文化教育、社会保障、医疗卫生、资源保护等方面,发挥政府主导作用,引导社会各方力量参与,构建社会主义和谐社会。

三、重视提升政协的履职能力

中国人民政治协商会议是中国人民的爱国统一战线组织,是中国政治生活中发扬社会主义民主的重要形式,是社会主义协商民主的重要渠道和专门协商机构,对应的组织是全国政协委员会和地方政协委员会。在浙江工作期间,习近平同志十分重视发挥政协的作用,认为政协在政治协商、民主监督、参政议政等方面不可或缺。在他领导政协的工作实践中,提出了许多与政协工作有关的重要思想,对金华市政协的工作有重要指导作用。

(一)在党的领导下发挥好政协的参政议政能力

2004 年 1 月 14 日,习近平在听取浙江省政协党组汇报时指出,政治协商、民主监督、参政议政绝不是可有可无的,而是必不可少的;处理同民主党派的关系,一定要坚持"长期共存、互相监督、肝胆相照、荣辱与共"的方针,以宪法和政协章程为依据,努力把这一基本政治制度坚持好、完善好、落实好。① 金华市政协要在确保思想与中央、省委和市委保持一致的前提下,发挥好参政议政的职责,凭借政协人才的智力优势,充分参与到广泛的、多层面的协商中,让金华市委的决策能够更加科学化、民主化。

(二)让政协工作围绕中心、服务大局

围绕中心、服务大局是人民政协履行职能必须遵循和坚持的重要原则。如 2004 年 1 月 14 日,习近平同志就给浙江省政协提出了两个调研题目,即省属国有企业改革和城乡统筹发展,希望能够找到好的方法让浙江在加快推进国有企业改革和城乡统筹发展中有重大突破。② 根据"八八战略"的具体要求,金华市政协需要针对金华市经济

---

① 中央党校采访实录编辑室:《习近平在浙江》(上),中共中央党校出版社 2021 年版,第 30 页。
② 中央党校采访实录编辑室:《习近平在浙江》(上),中共中央党校出版社 2021 年版,第 31—32 页。

社会发展和现代化建设中的重点难点问题,开展调查研究,给出具有前瞻性和针对性的政策建议。

(三)开展专项民主监督,加强监督职责

2004年,在习近平同志的直接主持下,浙江省委印发了《关于加强和改善党的领导,支持人民政协履行职能制度化、规范化和程序化建设的实施意见》,明确了政协履行职能"三化"建设的总体要求,通过建立强化民主监督的长效机制,形成了政协敢于监督、善于监督,有关方面乐于接受监督、自觉接受监督的良好局面。[1] 针对经济社会发展中的突出问题,金华市政协有必要开展专项民主监督,推动政府工作切实有效地解决人民群众生活中的热点与难点问题。

(四)增强政协凝聚能力

团结和民主一直是政协的工作主题。习近平同志要求政协能够做到凝心聚力,察民情、知民意、解民忧,能够充分利用政协在反映社情民意方面的重要信息渠道作用,使党委、政府能够及时了解群众的呼声、要求和意见,转变作风,改进工作,提高效率。[2] 金华市政协要为各界人士搭建好参政议政平台,凝聚社会各界力量,同心合力推动金华的发展。

(五)重视政协自身的建设工作

打铁还需自身硬。政协要真正发挥应有的作用,必须不断提高自身的能力和水平。习近平同志多次指出,政协是一线,不是二线。[3] 他还强调政协要"致力于把自身构建成一个和谐的组织,进而成为构建和谐社会的一支重要力量。这是政协的优势,也是政协建设的一个重要方向"[4]。因此,金华市政协有必要通过一系列举措,全面加强自身

---

① 中央党校采访实录编辑室:《习近平在浙江》(上),中共中央党校出版社2021年版,第33页。
② 中央党校采访实录编辑室:《习近平在浙江》(上),中共中央党校出版社2021年版,第33页。
③ 中央党校采访实录编辑室:《习近平在浙江》(上),中共中央党校出版社2021年版,第35页。
④ 习近平:《干在实处　走在前列——推进浙江新发展的思考与实践》,中共中央党校出版社2006年版,第381页。

建设，更好地为金华市委的中心工作服务。

四、进一步扩大基层民主

我国的基层民主涉及农村、社区和企事业单位三个层面，分别体现为：以村民委员会为组织形态的农村村民自治，以社区居民委员会为组织形态的城市居民自治，以职工企业代表大会为组织依托的企事业单位的职工自治。扩大基层民主是社会主义民主政治建设的重要内容。习近平同志在谈到基层民主问题时，对城市社区和农村村级的民主建设都有明确要求。

（一）逐步提高城市社区的自治能力

2003 年 4 月 17 日，在浙江省城市社区工作会议上，习近平同志要求："正确处理政府行使职能与社区居民自治的关系，避免'一管就死、一放就散'，逐步提高社区的自治能力。"①就城市方面而言，政府和企事业单位要实现角色转换，不再是城市社区事务的领导部门，而是成为协调、指导、服务的角色。因此，有必要发展社区民间组织，开展群众性社区服务，让社区有充分的自治权、参与权和监督权。

（二）推进村级民主制度建设

2005 年 6 月 17 日，习近平同志在金华调研时发表讲话。他先是肯定了民主选举的重要性。但是，他也指出民主选举仅仅是民主政治的第一步，民主管理、民主决策和民主监督都同样重要，否则民主选举会出现一系列问题。② 因此，只有在制度层面对基层民主政治建设进行创新和完善，才能真正保障民主选举，使得村级治理真正从群众利益出发，为群众服务。

---

① 习近平：《干在实处　走在前列——推进浙江新发展的思考与实践》，中共中央党校出版社 2006 年版，第 381 页。

② 习近平：《干在实处　走在前列——推进浙江新发展的思考与实践》，中共中央党校出版社 2006 年版，第 382 页。

五、全面推进法治金华建设

随着改革开放的深入，浙江省的社会结构和矛盾发生了巨大变化，浙江人民对民主的愿望和自身利益的诉求日益增长。在此之前，党的十五大就提出了要依法治国，建设社会主义法治国家的政治发展目标。结合党中央对立法工作和法治建设的要求，在习近平同志的领导下，2006 年 4 月浙江省委第十一届十次全会通过了《中共浙江省委关于建设"法治浙江"的决定》。这个决定结合了浙江的实际情况，顺应了几千万浙江人民的期盼，充分体现了"干在实处，走在前列"的精神。"法治浙江"建设意味着在全国范围内，法治中国建设在浙江最先得到了部署和实践，意味着浙江在民主法治建设方面勇于创新，敢于突破。这一决定成了浙江推进政治文明建设的总抓手，为协调推进浙江的经济、政治、文化、社会和生态文明等建设提供基本保障。

习近平同志认为："建设'法治浙江'是发展社会主义民主政治的有效途径……"①要想有效推进"法治浙江"建设，必须坚持中国特色社会主义民主政治方向不变，牢牢树立社会主义法治理念，在此基础上，通过各项制度、规范和程序让人民真正当家作主，提高整个国家的法治化水平。对于金华市的法治建设，要"在国家统一的法制框架下推进地方法治建设"②，具体体现为以下几点要求。

（一）稳步推进法治政府建设

习近平同志强调："'治国者必先受治于法。'依法规范行政权力、全民建设法治政府，是建设'法治浙江'的关键所在。要深入贯彻国务院《全面推进依法行政实施纲要》，按照'职权法定、依法行政、有效监

---

① 习近平：《干在实处　走在前列——推进浙江新发展的思考与实践》，中共中央党校出版社2006 年版，第 7 页。

② 习近平：《干在实处　走在前列——推进浙江新发展的思考与实践》，中共中央党校出版社2006 年版，第 361 页。

督、高效便民'的要求，切实把依法行政落实到政府工作的各个环节、各个方面，努力建设法治政府。"①过去的中国是一个熟人社会，有熟人才好办事，导致政府机关办事效率低下，不规范行为屡有发生，浪费了大量的人力、物力、财力。要适应社会主义市场经济的发展，提高行政效能，必须让权力晾晒在阳光下，用法律法规规范行政行为。政府要做到政务公开，依法行政，照章办事，接受人民群众和新闻媒体的监督。政府在法治建设中走在前面，有很好的带头作用，有助于全方位推动法治社会的形成。

（二）搭建好司法服务平台

习近平同志十分重视司法工作，认为"司法工作是保障社会公平正义的最后一道防线"②。人民群众对党和政府的认知，源自他们自身所接触的案件，而"一个人一生很可能只接触一件案件、进一次法院，但会影响一个人对整个司法机关的认识，影响党和政府的形象"。③ 因此，要抓好司法队伍的建设，严格执法，做到公正、高效、文明，有效化解纠纷，以维护党和政府在人民群众面前的形象。此外，还要建立能够高效、便捷地满足人民群众法律需求的司法行政法律服务平台，实现和保障人民群众的合法权益。

（三）开展广泛的普法宣传工作

要全面推进"法治浙江"建设，推进依法行政，建设法治政府和法治社会，必然要求在公职人员和人民群众中加强法治宣传教育。一方面，要让行政机关"合法行政、合理行政、程序正当、权责统一"④；另一

---

① 习近平：《干在实处 走在前列——推进浙江新发展的思考与实践》，中共中央党校出版社2006年版，第366页。

② 习近平：《干在实处 走在前列——推进浙江新发展的思考与实践》，中共中央党校出版社2006年版，第367页。

③ 习近平：《干在实处 走在前列——推进浙江新发展的思考与实践》，中共中央党校出版社2006年版，第368页。

④ 习近平：《干在实处 走在前列——推进浙江新发展的思考与实践》，中共中央党校出版社2006年版，第367页。

方面，也要让群众学法懂法，能够自觉地依法办事，遇到问题时，能够用法律武器化解矛盾，为建设法治社会和法治国家提供可能。只有通过开展普法宣传教育，才能使得法治精神、法治意识和法治观念成为每一个人的自觉意识，才能在全社会形成法治风尚，形成依靠法律维权和解决纠纷的新习惯。

（四）注重推进刑事诉讼制度改革

对每一个案件的审判都应该是合乎程序和公正的，尤其对于一些涉及刑事问题的案件要特别注意，因为这可能关系到当事人的生死问题，怎么谨慎都不为过。习近平同志指出，"要坚持罪刑法定和罪责刑相适宜原则，严格执行刑事法律和刑事政策，把刑事案件搞准，做实，办成铁案"①。只有慎之又慎，才可能避免出现难以挽回的冤假错案。

第二节 民主政治建设的创新与实践

自"八八战略"提出以来，在金华市委的领导下，各相关部门始终坚持党的领导、人民当家作主、依法治国的有机统一，结合金华自身的特色和优势，从多方面开展民主政治建设的创新和实践，努力探索符合当地人民需求的民主政治建设模式，为中国的民主政治建设道路贡献自己的力量。

一、围绕地方发展大局，增强人大履职能力

1985年，金华市人大一届一次会议召开，依法选举产生了金华市人大常委会，自此开始一直发挥着重要作用。2002年之后，更是围绕金华市的经济社会发展大局，不断完善当地的人民代表大会制度，努

---

① 习近平：《干在实处 走在前列——推进浙江新发展的思考与实践》，中共中央党校出版社2006年版，第368页。

力巩固和发展金华的民主政治建设。

（一）围绕发展和民生问题，发挥职能作用

地方人大的工作要为地方大局服务。金华市人大常委会的工作内容，一直紧紧围绕当地不同时期不同问题有重点地开展，督促各级人大有"政治担当、使命担当和责任担当，全力促进党委重大决策的贯彻执行、重要工作的有序推进、重点项目的加快落实"[①]，为推动和促进金华的经济社会发展发挥积极作用。

金华的重大项目，如"浙中城市群建设、义乌国际商贸综合改革试点、低丘缓坡综合开发利用试点、金义都市新区开发建设、政府重大投资项目"[②]、金华山开发建设、金义都市区综合交通枢纽建设等，都离不开当地人大常委会的监督和推动。2017年，金华市人大常委会倡议助推"三条廊道"建设，安排人大代表专项视察活动。对于备受关注的"最多跑一次改革"，人大代表通过实地调研视察、亲身体验、问题跟踪、走访群众等方式助推政府的各项改革落地生效。2020年，金华市人大常委会还努力助推疫情防控，具体有：在事情发生的第一时间发出抗疫倡议书，各级人大代表身体力行捐款捐物累计1.5亿元；对于动物防疫和野生动物保护相关条例的执行情况进行严格检查；开展各项工作努力推动企业复工复产，尽量减少损失。此外，2020年还助推"十三五"规划顺利收官，并努力助推"十四五"规划的编制工作。

2021年，在助推都市区一体化发展方面，金华市人大对与金义都市区建设相关的共建攻坚项目继续组织开展专项监督，尤其是与金义主轴发展密切相关的基础建设，如金华市域的轨道交通、金义中央大道、现代物流（快递）业、市区快速路网等重大交通项目，为打好都市区一体化发展的底座贡献力量。在全力助推和美乡村建设方面，金华市人大对农村集体资产管理、村级集体经济消薄、深化"千万工程"建设、

---

①　林丹军主编：《浙中崛起——金华改革开放40年研究》，浙江人民出版社2018年版，第98页。

②　林丹军主编：《浙中崛起——金华改革开放40年研究》，浙江人民出版社2018年版，第98页。

农村土地"三权分置"改革等开展专题审议，为强村富民打好基础。

人民群众的利益始终是人大工作关心的重点，民生问题也一直是人大关注和监督的重点。为了促进社会的和谐稳定，金华市人大常委会始终把"生态环保、就业社保、教育医疗、食品医药安全、扶贫济困等热点难点问题"①放在突出位置进行监督，通过"代表视察、执法检查、专项审议、专题询问等"②解决人民关心的实际问题，提升群众的获得感和幸福感。

2017年，为了进一步完善公共服务体系，金华市人大对教文卫的财政投入情况进行专门调研，确保各项活动的经费专款专用；组织开展分级诊疗工作代表视察活动，推动分级诊疗工作发展，提升医疗资源的使用；开展专项的食品安全执法情况和动物防疫"一法一条例"执法检查，保障群众"餐桌上的安全"。

2018年，努力统筹推进各项民生事业协调发展，尤其关心学前教育、民政福彩公益项目和电梯安全使用等问题。③ 2019年，金华市人大落实强化"花钱必问效、无效必问责"理念，推动出台全面贯彻落实预算绩效管理实施意见；同时开展一些有代表性的惠民项目，如湖海塘景观工程、城市展示馆装修与布展等地标项目、金华开发区老旧小区改造、残疾人康复中心等。④ 2020年，民生实事的重点有：强化社会保障、安全生产等领域的专项监督；制度建设方面，创新实施民生实事项目代表票决制，探索开展民生实事项目第三方绩效评价；针对养老问题，开展高质量建设养老服务体系专题调研；为了做好全国文明城市创建工作，开展专题询问；对亚运会省运会筹办工作开展专项视察。⑤

---

① 林丹军主编：《浙中崛起——金华改革开放 40 年研究》，浙江人民出版社 2018 年版，第 99 页。
② 林丹军主编：《浙中崛起——金华改革开放 40 年研究》，浙江人民出版社 2018 年版，第 99 页。
③ 《金华市人民代表大会常务委员会工作报告（摘要）》，《金华日报》2019 年 3 月 1 日。
④ 《金华市人大 2019 年工作亮点回眸》，《浙江日报》，2020 年 4 月 23 日。
⑤ 《市人大常委会 2020 年工作亮点》，金华市人民政府网，2021 年 2 月 23 日。

2021 年,为了有效优化公共服务供给,针对人民群众特别关心的学前教育、医疗和养老等问题,继续开展相关项目的跟踪监督,使学前教育更加普及普惠,如全市公办幼儿园招生覆盖面提升了 33 个百分点,财政性学前教育经费占比由 4.7% 提升至 7.6%;开展医共体建设、分级诊疗制度、中医药发展等专项监督,有效推进全民安心医保城市建设;继续开展养老服务体系建设调研视察,提出加快适老化改造、促进医养融合、发展银发经济等建设性意见,有力助推老年友好型社会建设。①

随着经济的发展,金华市的环境问题开始变得严重,最先受到关注的是城市居民的生活用水问题。在 20 世纪 90 年代末,金华市人大常委会就开始对沙金兰饮水工程的建设进行监督,组织专门的调查和视察,希望尽快解决市民的饮水问题。最终,1999 年春节前,饮水问题得到解决。2013 年后,浙江开始通过治水倒逼企业转型升级,金华市人大常委会提出了"一年灭黑臭、两年提水质、三年可游泳"的目标,集中开展与治水有关的各项活动,如"关爱母亲河溪"主题活动、"八婺问水"大型新闻活动、环保工作评议活动、水环境综合整治视察活动等。

2017 年,金华市人大把保护生态环境、护好绿水青山作为重要使命。一方面,大力支持政府开展《金华市区环境功能区规划》和《金华市区生态保护红线划定方案》的编制实施工作;另一方面,根据《金华市水环境保护条例》全面开展执法检查,联动开展"剿灭劣 V 类水,人大代表在行动"主题活动,努力促进金华市水环境的持续改善。② 2018 年,又开展蓝天保卫战工作专项调研视察活动,注重从完善体制机制、强化源头管控、严格执法监管、营造良好氛围等方面开展工作,致力提

①　《金华市人民代表大会常务委员会工作报告》,金华市人民政府网,2022 年 4 月 25 日,http://www.jinhua.gov.cn/art/2022/4/25/art_1229622701_60237150.html。

②　《金华市人民代表大会常务委员会工作报告(摘要)》,金华市人民政府网,2018 年 4 月 8 日,http://www.jinhua.gov.cn/art/2018/4/8/art_1229160539_52786507.html。

升人民群众蓝天幸福感；联动开展固体废物污染防治"一法一条例"的执法检查，高度重视农村生活垃圾分类管理条例的贯彻实施，推动扬尘、尾气、水质、土壤、固废一并治理。① 2019 年，开展各项环境治理检查和调研，如水环境"一法一条例"检查、可再生能源法执法检查、垃圾分类条例执法检查、"污水零直排"建设监督、水资源统筹利用专题调研等。2020 年，进一步完善各项生态环境保护和监督制度，如推动市县镇三级实现生态环境报告制度全覆盖，开展土壤污染防治专项监督，组织开展《金华市农村生活垃圾分类管理条例》贯彻实施情况评估等，有效助推优化当地生态环境。②

（二）围绕民主法治建设，稳步推进依法治市

2006 年，第十届全国人民代表大会常务委员会第二十三次会议通过了《中华人民共和国各级人民代表大会常务委员会监督法》。至此开始，金华市人大常委会对各项市政府规范性文件以及县级人大常委会决议进行备案审查，加强对"一府两院"的法律监督和工作监督，努力推进法治金华建设。2015 年开始，金华市人大有了地方的立法权，开始围绕金华市建设需要开展地方立法工作，"构建了以《金华市制定地方性法规条例》为核心、《金华市地方立法技术规范》等六项配套制度为补充的立法行为规范体系"③。

针对水资源保护问题，2017 年 3 月出台了首部地方实体法《金华市水环境保护条例》。针对城市管理问题，2018 年出台了《金华市养犬管理规定》，自主起草并审议通过了《金华市城市市容与环境卫生管理规定》；同时建立规范性文件专家审查机制，开展规范性文件备案审查"回头看"活动，实现有件必备、有备必查、有错必纠。④ 对于依法行

---

① 《金华市人民代表大会常务委员会工作报告（摘要）》，《金华日报》2019 年 3 月 1 日。
② 杨林聪：《市人大常委会 2020 年工作亮点》，金华人民政府网，2021 年 2 月 23 日，http://www.jinhua.gov.cn/art/2021/2/23/art_1229486333_59211734.html。
③ 林丹军主编：《浙中崛起——金华改革开放 40 年研究》，浙江人民出版社 2018 年版，第 101 页。
④ 《金华市人民代表大会常务委员会工作报告（摘要）》，《金华日报》2019 年 3 月 1 日。

政问题，扎实开展"新时期全面推进依法治市"课题调研，提出了一系列相关的对策建议，督促政府加快完善权责统一、权威高效的依法行政体制；制定出台《市人民代表大会常务委员会听取和审议市监察委员会专项工作报告办法（试行）》，为依法监督监察工作提供了制度规范。① 针对司法公正问题，坚持定期听取法检两院工作报告，督促进一步改进审判和检察工作，推动法院持续提升执行质效，调研视察了反虚假信息欺诈中心和打击网络电信诈骗、公安网络安全管理工作，切实维护国家安全和群众利益。②

2019 年，为了更高效地推进社会治理的现代化，金华市人大在立法方面做了许多努力，成果有：省人大常委会批准了金华市人大常委会制定的《金华市文明行为促进条例》《金华市城市市容和环境卫生管理规定》《金华市传统村落保护条例》《金华市禁止销售燃放烟花爆竹管理规定》《金华市文明行为促进条例》；修订了《金华市水环境保护条例》。

2020 年，立法质量更是有了大幅度的提升，如：出台了全国首部无偿施救地方性法规，制定实施了《金华市大气污染防治规定》；与浙江师范大学共建立法研究院的经验做法获得第二届"浙江人大工作与时俱进奖"优秀奖；义乌成为浙江省唯一的"国字号"基层立法联系点。③ 对于金华的城市绿化问题，2020 年金华市人大完成了《金华市城市绿化条例（草案）》并上报审批。在司法公正方面，全面加强对司法执法工作的监督；以法官检察官的履职评议工作为重点，随机抽取16 名对象进行履职评议，创新开展满意度测试，确保司法的公正性。在数字化改革方面，努力构建人大数字化改革的"四梁八柱"。2021年 9 月，金华市人大牵头的"金法督"系统开始运营，这是全国首个法律法规实施数字化监督系统，获得"2021 年全省改革突破奖"提名奖、

① 《金华市人民代表大会常务委员会工作报告（摘要）》，《金华日报》2019 年 3 月 1 日。
② 《金华市人民代表大会常务委员会工作报告（摘要）》，《金华日报》2019 年 3 月 1 日。
③ 杨林聪：《市人大常委会 2020 年工作亮点》，金华市人民政府网，2021 年 2 月 23 日，http://www.jinhua.gov.cn/art/2021/2/23/art_1229486333_59211734.html。

2022年第三届"浙江省人大工作与时俱进通报表扬"特别奖。

（三）围绕人大代表的履职能力，着力制度创新

人民代表大会制度确保人大代表人民选，人民的意愿通过人民代表得到充分体现。想要地方人大真正地以人民为中心，围绕地方中心工作，为人民谋福利，就必须提高人大代表的履职能力，以便从根本上体现中国政治制度的优越性。自从成立以来，金华市人大常委会高度重视提升人大代表和人大机关干部的工作能力，探索多种模式并以制度的形式固定下来，不断完善地方人大制度，为人大工作的开展创造更好的环境，助推金华当地的发展。

从一开始，金华市人大常委会坚持每年至少举行一次主任读书会，其学法制度则从第三届人大开始就固定下来。此后，每年都要定期学习和培训，争取从理论、法律和业务方面狠抓思想政治素质，确保思想上、组织上和行动上始终与党中央保持一致。这些学习教育，力求做到主题教育与主职教育都不耽误，彰显金华当地特色。2019年，为了庆祝地方人大常委会成立40周年，金华市人大常委会还特别策划了"五个一"活动，出台《高水平推进新时代人大工作和建设的意见》，进一步健全县、乡级别人大的组织制度和工作制度，争取做强做实人大工作的"最后一公里"。2020年，为了提高人大代表的履职能力，不仅对人大代表进行集中轮训，还对优秀的提案进行表彰，交流互动。

为了紧密联系群众，了解群众的真实诉求，2007年开始搭建人大代表履职平台，举办"全市人大代表活动月"活动，组织代表们走访群众、开展调研和视察、旁听法院庭审、与市政府领导"双向约见"等。[①]另外，还重视推进代表联络站的建设和运行，不仅有实体的代表联络站，还推进建设网上代表联络站。

---

① 林丹军主编：《浙中崛起——金华改革开放40年研究》，浙江人民出版社2018年版，第101页。

2018年，原有的联络站模式升级为"代表联络站＋"模式，如完善"代表联络站＋老娘舅"模式，定期开展群众接待和选民接待活动；如建立"代表联络站＋8890民情热线"模式，积极组织各级人大代表走进8890民情热线，倾听民情呼声，受理市民诉求，有效解决社会热点难点问题；如探索"代表联络站＋网格民情快车"模式，建立民情信息收集共享机制，挖掘网络平台信息共享功能，以实实在在的成效取信于民。① 2020年，人大代表联络站进一步完善，开展示范性代表联络站评定工作，全面推进"矛调中心"代表联络站建设，9000多名五级人大代表进站开展活动。② 到2021年底，已建成代表联络站162个、联络点280个、联络岗1324个，参与成功调处矛盾纠纷2780多件。③

二、放管结合增强政府服务职能，提升群众满意度

自从提出构建服务型政府目标以来，一直备受困扰的问题是，政府如何转换角色，改变传统的管理模式，简化审批程序，增强自身的社会管理服务职能，转变成公开透明、让群众满意的新型政府。

（一）通过8890、12345等政务民生平台，增强政府的社会管理职能

2013年10月28日，在金华市委、市政府高度重视下，金华率先开通8890便民服务平台，一个24小时集中为市民提供咨询、求助、投诉等非应急的社会管理类服务的政府公益信用平台。该平台主要包括公共服务、效能投诉、社会服务三大系统，其特点是充分整合党政资源、市场资源和社会服务资源，原有的部门热线服务功能不变，同时又能将130多个部门和下属单位的工作职责、服务热线及公共服务信息

---

① 《金华市人民代表大会常务委员会工作报告（摘要）》，《金华日报》2019年3月1日。

② 杨林聪：《市人大常委会2020年工作亮点》，金华市人民政府网，2021年2月23日，http://www.jinhua.gov.cn/art/2021/2/23/art_1229486333_59211734.html。

③ 《金华市人民代表大会常务委员会工作报告》，金华市人民政府网，2022年4月25日，http://www.jinhua.gov.cn/art/2022/4/25/art_1229622701_60237150.html。

整合录入平台数据库。① 这个平台成立之初就有 80 余家加盟企业,50 余个社会公益性组织,500 多名志愿者,充分实践了政府起主导作用、社会各方力量参与的政府管理新模式,为市民生活带来了极大的方便。8890 是"拨拨就灵"的谐音,因此服务目标是"响应灵、服务灵、办事灵,对市民诉求事项实行 100％受理、100％交办、100％反馈、100％回访"。② 最大的特色是群众对党政部门的诉求可以得到及时回应,因为只要"8890"前台受理了,后面就会有市督查考评办公室统一交办和党政部门限时承办两项工作机制随后跟进,从制度上确保党政取信于民。这个热线电话,不仅整合了党政热线服务资源,解决了各部门间相互推诿扯皮的问题,还规范了服务行业,能够满足市民多样化、个性化的服务需求,实现了多方共赢。自此以后,金华市民遇到的许多非紧急的社会问题都能得到回应,不用担心自己反映的问题会石沉大海。金华市政府在群众中的公信力得到极大提升。

2016 年 9 月以后,除 110、120、119 等紧急类热线以外,浙江省将"12345"热线电话转变为政务咨询投诉举报热线,整合各个领域的政务咨询、投诉举报等非紧急类社会管理或政务服务热线,这包括了工商、质监、环保、医药、城市管理、交通、知识产权、人力社保、旅游等。③ 响应浙江省政府要求,金华市实行市长热线 12345 与便民电话 88900000 双号并行,市民可自由选择拨打哪个号码。因为金华市民对 8890 相当熟悉,所以,金华市将保留 12345 政务服务中心和金华市便民服务中心,实行两个中心在一个平台上同时运行的模式,实现省、市、县、乡四级联通,进一步提升政府的运行效率和服务水平。这样,金华市政府的便民服务在与省里保持一致的同时,又独具地方特色。

---

① 黄贲:《金华 8890 便民服务平台开通试运行》,浙江在线－城市在线,2013 年 10 月 29 日,http://cs.zjol.com.cn/system/2013/10/29/019673868.shtml。

② 黄贲:《金华 8890 便民服务平台开通试运行》,浙江在线－城市在线,2013 年 10 月 29 日,http://cs.zjol.com.cn/system/2013/10/29/019673868.shtml。

③ 吴振宇:《浙江政务服务再优化"12345"热线将直通多部门》,浙江在线,2016 年 3 月 12 日,https://zjnews.zjol.com.cn/system/2016/03/16/021069013.shtml。

金华市的便民服务工作取得了明显进步,尤其是在助推政府数字化转型工作方面可圈可点。到 2019 年,已实现全市智能应用功能上线和市县全覆盖;金华市区范围 12345 热线智能客服答复率达到 90%,走在全省前列;8890 话务接通率从 70%提升至 80%以上;12345 政务热线 15 秒接通率达到 96.2%。① 在 2020 年新冠疫情期间,便民服务热线更是发挥了巨大作用,与疫情有关的各种难题能够及时解决,有效缓解了老百姓的焦虑情绪。2020 年 1 月 23 日到 2 月 2 日期间,金华市的 12345(8890)平台总诉求量为 19688 件,涉及疫情的相关诉求事项来电近 3469 件,其中咨询量 2119 件、移交量 1350 件。② 总体而言,金华市便民服务平台的成效显著,就"8890"与"12345"热线而言,到 2020 年 11 月初就已累计话务量达到 3680 万个,解决各类困难和问题 1739 万个。③

(二)以"最多跑一次"改革为引领,深化政府服务职能改革

为了能够更好地实现政府的职能转换,成为服务型政府,浙江率先在政府职能方面进行大刀阔斧的减法。2014 年,给出责任明确的四张清单,即政府的权力清单、责任清单、企业投资负面清单、省级部门专项资金管理清单,并且建成了省市县级统一框架、多级联动的浙江政务服务网。浙江政务服务网集多方面功能于一体,主要功能有行政审批、便民服务、政务公开、数据开放、互动交流等,方便群众办事。这一改革的主要目的,是通过政府管理数字化转型,依托政府网络,对行政审批制度进行大刀阔斧的改革,减少审批环节,提高办事效率,让人民群众有更多的获得感。

---

① 薛文春、金芸:《87 位员工受表彰! 金华市 12345(8890)召开 2019 年度工作总结会》,浙江新闻,2020 年 1 月 15 日,https://zj.zjol.com.cn/news.html? id=1365653。
② 金芸:《奋战在抗"疫"一线! 12345(8890)24 小时在线接听市民诉求》,浙江新闻,2020 年 2 月 3 日,https://zj.zjol.com.cn/news.html? id=1378140。
③ 《陈龙在市区调研时强调:以更坚定决心推进"两优一高"市建设》,《金华日报》2020 年 11 月 6 日。

2016 年 12 月,浙江省委、省政府结合浙江情况,在"四张清单一张网"的基础上,进一步提出"最多跑一次"改革的理念和要求,希望能够进一步提高政府的办事效率,为群众办事提供尽可能多的便利,让浙江成为审批事项最少、政务服务环境最优、办事效率最高、群众和企业获得感最强的省份。金华市把"最多跑一次"改革列入市委、市政府的重点考核要求。"截至 2017 年底,全面推行'一窗受理、集成服务','最多跑一次'实现率达到 90%以上;在全省公布的'最多跑一次'改革中期满意度调查排行榜单上,金华居设区市首位。"①

2018 年,在坚持和深化"最多跑一次"改革的过程中,在浙江省内,义乌市率先推出和完成了"无证明城市"建设,提出了"只进一个门、只对一个窗,最多跑一次、最好不用跑"的改革理念,围绕"减权、一网通办、无差别全科受理、'一件事'、事中事后监管"的基本框架,按照"1+2+4+X+Y"的实现路径,进一步深化政府自身的改革。② 在实际操作中,义乌的"无证明城市"是指:义乌市域范围内政府机关、公共民生服务机构(含银行、保险等金融机构)不得要求群众和企业提供任何形式的证明材料。但是,同义乌市之外的相关单位提供的证明材料这一项仍然保留,这样群众在不同市之间的事务办理仍不受影响。到 2018 年底,义乌市就已经精简事项 411 项,取消证明 270 项,窗口削减率达 58.7%,材料削减率达 63.5%,网上办结率达 83.8%;2008 项事项共削减办事材料 5144 份,项均办事材料削减至 1.79 份;343 项民生事项中,202 项已实现"一证通办",实现率达 58.9%。③

2019 年,金华市以义乌的"无证明城市"建设为样板,在全金华地区开展"无证明城市"建设,进一步深化"最多跑一次"改革,尤其是在

---

① 林丹军主编:《浙中崛起——金华改革开放 40 年研究》,浙江人民出版社 2018 年版,第 103 页。
② 杨晨、陈锦青:《义乌:网上办结率达 83.8% 群众办事少跑腿 110 余万次》,新华网,2019 年 1 月 8 日,http://m.xinhuanet.com/zj/2019-01/08/c_1123961241.htm。
③ 杨晨、陈锦青:《义乌:网上办结率达 83.8% 群众办事少跑腿 110 余万次》,新华网,2019 年 1 月 8 日,http://m.xinhuanet.com/zj/2019-01/08/c_1123961241.htm。

群众能自己做好的事情上主动放手。金华市的"无证明城市"主要体现在"无证明、无证件、无复印"的办事大厅上，是全浙江省首推，群众满意率达到99.99％。办事大厅在2019年一整年为群众企业办理"无证明"事项21.93万件、"无证件"事项5.33万件、"无复印"事项100.75万件；通过数据查询、直接取消、告知承诺、部门核验四种方式，累计清理各类证明4052项；建成全市统一的无证明查询核验系统，配有证明数据项332项，涵盖全市1500个查询和出具证明机构，用"数据跑""部门跑"代替"群众跑"，彻底取消各种"奇葩"证明。[①] 这项举措充分体现政府的服务意识，即让群众满意是首要目标。目前，金华的"无证明城市"改革已入选全国法治政府建设示范项目，是政府服务职能改革的典范。

在企业投资项目审批方面，"零见面"改革成为全国典型得以推广。到2020年为止，金华市已经百分百实现一般企业投资项目审批最多90天，竣工验收最多30天。在金华全市范围内，群众到政府部门、公用事业单位、银行保险等服务机构办事，不用再提交证明。在一些机构，依托信息数字化管理，也已经实现刷脸办事。这不仅便利了群众，还减少了打印、复印各种材料的麻烦和纸张浪费现象。减少纸质证明的方式，既便利了办公，也保护了环境。

此外，金华市还在许多项"一件事"便民服务上走在全省前列。如围绕公民个人的出生到死亡、企业的准入到退出这"两个生命周期"，重点推进41项"一件事"改革。[②] 除了与公民和企业生命周期有关的重大事情外，金华市还在创新推进有关工伤、犬类饲养登记、车辆年检等23项具有个性化的"一件事"改革，尝试在更多事情上为群众提供便利，增强群众生活的满意度和幸福感。到2020年底，金华更是有73

---

① 张帆：《"最多跑一次"改革的金华实践》，人民网—浙江频道，2020年1月10日，http://zj.people.com.cn/n2/2020/0110/c186327-33707065.html。

② 张帆：《"最多跑一次"改革的金华实践》，人民网—浙江频道，2020年1月10日，http://zj.people.com.cn/n2/2020/0110/c186327-33707065.html。

项便民利企"一件事"和 30 项机关内部"一件事"落地见效。[1]

（三）构建亲清政商关系，打造"两优一高"城市

党的十九届四中全会审议通过的《中共中央关于坚持和完善中国特色社会主义制度、推进国家治理体系和治理能力现代化若干重大问题的决定》提出了要构建和完善亲清政商关系的政策体系。在政商关系方面，金华市一直努力构建健康的新型政商关系，减少对企业的直接管理，增加对企业的服务职能，让政府这只有形的手做好服务工作。"亲"是指亲切、亲和，主要是说在企业遇到困难和问题时，政府要积极地有所作为，帮助解决实际困难；"清"是指清白、清正、清廉，即要厘清政府与企业之间的边界，不能搞权钱交易，企业要靠实力挣钱。因此，在亲清的新型政商关系中，政府与企业都要做好定位，弄清楚哪些事可为，哪些事不可为。一方面，政府的权力在阳光下运作，努力为企业服务；另一方面，企业家在发展中需要政府时，敢讲真话，说实情，建诤言，更好地为当地的经济发展做出贡献。

2003 年开始，金华市就开始开展经济服务月活动，让各级领导分层联系企业，帮企业解决各种实际问题。后开展"五员五送"服务，设置专门的宣讲员、服务员、指导员、联络员、协调员，给企业送政策、送金融、送科技、送信息、送服务。为了给当地企业提供更专业化、精细化和个性化的服务，金华市在浙江省率先开展"个人领衔＋团组服务＋全线运作"的财税工作室服务模式，通过驻室接待、微信、QQ、电话、定期走访等渠道，让财税工作做到实处。对于需要资金帮助的企业，金华市出台了 6 个配套的政策体系，以确保帮扶到位。2017 年，出台了《金华市人民政府关于继续加大力度减轻企业负担的若干意见》。在 2020 年的疫情防控期间，先后出台了 20 条系列政策扶持企业渡过难关。据统计，2020 年落实"五减"金额 237 亿元、完成率 231％；出台

---

[1]　《2021 年金华市政府工作报告》，《金华日报》2021 年 3 月 1 日。

"双龙引才"新政 20 条,率先推行"揭榜挂帅"全球引才机制,达成重大技术难题攻关协议 129 项、榜额超 3 亿元,为企业减支成本超 10 亿元;新引进顶尖人才 40 名、大学生 10.7 万名。[①]

所谓的"两优一高"市,是指要把金华建设成为全国营商环境最优、便民服务最优、机关效能最高的城市。2020 年 12 月 16 日,中共金华市第七届委员会第八次全体会议通过了《中共金华市委关于制定金华市国民经济和社会发展第十四个五年规划和二〇三五年远景目标的建议》,设定了建设"两优一高"市的目标,希望在改革方面可以取得重大突破。为此,金华市打出了一套组合拳,帮助实现建设目标。一是实行"10＋N"便利化行动,着力推进减环节、优流程、缩时限,提高工作效率。二是企业开办方面,采取企业开办"零见面"的做法。企业开办"零见面"平台,在浙江省率先运行。据统计,全市新设企业网办率达 98.8%,全程无纸化占 76.3%。[②] 三是建设用地监管方面,扎实推进"标准地"事中事后监管改革,新增工业用地实现 100%"标准地"出让。[③] 四是激活市场环境方面,通过"互联网＋监管"有效激活市场环境,努力做到监管效能最大、监管成本最优、对市场主体干扰最小。五是中介服务方面,全省率先完成网上中介超市系统迭代升级,中介服务提速近 60%,网办率达 100%,实现了涉审中介服务费用和时间"双下降"、质量和效益"双提升"。[④]

总而言之,要全面推进政府服务职能的改革,建设"两优一高"市,需要持续推进政府职能的全面数字化转型。在良好的亲清政商关系的基础上,在巩固和扩大"无证明城市"和"一件事"改革成果的基础

---

① 《2021 年金华市政府工作报告》,《金华日报》2021 年 3 月 1 日。
② 张帆:《"最多跑一次"改革的金华实践》,人民网—浙江频道,2020 年 1 月 10 日,http://zj.people.com.cn/n2/2020/0110/c186327－33707065.html。
③ 张帆:《"最多跑一次"改革的金华实践》,人民网—浙江频道,2020 年 1 月 10 日,http://zj.people.com.cn/n2/2020/0110/c186327－33707065.html。
④ 张帆:《"最多跑一次"改革的金华实践》,人民网—浙江频道,2020 年 1 月 10 日,http://zj.people.com.cn/n2/2020/0110/c186327－33707065.html。

上，围绕如何让群众和企业办事更方便、更智能、更满意等目标，进一步深化"最多跑一次"改革。改革的进一步深化，将要求政府提高自身的跨层级、跨地域、跨部门、跨业务的协同管理和服务能力，主动探索更多的服务可能性。目前，金华市的"最多跑一次"改革已向公共场所、基层和机关内部延伸扩面，如重点推进金华市中心医院创建"最多跑一次"示范性医院，实施 32 项改革任务；实现乡镇（街道）、村（社区）标准化便民服务中心（服务点）的 100％全覆盖；市本级机关内部办事事项"最多跑一次"实现率 99.8％，高频事项实现率 100％。^① 此外，"影视文化产业大脑"获评浙江省数字化改革最佳应用，固废"一件事"、安心医保支付、小商品数字自贸等 3 个应用入选浙江省数字政府系统最佳应用。到 2021 年底，申请政务服务事项"一网通办"率高达 86％，政府机关办事效能得到有效提升。^②

三、打造品牌特色，发挥政协的参政议政作用

在中国的社会主义民主政治建设中，政协的作用必不可少，体现了中国共产党和人民在民主政治建设方面的智慧。实施"八八战略"以来，金华市政协在金华市委的领导下，通过把握时代脉搏，以改革创新的精神不断推进人民政协事业，让政协工作焕发出源源不断的生机和活力。

（一）思想与行动上都与中央、省委、市委的决策保持一致

为保证政协的工作始终围绕金华市委、市政府的中心工作展开，服务于整个大局，金华市政协一直把思想政治建设摆在首位。对于政协各单位成员，金华市政协通过开展多层次、多渠道、多形式的学习培

---

① 张帆：《"最多跑一次"改革的金华实践》，人民网—浙江频道，2020 年 1 月 10 日，http://zj.people.com.cn/n2/2020/0110/c186327－33707065.html。

② 《2022 年金华市政府工作报告》，金华市人民政府网，2022 年 4 月 25 日，http://www.jinhua.gov.cn/art/2022/4/25/art_1229159979_60237124.html。

训,确保同市委、市政府在思想上高度保持一致,对工作的中心与大局
有准确的定位。

　　自 2005 年以来,金华市政协的工作重点随着市委、市政府的工作
进行调整,争取做好建言献策工作,成效显著,有多项调研建议被政府
采用,如 2005 年发展循环经济调研建议、2008 年浙中城市群发展调研
建议。此外,自 2011 年以来,金华市政协还多次召开常务委员专题协
商会,为金华市的政府服务职能改革、机构改革和市区行政管理体制
调整等进行重点协商。根据 2021 年金华市政协常委会工作报告,
2020 年,金华市政协聚焦高质量发展问题,围绕"十四五"开展了 10 项
专项调研,给出了 15 条建议,并组织前往宁波考察如何建设好港口经
济。在市域治理方面,开展危机处理、市区公共文化设施建设、水利和
农村用水标准、生猪保供稳价等问题的专项调研;组织"规范行政执法
力度,助推法治政府建设"和"请你来协商"活动;协助 2020 年全国文
明城市创建工作,不仅建言献策帮助解决问题,还组织近 700 人参与
志愿者活动。在民生工作方面,组织协商群众最关心的问题,主要有
教育现代化、老旧小区改造、未来社区建设、交通拥堵等。2021 年,金
华市政协除围绕建设共同富裕示范区、"三条廊道""九场硬战""两手
硬、两战赢"等重大部署进行广泛协商讨论和积极建言献策外,还围绕
企业的发展问题和全国文明城市创建开展多项活动。如针对因为新
冠疫情而面临困难的企业,选取 65 家样本企业,持续数月跟踪调研,
形成 4 份专项调研报告;组织开展"精准帮扶推动疫情影响下的经济
发展"专场协商,就加大政策扶持、金融支持等方面形成 27 项协商成
果;义乌市政协更是走进市场开展"打造全球直播经济中心""请你来
协商",为党政出台相关政策提供智力支持;聚焦全国文明城市创建,
累计提出 90 余条建议,为高水平创成全国文明城市作出了积极

贡献。①

（二）民主监督工作有重点，努力助推政府工作

金华市政协的民主监督工作按照"在参与中监督、在监督中参与"的要求展开，主要体现为专项监督、视察监督和联动监督。2009年，金华市政协就一些重大决策问题开展专项监督，如浙中城市群发展问题、市区饮用水保护问题、精神卫生工作、健全食品安全长效机制、"五水共治"问题、农村垃圾分类问题、"两路两侧"和"四边三化"整改问题等。对其中的一些惠民利民政策，2011年开始增加了视察监督。从2014年开始，更是把三级政协委员都发动起来，开展联动监督。现在，对于市委、市政府的重点工作，金华市政协都会开展形式多样的、主题明确的民主监督。

（三）搭建好参政议政平台，让各界人士共同助力金华发展

人民政协需要发挥最广泛的爱国统一战线功能，因此需要搭建一个好的平台，确保各民主党派、人民团体和各族各界人士都能建言献策。金华市政协提出的"请你来协商"就是一种相当好的形式，能够凝聚各界人才的力量。民主和团结一直是人民政协工作的主题。因此，除了发挥民主协商、参政议政的功能外，金华市政协还在团结联谊方面作出了努力。如开展与宗教问题、民主问题有关的调研，努力增进社会各界人士的团结，引导宗教力量与和谐社会建设相适应，推动当地少数民族乡镇的发展。对于港澳台同胞，金华市政协也注意加强联系，每年都会召开相关的组织座谈会，希望他们能为金华的发展做出贡献。

（四）与时俱进中加强自身建设，提升履职水平

俗话说："打铁还需自身硬，无须扬鞭自奋蹄。"为了更好地发挥好

---

① 《政协第七届金华市委员会常务委员会工作报告》，金华市人民政府网，2022年4月25日，http://www.jinhua.gov.cn/art/2022/4/25/art_1229622700_60237142.html。

政协的参政议政职能，自 2002 年以来，金华市政协就提出了"实践、创新、求实、高效"的工作要求，开始全面加强自身能力的建设，主要体现为：着力发挥政协委员的独特作用、基础作用、主体作用，加强"三化"建设。2008 年，金华市政协出台了《关于进一步发挥界别作用的意见》，希望各界人士可以从自己特点出发，提供有用的意见和建议。2010 年，金华市政协修订了《专门委员会通则》，明确规定各专委会的职责，完善各专委会的工作制度。2011 年，金华市政协修订了《关于进一步发挥委员主体作用的意见》，不仅给予制度保障，还建立"委员之家"激发委员们建言献策的主动性、创造性。2011—2017 年，从政协委员的主体作用、履职档案管理、界别活动、评选、述职、考评和辞职规定、推出机制、提案办理协商方法等都给出了明确文件，有效加强对每位政协委员的管理，全面提升政协的工作水平和效率。

通过种种努力，金华市政协于 2020 年打出了三大特色品牌，分别是"请你来协商""政协委员会客厅""一村一委"工作。仅 2020 年，金华市政协就组织了六场"请你来协商"活动，提出了 169 条建议，被采纳和落实了 133 条。由于表现出色，金华市政协作为浙江省唯一的地级市代表，被邀请到全省政协"请你来协商"交流会上发言。

作为政协委员履职平台的"政协委员会客厅"，不仅能够不断提升政协委员的责任意识，还能够增加政协委员的学习交流机会，让更多的人团结凝聚在党的周围。2020 年，金华市增加了 6 家"政协委员会客厅"。截至 2020 年，全金华市共有 10 家"政协委员会客厅"，已经开展专题活动 42 场。

"一村一委"工作在 2017 年由金华市政协首次提出，要求各位委员按照"就地就近就便全覆盖"的原则，联系一到两个行政村，把委员的民主监督职能放到党委政府工作的一线当中去。这项制度是希望委员们能够继承党紧密联系群众的优良传统，做到把监督工作放在事前、事中，能够从群众利益出发，精准高效地服务大局。2020 年，通过进一步深化和完善"一村一委"制度，形成了多项工作品牌，如"协商在乡村""基层微协商""社会微治理协商""丰安微协商"。此外，还围绕农村基层工作的 4 个专题，如乡村产业振兴问题、公共卫生体系建设问题、生活环境整治问题、垃圾革命问题等，进行调研写成调研报告，充分发挥政治协商和民主监督的职能。2021 年，金华市政协又围绕行政村规模调整后的乡村治理、文化礼堂建设等开展监督调研视察，推进各类民生事项得到落实。

四、尊重群众首创精神，探索基层民主建设有效路径

基层民主建设是中国民主政治发展的基础，在整个民主政治中有着非常重要的作用。实施"八八战略"以来，金华市结合自身特殊市情，在基层民主建设上面进行大胆探索和创新，出现了全国典范，即义乌模式的工会社会化维权和武义后陈的村务委员会监督制度。

（一）在职工权益维护上，坚持协商民主形式

义乌市探索建立了结合党委、政府、工会和社会力量的工会社会化维权模式，协商民主得到了较好的实践。

义乌市是全国有名的小商品城，私营企业和民营经济发展迅猛。在人口方面，自 2004 年开始，外来人口总数开始首次超过本地常住人口。2017 年这一人口对比差更是达到顶峰：外来建设者达到 144 万人，而本地人口才 80 多万人。这造成了义乌市的各种社会矛盾和利益关系十分复杂，劳动和劳务纠纷频发且不好解决。义乌的工会社会化维权模式应运而生，这主要涉及维权的组织载体、网络和机制。

在组织载体社会化方面，义乌市早在 2000 年就在全国率先建立了义乌市总工会职工法律维权中心，参与到工资、劳动合同、劳动争议等的协调、仲裁诉讼中；同时，还提供免费的法律援助和法律救助，开展各种法律知识培训、代书法律文书、法律咨询等工作。[1]

---

[1] 房宁、负杰主编：《浙江经验与中国发展：科学发展观与和谐社会建设在浙江（政府管理卷）》，社会科学文献出版社 2007 年版，第 176 页。

　　在健全维权网络社会化方面：实现构建横向跨地区、纵向到基层的维权组织网络；利用数字化技术，把维权网络信息化；初步建立结合专职人员、兼职志愿者和人民群众三股力量的社会化维权网络。[①]

　　在维权机制社会化方面：一方面，聘请市五大班子的分管领导和公、检、法、司等职能部门的主要领导为维权顾问；另一方面，加强横向联合，即加强与别的单位、工会、新闻媒体等的合作，形成维权合力；此外，维权经费分别来自财政、工会和社会筹款，确保经费有保障。[②]

　　工会社会化维权使得民主协商在具体的维权过程中得到实践，如集体协商职工工资，建立企业安全生产机制，以职工代表大会为主要形式进行协商民主管理等。2005 年 8 月 2 日，习近平同志到义乌调研工会工作时，对义乌总工会在维权社会化方面给予了充分肯定。他强调："进一步加强工会维权机制建设，强化工会维权职能，使工会在维护职工合法权益工作中更好地发挥作用，使职工群众从中切实感受到党和政府对他们的关心和工作组织对他们的作用，使工人阶级和广大职工群众在参与改革发展中共享改革与发展的成果。"[③]

　　2005 年，中华全国总工会要求在全国推广义乌的工会维权模式。2013 年，义乌市总工会的职工法律维权中心更名为职工服务中心，服务功能更加多元化，不再是单个部门的职责，而是转变成各方社会资源的集体联动。2018 年，义乌市总工会就已在 14 个镇街道建立职工服务站，并要求有一定规模以上的企业全面建立职工服务点，且健全区域性、行业性劳动争议预警机制规范化单位 150 余家，切实将维权触角延伸至每个基层工会。[④] 仅 2015—2018 年，义乌市的职工服务中

　　① 房宁、贠杰主编：《浙江经验与中国发展：科学发展观与和谐社会建设在浙江（政府管理卷）》，社会科学文献出版社 2007 年版，第 176 页。

　　② 房宁、贠杰主编：《浙江经验与中国发展：科学发展观与和谐社会建设在浙江（政府管理卷）》，社会科学文献出版社 2007 年版，第 177 页。

　　③ 习近平：《干在实处　走在前列——推进浙江新发展的思考与实践》，中共中央党校出版社 2006 年版，第 248 页。

　　④ 陈晓文、龚盈盈：《纪念改革开放 40 周年·义乌样本(8)工会社会化维权彰显"义乌温度"》，中国义乌网，2018 年 11 月 9 日，https://news.zgyww.cn/system/2018/11/09/010145185.shtml。

心就受理了各类劳资纠纷投诉 1760 起，成功调处 1674 起，成功率为 95.1%。[①] 通过这一整套全面社会化的维权新机制，许多冲突和矛盾在协商过程中得到解决，广大职工的权益也有了有效保障，当地的劳动关系变得更加和谐规范，更多的外地人员愿意来到义乌闯一闯，义乌的市场也得以持续繁荣发展。

（二）在村一级民主建设上，建立武义模式的村务监督委员会制度

我国农村的村民自治制度主要包括民主选举、民主决策、民主管理和民主监督四个环节，但是，现实中主要关注点放在了选举上，后三者的发展都严重滞后。随着改革开放的进一步发展，全国各地许多村庄的集体经济收入大幅度增加，尤其是在出现土地拆迁后。如何杜绝出现财务上的违法违纪行为成为一个新的时代难题，武义县后陈村的问题在当时是一个突出典型。

当时，武义县后陈村的村财务不透明，一些村干部有贪污腐败、以权谋私的行为，村民与村干部间的矛盾纠纷一直不断。仅 2003 年，该县纪委就受理了 300 多件（次）来信来访，反映村干部问题的就有 65%，这已经严重危害到村子的稳定发展。"2004 年 1 月，该村召开的一次村民代表和党员会议上，成立了由一名党员代表、一名村民代表和村出纳等人组成的村财务监督小组，对近年来村所有财务往来，尤其是土地征用款的收支进行了清理，并建立了村务财务公开制度。"[②] 至此，后陈村的混乱局面才得到初步扭转。

对于村财务监督小组，武义县委决定尊重村民意愿，并于 2004 年 4 月派驻专门的工作组到该村，进行以村务公开和民主管理为突破口的整治试点。在武义县委的指导下，2004 年 6 月 18 日，经过村民代表

---

① 陈晓文、龚盈盈：《纪念改革开放 40 周年·义乌样本(8)工会社会化维权彰显"义乌温度"》，中国义乌网，2018 年 11 月 9 日，https://news.zgyww.cn/system/2018/11/09/010145185.shtml。

② 林丹军主编：《浙中崛起——金华改革开放 40 年研究》，浙江人民出版社 2018 年版，第 96 页。

选举,后陈村产生了第一届村务监督委员会。与此同时,还表决通过了规范村干部行为的《后陈村村务监督制度》和《后陈村村务管理制度》。前者规定了监委会是在村党支部的领导下,通过村民代表会议产生,且对其负责,成员不能是村两委及其直系亲属。监委会的职能广泛,基本涵盖了除党支部活动外的所有活动。另外,还实现了村务管理权和监督权分离,这是基层民主政治建设的一项重要创新。同年稍后,这一方式在其他 16 个村进行试点,并于 2005 年在全武义县进行推广。

2005 年 5 月,金华市又把村务监督委员会制度在全金华市进行推广。2005 年 6 月 17 日,时任浙江省委书记习近平同志亲自前往后陈村主持村务监督座谈会。对于这种源自群众首创的制度,他给予了充分肯定,认为这样不仅能让村民明白,也能还村干部清白。他认为:"以建立健全村务监督委员会为主要突破口,实现村事村民管,村级民主监督有新起色。其中,发端于武义并正在金华推广的'后陈经验',就是在实践中的一个创举。这种通过建立村务监督委员会来实现民主决策、管理、监督的做法,符合法律和政策的导向,实现了村务监督由事后监督向事前、事中、事后全程监督,使各种矛盾有了内部化解的机制。这是农村基层民主政治建设的有益探索,应当予以鼓励。"[1]到 2009 年,全金华市所有的行政村都建立了村务监督委员会制度,成为浙江省最先全面覆盖的地级市。2010 年,这一制度被全国人大修订到《村民委员会组织法》中,在全国各农村进行推广。这一制度创新后来也常常被简称为"后陈经验"。

随着"后陈经验"的不断完善,2017 年 12 月,中共中央办公厅、国务院办公厅印发了《关于建立健全村务监督委员会的指导意见》,希望各地不断深入探索和完善这一制度,让基层的民主监督发挥最大的效

---

[1] 习近平:《干在实处 走在前列——推进浙江新发展的思考与实践》,中共中央党校出版社 2006 年版,第 383 页。

用。通过多年实践，金华武义后陈村一直努力在村务监督制度上做出更多的尝试。如村监督委员会在知情权、审核权、建议权的基础上增加了质询权和主持民主评议权；村监督委员会中实行"双述职""两反馈"制度，即不仅要向村民代表和党员述职，还要联系户和党员大会双向反馈。这些年来，在村务监督委员会制度的保障下，后陈村的上访率一直为零。

五、围绕法治金华目标，全面探索建设之路

2006年，自提出法治浙江的建设目标以来，金华市委五届四次会议也立马作出了建设法治金华的决定，从各个方面努力探索适合自己的法治建设之路。2014年，出台了《中共金华市委关于全面深化法治金华建设的决定》，提出要全面深化法治金华建设，为法治浙江、法治中国建设贡献更多实践参考。这些年来，金华的法治建设主要从如下几个方面进行了具有自身市情特色的探索实践。

（一）出台符合地方市情的地方性法规，规范行政行为

自从提出法治浙江的建设目标以来，金华市首先把法治政府建设作为法治金华建设的重点，突破点和主体工程是让行政行为受到法律的规范和约束。法治政府建设要求行政机关依法行政，运用法治思维和法治方式处理一切经济社会事务。建设法治政府的目的，是让政府的权力运行在法治的阳光下，确保政府按制度和程序办事，确保群众可以依法监督，确保社会可以有序运行。2006年，金华市就出台了《金华市人民政府关于推进法治政府建设的意见》，要求健全科学民主决策机制，提高政府依法决策的水平。为了确保政府文件都合乎法律规范，成立了政府的法律顾问组，健全政府的法律顾问制度。到2012年底，金华市已经全面实现市、县、乡三级都有法律顾问。

随着中共中央、国务院印发《法治政府建设实施纲要（2015—2020年）》，2015年7月开始，金华作为地级市有了自己的立法权，金华市政

府的首要任务是确保自己的行政决策权在法律框架内。如市政府负责起草和制定的《金华市水环境保护条例》《金华市电梯安全条例》《金华市销售燃放烟花爆竹管理办法》《金华市物业管理办法》《金华市重大行政决策程序规定》等，要经过合法性审查，经由市人大常委会审议，报送省政府和市人大常委会备案。此外，还要对下面各县（市、区）及市直部门报送备案的文件进行法律审核，确保各项规章条例不与法律相冲突。

在行政执法方面，2013年后金华就开始推出并制定行政处罚的质量标准、评分标准和评查办法，确保对行政权力的约束能够规范化。同时，努力加大依法行政的力度，加强市、县两级政府的法治力量。2015年后，更是全面完成县、乡、村三级公共法律平台建设，把"12348"法律援助专线整合进"8890"服务热线，确保行政执法的有关问题可以实现"线上＋线下"互动。此外，在2017年，金华市还成立了行政复议局，努力预防和化解行政争议。

在政务公开方面，在全国范围内，金华是较早的推行地区，早在2008年就开始施行《政府信息公开条例》。这一举措，不仅使得复杂、敏感、批量的信息得以及时公开通报，还能确保通过广泛征求民意和召开听证会的形式把群众意见纳入政府决策，甚至对公职人员的行为也能起到监督作用。

在行政服务规范方面，法治政府建设让行政审批依法高效，使行政资源得到高效整合，为后面金华市的审批制度改革走在全国前列打下了基础。2020年，金华市人民政府持续深化法治政府建设，明确了争创"全国法治政府建设示范市"的目标，重要举措有：把法治政府建设列入实绩考核重要内容；完善领导干部集体学法、任前考法和定期法治讲座主要负责人述法制度，落实宪法宣誓制度，开展"公务员学法用法三年轮训"；行政机关工作人员持证率达90%以上，主要执法部门执法记录设备配备率达100%；在全省率先开展"统一行政处罚办案系统"应用试点；开设了企业服务"微窗口"，建成5家24小时公共法律服务"法律超市"，全市市场主体法律服务网络基本建成。① 2020 年，全金华市新收一审行政案件 1484 件，同比下降 44.75%，降幅居全省第一，行政机关负责人出庭率高达 97.37%。② 显然，金华市的法治政府建设成效显著，有助于"最多跑一次"改革的纵深发展，尤其是"无证明城市"的建设。

（二）全面推进公共法律体系建设，搭建好法律服务平台

随着经济的不断发展，社会生活的矛盾日益凸显，出现了许多新现象新问题。对此，人民群众需要用法律武器维护自身的合法权益，建设好的法律服务平台满足群众的法律需求成为必然要求。在建设公共法律服务平台方面，金华市力图解决群众法律咨询、诉讼等方面的需求，让司法机关能更高效地发挥作用。2013 年，金华市出台了《关于进一步推进公共法律服务建设的实施方案》。2015 年，金华市司法局出台《推进公共法律服务体系建设深化年活动实施意见》，在全市开展深化年活动。这项活动同步推出了实体平台和网络平台，建立针对平台的打分评价体系，还让第三方测评机构参与测评。

在实体平台方面，建立健全三级公共法律服务建设，具体为：市县（区）级的公共法律服务平台，主要依托司法行政法律服务中心，提供各种法律服务资源；乡镇（街道）的公共法律服务平台，主要依托各司法所或社会管理服务中心，可以直接对接司法行政法律服务中心的法律服务；村（社区）的公共法律服务点和便民服务点一体化，制作公共法律服务联系牌，将原有的村（社区）法律顾问联系方式纳入其中。

在网络平台方面，打通省、市、县、乡四级公共法律服务网络信息通道，通过网络技术实现法律服务资源和群众法律需求的实时对接，通过"金华掌上司法"开展公共法律服务，方便群众进行法律信息

---

① 金华市人民政府办公室：《金华市人民政府关于 2020 年度法治政府建设情况的报告》，金华市人民政府网，2021 年 3 月 12 日，http://www.jinhua.gov.cn/art/2021/3/12/art_1229199146_59764155.html。

② 《2021 年金华市中级人民法院工作报告》，《金华日报》2021 年 3 月 1 日。

查询。

2017 年,开始重视公共法律服务体系建设问题,金华市司法局还专门成立了专项领导小组负责推进工作。同年,还制定了具有地方特色的《金华市人民调解档案管理办法》,让调解工作更加规范。此外,还响应了省里建设 12348 浙江法网平台的号召,努力打造集实体平台、热线平台、网络平台于一体的公共法律服务平台,即三级公共法律服务点、"浙江法律服务网·12348 金华法网"、12348 公共法律服务热线,让人民群众共享法治建设成果。到 2021 年底,推动诉讼服务中心成建制入驻矛调中心,实现解纷一站通办,当场立案率高达 98%;建立账号预先确认机制,为当事人"零跑腿"退费;开展"零佣金"司法拍卖;规范开展司法救助,发放相应的救助金。

(三)做好普法宣传,探索基层的法治实践

1985 年 11 月,我国有了第一个普及法律常识的五年规划,即《关于向全体公民基本普及法律常识的五年规划》,又简称为"一五"普法。到 2020 年,我国已经完成"七五"普法工作。一直以来,尤其是提出全面依法治国以来,金华市坚持做好法制宣传教育工作,让法律观念走进群众,营造尊法、学法、守法和用法的良好氛围。

在普法机制方面,金华市委、市政府提出"三大机制",强化工作合力。一是组织领导机制,确保在市委的领导下做到市委有规划、人大有决议、政府有实施意见;二是协作配合机制,确立了普法工作领导小组各成员单位任务明确、分级负责的组织实施机制;三是保障激励机制,普法工作内容是市委、市政府对各级单位部门的综合考评中的一项,也是政绩考核和干部选拔任用中的重要依据。[1] 经过不断努力和完善,目前金华市基本形成了党委领导、人大监督、政府实施、政协支持、部门负责、全社会共同参与的"大普法"格局。

---

[1]　林丹军主编:《浙中崛起——金华改革开放 40 年研究》,浙江人民出版社 2018 年版,第 103 页。

　　在普法内容方面，以市委、市政府的中心工作和群众的民生需求为重点，安排落实各项普法工作及时跟进，希望能够纠正错误观念，重塑法治观念。例如，在近几年的"三改一拆""五水共治"工作中，就有多个部门共同配合开展各种专项普法宣传活动，如编印《"三改一拆"普法读本》《"五水共治""三改一拆"法律挂图》等普法宣传资料。

　　在普法形式方面，努力做到生动活泼、润物无声。想要做好普法工作，不仅在内容上要不断拓展更新，在形式上也要丰富多样。如在普法载体上，既有传统的电视台、广播、报刊等载体，又有新兴的网络、微博、微信等平台。前者有《金华老娘舅》《乡村法律》《以案说法》《法治金华》《社区法眼》《专家说法》等；后者有电商式普法、楼宇电视、公交车载视频、普法微信公众号、普法微视频大赛等。此外，在法律文化活动方面，有法治文化理论研讨文章征集活动、法治摄影、百场法治戏曲下乡、婺剧法治文艺创作等。丰富的普法形式，让大家总能找到自己喜欢的方式了解各种法律常识，使法治观念在不知不觉中渗透到人们的生活中，从而达到学法用法的法治宣传目的。

　　在普法对象上，有重点地开展精准普法，增强普法效果。金华市的普法工作，主要抓牢领导干部、公务员、青少年、企业经营管理人员和职工、外来务工人员等重点人群，有针对性地开展法治宣传教育。对于领导干部这个关键的少数群体，2011年开始，金华市委就带头建立了针对理论中心组和市政府常务会议的成员的学法制度、政府部门主要领导的"每月一课，每季一考"的夜读学法制度、领导干部任前法律知识考试制度、领导干部年度法律知识考试制度等。2014年，市人大常委会在全省率先实行宪法宣誓制度。2016年，在全省率先采用"学时制＋积分制"的公务员学法新模式。对于中小学的普法宣传工作，2013年开始实施法治副校长建设，落实中小学的法治教育计划，开展各种法治教育活动。对于中小学教师的继续教育，法治教育成为必修课。对于企业经营管理人员和外来人员，重点是对企业主和企业中层管理人员进行普法教育。对于全企业职工，则开展了"关爱明天普法先行"活动,希望能让大家感受到尊重和关怀。

　　在普法的法治实践方面,通过普法工作推动法治实践,让普法工作与依法行政、司法公正和基层治理有效结合,用法治实践检验普法工作的成效。为了使普法工作与基层民主法治建设相互促进,金华市积极推进民主法治示范村(社区)的创建工作。2002年前后,浙江就开始了民主法治村(社区)建设,探索基层的民主法治实践路径,浙江湖州安吉余村的建设就是一个典型。通过多年努力,2012年,武义县前村被司法部、民政部授予第五批"全国民主法治示范村"。2015年,东阳市花园村成功创建"全国民主法治示范村"。到2020年底,金华已建成"国家级民主法治村(社区)14家、省级民主法治村(社区)287家、市级民主法治村(社区)1552家。省级善治示范村达到572家,数量全省第二"①。通过创建"民主法治示范村",法治意识逐步根植于每个人的心中,有助于形成公民自觉守法、遇事找法、解决问题靠法的社会生活新风气。

　　(四)探索以审判为中心的刑事诉讼制度改革,提高司法质量、效率、公信力

　　以审判为中心的刑事诉讼制度改革,是指审判程序在刑事诉讼程序中居于中心地位,侦查、起诉、执行都要经得起法律的检验。目的是增强办案人员的责任意识,确保刑事诉讼法中的基本原则得到落实,即"未经人民法院依法判决,对任何人都不得确定有罪"。这项改革重在强调通过法庭审判的程序公正实现案件裁判的实体公正,目的是有效防范冤假错案的产生。2016年6月27日,中央全面深化改革领导小组第25次会议审议通过了《关于推进以审判为中心的刑事诉讼制度改革的意见》(以下简称《刑诉改革意见》)。随后,最高人民法院、最高人民检察院、公安部、国家安全部、司法部联合发布了《刑诉改革意

　　① 朱怙军、江胜忠:《金华建成省级民主法治村(社区)287家》,浙江新闻,2021年2月3日,https://zj.zjol.com.cn/news.html? id=1613358。

见》。至此，全国各地都开始推行相关改革，金华也根据当地情况，探索可能的相关举措，努力促进此项改革顺利开展。

在法律援助方面，进一步完善刑事法律援助制度。2017 年，金华出台了《关于深化刑事法律援助工作的意见》，使得刑事法律援助工作更加规范，如律师指派、案件质量评估、辩护通知等都通过制度化、程序化方式得到规范。对于援助律师，通过法律援助值班律师制度，在公安看守所、人民检察院和人民法院纷纷成立法律援助工作站，派驻值班律师，确保一直有专业人员跟进相关工作。

在司法鉴定人出庭作证方面，2017 年出台了《金华市司法鉴定人出庭作证指导意见》，提高司法鉴定人员出庭作证率，确保法官可以对司法鉴定意见进行有效审查，让证据在整个审判中公平公正地发挥作用。

在人权司法保障方面，2018 年，金华市中级人民法院、金华市司法局印发了《关于开展刑事案件律师辩护全覆盖工作的实施办法（试行）》的通知，推动将证人、鉴定人、侦查人员和有专门知识的人等"四类人员"出庭作证情况纳入平安综治考核。据统计，仅 2018 年，就共有 272 件刑事案件 376 名"四类人员"出庭作证。另外，还在全省率先出台罪犯交付执行前暂予监外执行组织诊断工作意见，共计委托组织诊断案件 75 件次。[①]

在审理效率方面，通过远程数字法庭高效推进审理进度。自 2015 年以来，浙江开始打造"智慧法院"，金华也努力推进"智慧法院"建设。到 2016 年底，金华中院的"智慧法院"建设成效显著，具体有：完成了协同办公系统、"办案助手系统"、"智慧法院"等软件的开发应用；成功改造了 240 个高清数字法庭；开通了全省首个司法警察指挥专网；建成了具备网络查控、远程指挥等功能的执行指挥中心；打造了审判流程、裁判文书、执行信息等三大公开平台；开通了官方微博、微信；推进

---

① 《2019 年金华市中级人民法院工作报告》，《金华日报》2019 年 3 月 1 日。

了庭审记录方式的改革;开展了庭审网络视频直播;适用远程视频开庭审理案件;在中国裁判文书网上公开了 341366 份裁判文书。①

2020 年 9 月下旬,金华市中级人民法院远程标准数字大法庭工程完工投入使用,将原本只能容纳 3 人的远程开庭室改造成可容纳 20 余人。② 远程数字法庭的投入使用,使得案件审理较少受新冠疫情影响。与此同时,金华市中院与市公安局联合出台了《关于疫情防控常态化期间刑事案件开庭审理工作的意见》,对全市范围内线上线下开庭案件的范围、程序等内容进行规范,对涉黑财物也采用网拍形式进行清理。远程数字法庭使得线上线下同步工作成为可能,极大地提高了刑事案件的审判效率,能够高效地惩治犯罪,让人民群众生活安心,使法治金华建设顺利进行。

第三节　金华民主政治建设的重要方法

社会主义民主政治是中国特色社会主义的重要内容。在新时代坚持和发展中国特色社会主义,必须通过发展社会主义民主政治来提供根本保证。实施"八八战略"以来,金华一直从自身实际出发,积极探索符合自身特点的社会主义民主政治建设道路,积累了许多在全国都具有典型意义和示范价值的宝贵经验,而从中得到的一些重要方法也具有重要意义。

一、顺应人民群众需求确定政府改革的重点

"水可载舟,亦可覆舟。"习近平同志也一直强调,人民是历史的创造者。他认为:"我们一定要认真贯彻党的群众路线,坚持从群众中来

---

① 《2017 年金华市中级人民法院工作报告》,《金华日报》2017 年 4 月 17 日。
② 《远程数字法庭高效推进审理进度》,《金华日报》2020 年 12 月 19 日。

到群众中去，一切相信群众，一切依靠群众，一切为了群众。要解决矛盾和问题，就要深入基层，深入群众，拜群众为师，深入调查研究。"①金华市在实施"八八战略"的过程中，一直根据人民群众的需求确定改革的重点，坚持把群众最关心的问题放在第一位，努力为群众排忧解难。

例如，在政府职能的改革中，金华市委、市政府时刻把群众的需求放在心中。不管政府改革多复杂、多困难，都竭力推动以方便群众为首要目标的改革。从最先的 8890 便民服务中心，到 12345 政务民生一线通，到"无证明城市"，到"一件事"落地，到打造"两优一高市"，无一不是想着方便群众到政府办事，提升群众对政府的满意度，让群众随着经济社会的发展获得实实在在的幸福感和获得感。在新冠疫情刚开始的特殊时期，社会上虽然有各种谣言和不确定信息，但是通过政务网和热线电话等渠道，群众获得可靠信息和明确解决方案变得十分方便，有效减少了恐慌和受骗可能。在"最多跑一次"改革的推动下，金华尽可能地压缩审批程序，打破政府部门间的边界，让各部门根据群众需求重新整合各自的职能，提高政府的办事效率，减少群众等待时间和在不同部门之间来回奔波的次数。

二、顶层设计与群众首创双管齐下推进制度建设

在金华市的民主政治建设中，市委、市政府一方面按照党的新要求、新方针、新政策主动贯彻和规划改革的方向与步骤；另一方面又坚持从实际出发，充分尊重群众的首创精神，紧紧依靠人民群众来推动制度建设。顶层设计和群众首创是辩证统一的关系。通过两者双管齐下的方式，金华不断摸索如何进一步完善中国的民主制度，提升群众对中国民主政治的信心和认同感。

如在"后陈经验"中，民主监督委员会制度是顺应后陈村村民对村

---

① 习近平：《干在实处　走在前列——推进浙江新发展的思考与实践》，中共中央党校出版社 2006 年版，第 530 页。

财务状况进行监督的需求产生的，是在问题倒逼下进行的基层制度创新。一开始，这一制度就得到了武义县委的认可和支持，并派了专门的工作组前去指导。因为县委的上层指导和群众的具体实践双管齐下，后陈村民主监督的制度创新才得以顺利开展，后期实践才得到不断完善，最后"后陈经验"不仅成为一个全国性的典型示范案例，还得到了国家法律的认可。如果仅仅只有群众的创新，就不太可能有基层民主监督的制度化、规范化。如果仅有顶层设计，那么在摸索初期不见得能从当地群众最关心的关键问题处着手，让群众在民主政治建设方面有最直接的获得感。"后陈经验"最先探索如何强化基层的民主监督，有利于我国探索如何均衡发展各民主环节，充分体现我国重视建设全过程人民民主的特点。总之，顶层设计与群众首创在"后陈经验"的创新初期和后期的不断完善中，都是缺一不可的。

三、建立健全多元主体共同参与的协商治理机制

要做到以人民的意愿为导向进行民主政治建设，必须畅通民意渠道，发挥各界群众参政议政的作用，这也是中国民主政治最大的特点。金华市在民主政治建设的实践中，除了发挥党的领导作用外，也一直坚持践行社会主义民主协商的要求，努力探索搭建具有地方特色的参政议政平台。如组织"请你来协商"活动，增加"政协委员会客厅"，在乡村实行"一村一委"制度。这些举措，不仅拓宽了群众参与政治的渠道，也让政协委员能够更好地履行自己的职能，克服决策中由信息不对称造成的弊端，增强政协委员的民主监督职能，把民主监督职能延伸到基层一线村一级的党员。近些年，在拆迁、绿化整改、"五水共治"、垃圾分类、乡村振兴等问题上，都有金华各界人士参与民主协商和监督的影子。

另外，金华市政府虽然仍是社会管理和公共服务的主要供给者，但为了实现社会更高效的良好运作，一直努力培养社会组织力量参与

到社会管理和公共服务中,逐步实现多元主体共同协商治理的有效机制。如在工会维权社会化方面,集结了党委、政府、工会、各企业、新闻媒体等力量,尽量让许多矛盾、冲突在协商过程中得到解决,促进社会的和谐稳定。在法律普及宣传方面,金华市委、市政府也提出了"三大机制",强化普法的合力,形成党委领导、人大监督、政府实施、政协支持、部门负责、全社会共同参与的"大普法"新格局。这种多元主体共同参与的协商治理机制,能有效地强化法治宣传的效果,让法治观念和法律意识根植于群众心中,有力推进法治金华建设。

四、利用数字技术提高办事效率

现代社会网络普及率越来越高,中国网民的规模也在逐步扩大。随着人们生活方式的改变,在民主政治建设中,推广数字技术的应用,提高办事效率,成为一种必然趋势。2017年5月,浙江召开了推进政府数字化转型的专题会。2018年,更是要求深入推进数字政府建设,助推浙江省的"最多跑一次"改革。金华市在这方面做得相当不错。

依托数字政府建设,金华市形成了各部门之间高效协同的政务系统,推出了全国出名的"无证明城市"建设,不仅做到行政审批和政务在12345政务网上的公开透明,还确保整个金华市范围内群众和企业到政府机关和公共民生服务机构办事可以不用提供证明材料,减少了许多提供"奇葩"证明的要求。"无证明城市"建设,使得数据在不同部门之间跑动,替代了群众来回跑动和各种材料证明的提供,是对不同部门之间的高效协同、综合集成以及闭环管理的机制创新。这一举措打破了各部门之间的壁垒,让权力在部门间大循环,大大提升了政务服务的效率,避免了不必要的制度性交易成本。数字技术的应用还使得政府的服务不再碎片化,如随着越来越多"一件事"的落地,公共数据共享越来越多,要办的事情在一个窗口,最多跑一次就可以搞定。数字政府建设提高了政府的整体运行效率,执法与监管也更加公开透明。在数字法治方面，随着数字法庭的投入使用，不仅民事案件可以远程审理，重大刑事案件的审理也可以线上线下一起进行。数字法治建设，推动了法治领域内部的体制机制创新，使得组织架构和业务流程进行系统性重组，让法官可以从更多重复机械性的劳动中解放出来。这意味着立法、审判和执行等的成本都实现全面降低，群众打官司更方便，甚至有的只需网络操作即可。

目前，我国已经有 10 多亿规模的网民，而且还有越来越多的未成年和老年群体加入网民队伍。这就要求中国不断推动建设数字化政府和数字法院，利用数字技术提高办事效率。2021 年是浙江全省推行以数字化为引领推动全面深化改革的元年。金华要在已有探索和实践的基础上进一步推动各领域的改革，努力为浙江，甚至全国，提供更多的具体经验。

第三章 挖掘文化优势，
打造人文金华

根据习近平同志发展金华文化的嘱托，金华市委、市政府统一思想，统筹规划，部署安排，组织落实，推动金华文化发展取得了一系列卓有成效的进展，探索出诸多宝贵的经验。为深入落实习近平同志嘱托，金华推动贯彻党的十九届五中全会精神，制定"十四五"规划和2035年远景目标，践行"八八战略"，为提升金华文化发展、先行"共同富裕"提供了有益启示。

第一节　发展金华文化的嘱托

习近平同志高度重视文化建设。在他看来，文化是民族的灵魂，是维系国家统一和民族团结的精神纽带，是民族生命力、创造力和凝聚力的集中体现。文化的力量是民族生存和强大的根本力量。当今世界激烈的综合实力的竞争，不仅包括经济实力、科技实力、国防实力等方面的竞争，也包括文化实力和民族精神的竞争。同时，文化是实现人的全面发展的决定性因素。[①] 作为综合竞争力的文化软实力，总是"润物细无声"地融入经济力量、政治力量、社会力量，成为经济发展

---

① 习近平：《干在实处　走在前列——推进浙江新发展的思考与实践》，中共中央党校出版社2006年版，第293—296页。

的"助推器"、政治文明的"导航灯"、社会和谐的"黏合剂"。[①] 在文化建设中，习近平同志把党的理论建设放在首要、核心的位置。强调必须牢牢把握社会主义文化建设的指导思想、本质特征、根本方向，坚持马克思主义在意识形态领域的指导地位。[②] 基于如此的文化自信和文化自觉，在贯彻党的十六大精神中，他带领浙江党政领导班子，将以往推进全省发展的好做法、好经验，结合新形势、新任务，作出了进一步发挥"八大优势"、推进"八大举措"的战略部署，也就是后来的"八八战略"，强调进一步发挥浙江的人文优势，借助文化与经济的相互交融和互促共进，深化文化体制改革，加快文化产业发展，积极推进文化大省建设的各项工作。

在关注金华文化发展的指示批示中，习近平同志首先强调的是文化在当今城市发展中的地位。他说："城市文化是城市现代化的根基，是城市的气质，是城市的灵魂。文化功能是城市的主体功能。"[③]他以西班牙巴塞罗那市提出的"城市即文化，文化即城市"的口号，说明城市的内涵，表达城市现代化的本质内容。随后，他先后十多次来到金华。他在认真调研的基础上，为金华文化发展把脉施治，作出了一系列的指示、批示，内容涉及传承历史文化、创新城市文化和发展文化产业诸多方面，成为发展金华文化的嘱托。

一、传承历史文化，挖掘时代内涵

金华历史悠久，文化源远流长，为金华文化发展提供了宝贵的文化财富。习近平同志曾指出："金华这个地方素有'小邹鲁'之称，文化资源比较丰富，我们在推进城市化中，要十分重视历史文脉的继承和

---

① 习近平：《之江新语》，浙江人民出版社 2007 年版，第 149 页。

② 习近平：《干在实处　走在前列——推进浙江新发展的思考与实践》，中共中央党校出版社 2006 年版，第 297—298 页。

③ 习近平：《干在实处　走在前列——推进浙江新发展的思考与实践》，中共中央党校出版社 2006 年版，第 508 页。

发展,弘扬传统文化和地方特色文化,切实把文化资源保护好、开发好、利用好。"①肃雍堂是东阳的一大瑰宝,要进一步加强对肃雍堂的研究、挖掘、保护和修缮工作,不断丰富其文化内涵。开发"江南第一家"要与文物保护结合起来,弘扬团结友爱、尊老爱幼、勤俭持家、爱家爱国的精神。"江南第一家"的家规家训很有借鉴意义,政府制定政策时可以参考借鉴。诸葛村是全国最大的诸葛亮后裔聚居地,也是全国重点文物保护单位,诸葛村有这么多保存完好的明清古建筑群,要切实保护好这些历史文化遗产,诸葛村文化底蕴丰厚,必须很好开发利用。"有的新农村恰恰是要保存历史原貌的古村落,如兰溪的八卦村等,就是要保护它的原貌,体现它的历史美,不能去破坏它。我们要站在落实科学发展观和构建社会主义和谐社会的高度,从加快建设文化大省的要求出发,正确处理文化遗产保护和经济发展的关系,正确处理文化遗产保护、传承与管理、利用的关系,全面落实《国务院关于加强文化遗产保护的通知》精神,加快抢救速度,加大保护力度,抢救为主、保护第一,切实保护好不可再生的文化遗产。"②

要研究挖掘许逊和玉山古茶场的渊源,文物古迹中人变成神都是有功的,如永康的胡公、福建的妈祖。对于古茶场对古代经济的作用,还有其运作的形式,都要很好地研究。要弘扬春社、秋社、迎亭阁花灯竖龙虎大旗等民俗文化,要办好茶神祭祀活动,但不要搞成迷信活动。要把茶叶发展起来,要挖掘古茶场的精神内涵,要研究茶场对经济的作用,要保护婺州东白的牌子。古茶场就是一种文化,要保护好,要研究、开发、弘扬民族文化。

金华是把传承历史文化、挖掘时代内涵作为文化发展家园工程看待的。因为历史文化是金华文化的命脉和特色,是涵养金华社会主义

---

①　习近平:《干在实处　走在前列——推进浙江新发展的思考与实践》,中共中央党校出版社2006年版,第508页。

②　习近平:《干在实处　走在前列——推进浙江新发展的思考与实践》,中共中央党校出版社2006年版,第324页。

核心价值观的重要源泉，也是金华文化在当今世界文化激荡中站稳脚跟的坚实根基。这是习近平发展金华文化嘱托的底蕴之所在。

二、创新城市文化，培育文化资源

城市文化代表着这个地方的整体形象，彰显着这个地方的精神风貌，引领着这个地方的建设发展，维系着这个地方的文脉延续。习近平同志强调，"要创造、培育新的城市文化资源，提升城市的文化内涵。要重视整体形象设计，注意城市自然美、协调美、内在美，形成与城市历史、文化、经济、社会、环境相适应的特有的城市特色。要注重城市居民素质的提高，用健康的、文明的、向上的文化引导人、教育人，提高和陶冶人的情操"①。

习近平同志在金华考察调研时，关注当地城市整体形象设计与城市特色展示。对金东新区的规划和发展思路表示充分肯定。金东区的建设有文化内涵，像施光南音乐广场、艾青公园，就是利用本地名人效应。

习近平同志在金华考察调研时，注重用党的理论创新指导当地城市文化创新。他要求各地各部门要从实际出发抓好"八大优势""八大举措"的贯彻落实，推动浙江经济社会发展再创新优势，再上新台阶。这其中就内在地包含着进一步发挥浙江的人文优势，借助文化与经济相互交融互促共进，深化文化体制改革，加快文化产业发展，积极推进文化大省建设的嘱托，为金华创新城市文化、培育文化资源提供了根本指导。金华市要按照省委的统一部署，创造性落实"八八战略"和建设"平安浙江"的各项任务，实实在在地推动经济社会发展再上新台阶。

习近平同志在金华考察调研时，善于发现群众创造并以此激发当

---

① 习近平：《干在实处 走在前列——推进浙江新发展的思考与实践》，中共中央党校出版社2006年版，第508—509页。

地创新热情。他在金华永康市调研时强调,永康民营企业从小到大,从单一产业到多行业发展,企业主舍得投巨资提升产业层次和管理水平,像铁牛公司还积极寻求以资本运作、买壳上市等来加速规模的扩张,做到了与时俱进、不断发展,精神很好,真的很不容易。永康人这种坚持不懈、勇立潮头的精神,推动着经济特别是民营经济持续、快速、健康发展,确实是我们浙江精神的缩影,难能可贵。要保持浙江省在全国的前列水平,加快全面奔小康的步伐,还要继续弘扬这种精神。

金华是把创新城市文化、培育文化资源作为文化发展引领工程看待的。因为城市文化是金华城市的灵魂,引领金华文化的时代潮流和社会风尚,是维系金华人民的精神支柱。这是习近平发展金华文化嘱托的实质之所在。

三、发展文化产业,探索文化路径

加快发展文化产业,是繁荣发展社会主义文化、保障人民群众文化权益、提升文化软实力的重要途径,也是促进经济结构调整和增长方式转变的必然要求。习近平同志在浙江工作期间敏锐地意识到发展文化产业对经济社会发展的巨大作用。他把发展文化产业、建设文化大省作为"八八战略"的重要内容,积极推动文化产业的大发展。

浦江县是全国有名的书画之乡,自古以来,这里的老百姓就爱好书画,现代还出了一些全国有名的书画大师。近几年浦江建设的几个书画场馆很有档次和水平,成为宣传、交流和普及书画艺术的重要基地。浦江县委、县政府注重发挥这一传统优势,不仅把书画作为一个文化产业,而且积极培育发展与书画相关的其他产业,大力推进经济文化相互交融,共同发展,把文化力当作生产力来抓,取得了明显成效。以水晶产品为重点的工艺饰品业之所以能成为浦江县的一大产业,一个重要原因就是这类产品较多地渗进了书画艺术的成分,像灯饰之类的水晶制品,既是日用品,也是工艺品,说明了传统文化与经济融合创新产业发展前途无量的道理。水晶工艺品作为一大特色产业，有着广阔的市场前景，作为一个产业，浦江已经走出了一条路子。但是就水晶的工艺而言，需要较高的科学含量，目前浦江水晶工艺与国外先进水晶工艺相比还有一定差距，企业要加大科技投入，大力培养专业人才，提高产品附加值，不断提高产品档次，按国际标准生产，与国际接轨。

金华是把发展文化产业、探索文化路径作为文化发展惠民工程看待的。因为文化产业是创新金华文化的改革前沿，是金华文化发展的动力，为孵化金华文化产品提供平台，为丰富金华人民文化生活提供资源。这是习近平发展金华文化嘱托的关键之所在。

第二节　金华文化发展的践行

习近平同志关于发展金华文化的指示批示，是他深入金华及其县（市、区）考察调研之后提出来的，对深入落实"八八战略"、打造"重要窗口"、建设浙江文化大省，推动金华文化发展提档升级，意义重大。这些年来，金华市委、市政府坚持践行习近平同志的殷切嘱托，不断开拓金华文化的发展路径，使金华文化发展收到显著成效。

一、挖掘八婺文化，提高金华文化内涵

金华地处浙江中部，"水吞南国三千里，气压江城十四州"。这里"诸山蜿蜒起伏，势如游龙，腾空驾云，高为潜岳。雄压万峰，左右分支，回峦列巘，连屏排戟，拱卫四维。面南诸峰叠重，近者横如几案，远者环如城郭，郭外双溪莹带，众水汇合，弯环流衍，注于瀫水转浙江矧郡"。金华历史悠久、地杰人灵、文化灿烂，是我国古代历史上的文化名城，拥有2200多年的建制史和1700多年的建城史，素有"历史文物

之邦、名人荟萃之地、文风鼎盛之城、山清水秀之乡"的盛誉。

（一）构建金华八婺文化品牌

金华历史文化十分丰厚。这些年来金华市委、市政府，坚持习近平同志传承历史文化、挖掘时代内涵的嘱托，广泛组织市域内外的各种力量，以挖掘整理为基础，以保护传承为主旨，以开发利用促发展，将挖掘整理与保护传承和开发利用有机地结合在一起，构建起诸多八婺文化品牌，形成了古迹文化、婺州文化、民俗文化等大批品牌系列，对保护金华历史文化，润泽社会主义核心价值观，调整金华产业结构，发展金华文化产业，满足金华人民日益增长的文化需求，提高金华人民共同富裕的文化生活，都起到显著效果。

1.古迹文化品牌

金华是浙江省的文物大市，文物古迹总量丰富、年代久远、类型繁多。在贯彻"八八战略"、建设文化大省中，挖掘保护文物古迹工作得到大力增强。截至 2017 年，全国重点文物保护单位已达 38 处，省级文物保护单位 144 处，市级文物保护单位 788 处。[①] 下面仅就考古学文化和古城古村文化品牌建设情况略加叙述。

（1）上山文化。上山文化是挖掘保护考古学文化所形成的品牌。它是中国长江流域下游及东南沿海地区迄今发现的年代最久远的新石器时代文化，距今约 1 万年。2000 年，上山遗址第一次在金华浦江县黄宅镇渠南村一座名叫"上山"的小山丘上被发现。

至此，早期新石器时代遗址共发现 18 次，其中位于金华的有 12 次，占三分之二，遗址遍及浦江、永康、武义、婺城、义乌、东阳等县（市、区）。这些遗址都位于钱塘江上游，绝大多数集中在金衢盆地，同属一种新发现的考古学文化。因首先发现于上山，故名"上山文化"。

上山遗址的发现是中国早期新石器时代考古的重大突破。已出

---

① "金华历史文化丛书"编委会编：《八婺瑰宝——金华不可移动文物图集》，浙江教育出版社 2018 年版，第 267 页。

土的文物中,约有 80 件陶器,大多数器型为大口盆,夹碳陶片表面有较多的稻谷痕迹,胎土中夹杂大量的稻壳。对陶片取样进行植物硅酸体分析后的结果显示,这是经过人类选择的早期栽培稻。这一发现表明,上山遗址是迄今为止发现保存丰富的栽培稻遗存的、年代最早的新石器时代遗址,表明上山遗址所在的长江下游地区是世界稻作农业的最早起源地之一。它将著名的河姆渡等史前文明上溯了 3000 年。

上山遗址出土的盆、盘、鼎、豆、壶、簋、釜、罐、盉等器物,标志着主食的烹饪方式已经由蒸、煮、熬、炖等复杂的方式取代了简单的烧烤法。制陶术和烹饪术反映了上山人较高的生活质量和审美水平,表明当时金华古文明已达到相当高的水平。此外,在上山遗址中还发现大量的石球、石磨棒和石磨盘。考古界将这种具有特殊功能的工具组合称为工具套。上山遗址中的工具套与原始的狩猎、采集和原始农业的复合性经济模式相对应,石球应是狩猎时的投掷物,石磨棒、石磨盘可用来脱去稻壳也可用来碾磨块茎类食物以获取流汁状的淀粉。

中国迄今发现的万年以上的早期新石器时代遗址中,以洞穴、山地遗址类型为主,而上山遗址位于浙中盆地,四周平坦开阔。这是人类早期定居生活的一种全新选择。上山遗址中还发现了结构比较完整的木构建筑基址,这反映了长江下游地区在新石器时代早期农业定居生活发生、发展中的优势地位。

上山文化对中国考古文化的意义,引起了习近平同志的重视。这些年来,金华将"上山文化"作为考古学文化重点,列入"2021—2025年文化研究工程"深入研究,广泛宣传,并组织工作专班开展"申遗",推动金华历史文化底蕴的提升,使之成为金华文化不可多得的品牌。

(2)古城文化。金华古城是国家级的历史文化名城。这里"扼闽赣、控括苍、屏杭州",地理位置险要,有"浙江之心"的美誉。古城选址伊始,充分考虑到周边的山水格局,堪称"天造地设者也"。

金华古城中,以子城(俗称古子城)最为久远,是金华城市的根,始建于唐昭宗天复三年(903)以前。明万历《金华府志》载,婺州旧有子城，在大司前谯楼巷至星君楼、大司后披仙台一带，周长四里。足见古子城见证了金华的悠久历史。

至五代后梁开平元年（907）钱镠兴建婺州罗城之后，子城作为军事防御线的功能便被取代。唐宋时期古城内府衙、庙宇、楼榭林立，古城格局逐渐得以奠定，形成了子罗双城并置的局面。

到明清时金华古城形成了"大城"概念。此间金华城曾多次修筑。清顺治十四年（1657）修缮府城，置垛2559处、敌台15座、庐50间以守望。修筑后，有"两浙城池唯婺为首"之称。清光绪十九年（1893）载："府城墙长一千七百零五丈八尺，基宽近三丈，面广九尺多，垛高五尺。"① 城南门有八咏门、清波门、长仙门，东南有赤松门，西南有通远门，东北有旌孝门，西有迎恩门。关闭了双溪门、至道门、清河门、天皇门（亦称天柱门）。这些俗名正是金华古城和其他地方关联的见证，诸如迎恩门俗称兰溪门，旌孝门又称义乌门。

金华古城内现存较为丰富的历史文化资源，其中有太平天国侍王府、八咏楼等国家级和省级文物保护单位5处，永康考寓等市级文物保护单位6处，文物点和历史建筑40多处。八咏楼是金华最有名的楼宇，建城之始，子城西南侧就筑有玄畅楼，于南朝齐隆昌元年（494）为沈约始建，兴于南宋，毁于元代火灾，明万历年间重修，1984年大修。

这些年来，金华强化了对古子城遗址修复、保护的力度，并积极开展申报国家历史文化名城的工作，古子城终于在2007年3月经国务院批准成为国家级历史文化名城。

金华不仅有保存完好的古子城遗址，而且至今保存着数百个古村落，拥有中国历史文化街区、名镇、名村11个，省级历史文化名城2座，省级历史文化名镇、名村16个，是"传统村落的生态博览园"。

---

① 按清制度量衡，1丈＝3.2米，换算为城周长约5458.6米，高约7.4米，基宽约9.6米，面广约2.9米。

这一切形成了金华历史文化的金字招牌。

2. 婺州文化品牌

婺州文化是金华独有的文化现象，最具地域文化特色、最彰历史文化风采。这些年来，在挖掘整理历史文化中，金华坚持以传承弘扬婺州文化为己任，打造婺州文化品牌，形成了婺州名人、婺州名学、婺州名籍等系列文化品牌。

(1)婺州名人。金华素有"小邹鲁"之称。物华天宝，地杰人灵，滋养着无数名人贤士，自汉始涌现出诸如运筹帷幄的政治家、军事家，抵御外侮的爱国志士、民族英雄，文若春华的文学家、艺术家，智若星辰的思想家、科学家，如此等等。在这里，曾出现过 5 个宰相，12 个文武状元，900 多名进士，史书上有名的人物超过 1000 位，金华籍的"两院"院士达 50 位。[①]

其中有诸如"初唐四杰"之一的骆宾王，五代诗僧、书画家贯休，宋代抗金名将宗泽，南宋"浙东学派"的代表人物吕祖谦、陈亮，金元四大名师之一的朱丹溪，明朝"开国文臣之首"的宋濂，明清之际东渡扶桑传经授艺、被日本尊为"篆刻之开祖"的东皋心越禅师，清初戏剧家、人称"中国莎士比亚"的李渔；近现代有诸如国画大师黄宾虹、张书旂、吴茀之、张振铎，新闻学家、一代报人邵飘萍，史学家、教育家何炳松，现代思想家、文学家陈望道，文坛理论家冯雪峰，历史学家吴晗，著名诗人潘漠华、艾青，当代摄影大师郎静山，杰出科学家严济慈、蔡希陶等。他们的功绩、成就，彪炳于史，为后人留下了宝贵的财富。

这些年来，金华通过整理出版《二十五史金华人物传》等历史名人著作、兴建"五百滩历史名人雕塑园"等历史名人园地、修建"艾青纪念馆"等历史名人场所、塑建金华历史名人街景，展示婺州名人文化，彰显婺州名人形象，弘扬婺州名人精神，取得了丰硕的成果，形成了婺州

---

① "金华历史文化丛书"编委会编：《源远流长——千古风流说金华》，浙江教育出版社 2018 年版，第 32 页。

名人品牌。

（2）婺州名学。自北宋以来，金华教育系统逐渐完善。于是婺州之学应运而生。婺学发轫于北宋中期，盛于南宋，历时宋、元、明三代，经久不衰，流派诸多。包括金华学派和永嘉学派在内的浙东学派，以金华学派为盛。于是婺州便逐渐成为当时学术区域化发展的重镇，名儒接踵，人文荟萃，被誉为"东南文献之邦"。学派各抒己见，自成体系，对当时全国的思想界、学术界产生不小影响，在中国学术文化史上写下了重要一页。这些年来，在挖掘整理婺州文化中，金华以宋韵为引领，着力打造婺州名学品牌，提炼婺州名学精神，取得丰硕成果。

婺学内容博大精深。主要涵盖心性道德学、经世事功学、经制学、经史文章学以及教育等方面。它承认存在于事物普遍规律即"理"或"天理"是永恒的存在，又认为"心"是认识"理"和驾驭"气"的主宰，主张运用适得事理之宜的中庸之道将它们高度统一起来，倡导文道、经史、德识、心性与事功并重，提倡把修养心性贯彻于事功之中，即道德的价值应从济世安民的事业中体现出来；重视对历史经验加以研究并为现实服务，主张对历史上好的东西要继承发扬，更要爱护和扶持新的东西，对于旧的不适合时世的东西则要变革。就教育模式而言，婺学以"明体达用"为宗旨，重视开物成务，主张用实学教育佐治人才，真正学以致用，培养能够做出一番有利于国计民生的人才。

金华学派的代表人物有吕祖谦。他受家学熏陶，是南宋著名的理学家之一。其思想体系，调和朱熹、陆九渊之学术，兼收并蓄而成就心性道德之学，集中体现"务实"学风和"经世致用"。在义利问题上，他认为义利相结合不可偏，主张读书"求实用"。他说："百工治器，必贵于用，器不可用，工弗学也，学也无所用，学将何用耶？"治学主张兼取各家所长，打破学派之间师承门户的森严壁垒。他在婺州丽泽书院、武义明招书院讲学授徒，从者云集，形成了以丽泽书院成员为核心的金华学派。金华学派的另一位代表人物是唐仲友。学者称其为说斋先生。他著述颇丰，以经制之学闻名于世。因朱子排挤，其著述几乎渐灭不存。在义利问题上，他与吕同调，认为"义利之说相资以为用，不患其并立而患利之偏胜"，应"以天下之大义兴天下之大利"。他认为学习一定要联系实际，要务实，要学以致用。他主张民惟邦本，民本思想突出。他主张心善，崇尚孟子之说，反对释老。永康学派的代表人物是陈亮。他主张抗金，专注事功之学，打击空谈。作为永康学派的创始人，他反对以朱熹为代表的唯心主义道学。他在政治上提倡实事实功，注重政治措施的实际效果，认为"功到成处，便是有德；事到济处，便是有理"，义利存在于功利之中。他的事功之学，以改造现实为目的，强调道在物中，理在事中，主张从客观存在的事物中探求道理法则。

南宋之后，各家学说在金华融合荟萃，出现了朱熹嫡传的"北山四先生"、明代"开国文臣之首"宋濂等一大批鸿儒硕学，对浙江乃至全国儒学做出了巨大贡献。

经过这些年的精心打造，婺州名学品牌业已形成，为婺学文化提供了核心支撑。

3. 民俗文化品牌

金华民俗文化内涵丰富，涵盖传统文化样式、社会劳作技艺、民间生活习惯、地方风土人情等诸多类型，包括古朴敦厚、尚农务本、勤劳节俭、刻苦好学、热情好客、乡情浓烈等民风和吴语方言，民间歌谣、神话故事、风物传说等民间文学，春节、元宵、端午、六月六、七夕、中元、中秋、重阳、除夕等节庆民俗，佛教、道教、天主教、基督教、伊斯兰教等五宗齐全的宗教，集高腔、昆腔、乱弹腔、徽调、滩簧调、时调于一身的婺剧等戏曲，民歌、吹打乐、丝竹乐、丝弦乐、丝竹锣鼓、清锣鼓、宗教器乐曲等音乐，唱道情、金华花鼓、小罗书、鼓词等曲艺，龙舞、竹马舞、狮舞、花灯舞、莲花舞、蚌壳舞、花棍舞、荡舟舞、花鼓、宗教祭祀舞、畲族舞等舞蹈，龙灯为主灯的名目繁多的灯会，中国画为主兼有版画、油画、漫画、年画的书画，以及书法、篆刻、古代刻书、婺州建筑等诸多方面。这些民俗文化有 2200 多年的发展历史,体现了传统文化的多样性,展现了群众生活的鲜活性,反映了行为规范的俗成性,彰显了族群团结的凝聚性,为金华留下了丰富多彩的文化遗产。

2005 年以来,金华通过申遗的形式,保护传承了一大批民俗文化中的非物质文化遗产,数量在浙江全省居第三位。截至目前被列入非物质文化遗产代表性项目名录的达 561 项,其中有国家级 32 项、省级 116 项、市级 413 项,包含了文学、戏剧、民俗、体育、技艺、美术、舞蹈、曲艺等诸多方面。① 就国家级非物质文化遗产项目而言,民间文学有黄大仙传说,传统舞蹈有浦江板凳龙、兰溪断头龙、永康十八蝴蝶,传统戏剧有浦江乱弹、婺剧、永康醒感戏,曲艺有兰溪滩簧、金华道情、义乌道情、永康鼓词,传统体育、游艺与杂技有永康九狮图、东阳翻九楼,传统美术有东阳木雕、东阳竹编、永康锡雕、浦江麦秆剪贴、浦江剪纸,传统技艺有金华椪酒酿技艺、金华火腿传统制作技艺、金华举岩茶传统制作技艺、诸葛村古村落营造技艺、东阳卢宅营造技艺、浦江郑义门营造技艺、俞源村古建筑群营造技艺、婺州窑陶瓷烧制技艺、义乌红糖制作技艺,传统医药有武义寿仙谷中药炮制技艺,民俗有浦江迎会、磐安赶场、永康方岩庙会、兰溪诸葛后裔祭祖。仅传统音乐未被列入国家级而被列入省级非物质文化遗产,有金华山歌、磐安吹打。

这些非物质文化遗产的成功申报,既继承了历代技艺,传承了千年文化,又不局限于传统,朝气蓬勃,面向未来,有创新、有发展、有突破,新锐、现代、时尚,体现了金华人的风范,传承着金华人的风骨,彰显出金华特有的文化个性和文化魅力。以下仅就其中的黄大仙传说、浦江板凳龙、婺剧、兰溪滩簧、永康九狮图、东阳木雕、金华火腿传统制作技艺、婺州窑陶瓷烧制技艺和磐安赶茶场等加以说明。

(1)黄大仙传说。黄大仙传说相关的文字记载最早见于东晋著名

---

① "金华历史文化丛书"编委会编:《婺风遗韵——金华非物质文化遗产图录》,浙江教育出版社 2018 年版,第 5 页。

道教理论家葛洪的《神仙传》。传说起源于历史人物黄初平。黄初平，晋成帝咸和三年（328）出生于兰溪市黄湓村。黄初平生得俊秀清奇，从小聪明颖悟，心地善良，好学勤快。他有一兄长名黄初起，兄弟俩幼年时父母双亡，家境贫寒，兄黄初起辛勤耕作，弟黄初平砍柴牧羊，两人相依为命。15岁那年，黄初平上山牧羊遇到幻化成道士的神农时雨师赤松子。赤松子"爱其良谨"，带他到金华山阴石室洞学道修行，黄初平在北山得道成仙。之后，他"叱石成羊"、惩恶助善、为民除恶、知恩必报的故事慢慢流传开来，在民间留下了许多美丽的传说。兰溪、金华、港澳地区乃至东南亚一带流传着大量有关黄大仙的传说，兰溪、金华一带还留有黄大仙故居、二仙井、金华观、持松亭、二仙桥等遗址。在港澳地区及东南亚一带也有供奉黄大仙的道观。黄大仙传说在历代道教典籍、史籍、方志及类书、辞书中有诸多记载，在民间口口相传，得到古代帝王的颂扬，并在历代文人的诗词、绘画中呈现；如今还以曲艺、戏曲等形式传播。2008年，"黄大仙传说"被列入第二批国家级非物质文化遗产代表性项目名录。

（2）浦江板凳龙。浦江板凳龙又称"长灯"，起源于唐代，发展于宋代，明、清两代进入鼎盛期，主要流传于浦江乡村。板凳龙由龙头、龙身、龙尾组成，长度从数十节到上百节不等。龙形变化丰富，集书法、绘画、剪纸、刻花、雕塑艺术和扎制编糊工艺为一体。浦江板凳龙有很高的民俗研究价值和艺术研究价值，还能促进群众团结友爱、互帮互助。2006年，"浦江板凳龙"被列入第一批国家级非物质文化遗产代表性项目名录。

（3）婺剧。婺剧俗称"金华戏"，是我国古老的戏曲剧种之一，历史悠久，传播广泛，被誉为中国戏曲的"活化石"。婺剧脚本文辞典雅，叙事通俗易懂。表演过程中有独特的行头和化妆形态。婺剧虽经历了400多年历史，但仍原汁原味地保留了高腔、昆腔、乱弹、徽调、滩簧和时调等多种声腔，其表演还留有秦汉以来各种艺术表演的痕迹。文戏武做、武戏文做是婺剧表演的主要特色，堪称一绝。婺剧剧目丰富，有

500多种，以口传为主，是我国戏剧表演艺术中的瑰宝。2008年，"婺剧"被列入第二批国家级非物质文化遗产代表性项目名录。

（4）兰溪滩簧。兰溪滩簧属于南词滩簧，是浙江的一种古老曲艺形式。演唱风格以文辞典雅、唱腔细腻婉转见长。兰溪滩簧旧时以坐唱形式表演，表演者6—9人不等，围坐在桌子周围，手执各种乐器，后经过改革发展，逐渐出现单人演唱、双人演唱、演唱加伴舞、唱腔加快板等演唱形式。兰溪滩簧的主要曲调有平板、弦索、民间小调三类。代表性曲目有《描容》《拜月》《断桥》《雷峰塔》等。兰溪滩簧演唱时讲究字清腔纯、字正腔圆，一直为文人雅士所喜欢。唱奏者多穿长衫，举止文雅，素有"滩簧先生"之称。2006年，"兰溪滩簧"被列入第一批国家级非物质文化遗产代表性项目名录。

（5）永康九狮图。九狮图是永康市最具代表性的民间舞蹈。它起源于宋代，成形于明代，由单狮发展到现在的九狮。表演道具由2米高的狮笼和9只狮子组成，用38根萱麻绳操控。表演时，先由狮王打头，围着彩球，再引出其他狮子相互嬉戏，好不热闹，最后以狮王突然喷洒出阵阵甘霖结尾，象征风调雨顺的好兆头。九狮图演出不受场地和地域限制，又带有祥和喜庆的意味，因而受到人民群众的喜爱，永康有民谣"节日到，九狮跳"。九狮图演出团曾先后应邀赴法国、新西兰等国家演出，广受好评。2008年，"永康九狮图"被列入第二批国家级非物质文化遗产代表性项目名录。

（6）东阳木雕。因其产于金华东阳，故称东阳木雕。源于唐代。是中华民族最优秀的民间工艺之一。传统的东阳木雕属于装饰性雕刻，以平面浮雕为主，兼有镂空雕、圆雕、透空双面雕等类型。使用器具有木工工具和雕刻工具两大类。工艺流程主要有图稿设计、打坯、修光、油漆等。东阳木雕主要有建筑装饰木雕、日用家具木雕、工艺木雕等门类，至今已发展到七大门类3600多个品种。东阳木雕历史悠久，品类丰富，题材广泛，技艺精湛，蜚声海内外，极具实用价值、艺术价值、收藏价值，被严济慈誉为"国之瑰宝"。2006年，"东阳木雕"被列入第一批国家级非物质文化遗产代表性项目名录。

(7)金华火腿传统制作技艺。金华火腿源于唐代。据传北宋时,抗金名将宗泽战胜而还,乡亲争送猪腿让其带回开封慰劳将士。因路途遥远,便给猪腿撒盐腌制以便携带。腌制而成猪腿色红似火,称为"火腿"。到清代时被列为贡品。金华出产的"两头乌"猪腿肥大、柔嫩,经过上盐、整形、翻腿、洗晒、风干等程序,经数月制成火腿,香味浓烈,便于储存和携带。金华火腿以其鲜艳的色泽、独特的芳香、悦人的味道、俏丽的外形,即色、香、味、形"四绝"闻名天下,畅销国内外,是我国腌腊肉制品中的精品。2008 年,"金华火腿传统制作技艺"被列入第二批国家级非物质文化遗产代表性项目名录。

(8)婺州窑陶瓷烧制技艺。婺州窑是古代著名青瓷窑、我国六大青瓷窑产地之一。婺州窑分布很广,主要产地有金华、武义、东阳等地。它从商周时期的原始瓷开始,到东汉晚期烧制成熟的青釉瓷器,并有褐釉瓷。南朝佛教盛行,莲花成为瓷器上的普遍装饰物。唐代早期成功烧制了乳浊釉瓷、花瓷。宋代以后出现了彩绘瓷、青白瓷、黑瓷,一直到明代生产出了青花瓷等。延续时间长达 2700 多年,共发现古窑遗址 600 多处。这在我国是罕见的。2014 年,"婺州窑陶瓷烧制技艺"被列入第四批国家级非物质文化遗产代表性项目名录。

(9)磐安赶茶场。磐安赶茶场又称"茶场庙庙会",流传于磐安县玉山一带,起源于宋代,是伴随纪念晋代"茶神"许逊而兴起的活动,经历代发展逐渐形成了以茶叶交易为中心的重要聚会——春社和秋社。春社时节,茶农盛装打扮,来到茶场拜"茶神",举行演社戏、挂灯笼、迎龙灯等民族文化活动。秋社则是百姓拎着茶叶和货物来茶场赶集,形成了传统的盛大庙会,其间有三十六行、抬八仙、叠罗汉、迎大旗等多种民间表演和民俗活动。磐安赶茶场茶文化底蕴深厚,有一套隆重的茶神祭祀仪式,伴有丰富的民间艺术表演,具有历史、人文、民俗、艺术等研究价值。2008 年,"磐安赶茶场"被列入第二批国家级非物质文化遗产代表性项目名录。

本来在国家级和省级非遗中尚无代表性风物传说项目被列入名录。但因"双龙洞传说"将自然景观与人文景观相融合，极富文韵，故在此一并作以说明。双龙洞属岩溶景观，位于双龙洞景区中心，以洞中有洞、卧船入洞为特色，是整个双龙风景名胜区的核心景观和标志景观。双龙洞历史长达 2000 多年。洞的海拔为 520 米，由内洞、外洞和耳洞组成，洞口轩朗，两侧分悬的钟乳石一青一黄，酷似两龙头。两龙头在外洞，而龙身却藏在内洞，故名"双龙洞"。相传古代婺州连年大旱，民不聊生，青龙和黄龙得知后，偷来天池水，拯救了百姓，却因触犯了天条而被王母娘娘用巨石压住脖颈，困在双龙内洞，但双龙仍顽强地仰头吐水，清澈的泉水至今潺潺不绝。金华在景区开发中，突出人文景观，极富地方特色，双龙洞成为精品名牌。

实践证明，申遗工作是传承历史文化的一项有效载体。这些年来，金华在践行习近平同志指示要求过程中，把丰富的民俗文化与精彩的非遗项目有机结合，在保护与传承过程中，构成了特色鲜明、形式新颖的金华民俗文化系列品牌，取得了极为丰硕的成果，展示出金华民俗文化的辉煌。

二、营造人文环境，塑造金华精神风貌

践行习近平同志创新城市文化的指示要求，就是要在金华营造良好的人文环境，塑造优秀的精神风貌。前者在于努力提高公共文化设施建设，后者则在于不断强化思想道德建设。

(一)提高公共文化设施建设

在践行习近平同志创新城市文化指示要求，实施浙江省委"八八战略"以来，金华市委于 2005 年作出了《关于加快建设文化大市的决定》，于 2012 年又作出了《关于大力推进文化强市建设的决定》，把建设公共文化服务体系作为改善民生的重要内容，坚持公益性、基本性、均等性、便利性的原则，着力完善城乡公共文化服务网络，提高公共文

化产品供给和服务能力,保障人民群众的基本文化权益,使金华公共文化建设从文化大市向文化强市发展,具体成效表现在三个方面。

1.公共文化设施网络逐步形成

在公共文化设施网络中,金华市委进一步完善文化配套政策,着力加大对文化工作的政策扶持力度。先后于 2002 年制定出台《市区重要文化设施布局专项规划》,2005 年出台《浙中城市群文化事业发展纲要》《金华市文化体制改革实施方案》,2006 年出台《金华市文化事业和产业发展"十一五"规划》,2009 年出台《关于推进文化大发展大繁荣的政策意见和若干意见》,2011 年出台《金华市文化事业和产业发展"十二五"规划》,2012 年,开始将文化工作纳入各地年度目标责任制考核,促进各级党委、政府更加重视基层文化建设,推动公共文化事业的开展。

通过这一系列措施的实施,金华各地积极打造"城市 15 分钟文化圈"和"农村 30 分钟文化圈",在完善基础设施、丰富百姓文化生活、满足群众文化需求等方面取得重要进展。至 2016 年底,基本形成覆盖城乡、布局合理、功能健全、实用高效的县、市、乡镇(街道)、村(社区)四级公共文化服务网络,形成以公共图书馆、文化馆、博物馆、美术馆、非遗展示馆等"五馆"建设为代表的市级综合文化设施群。市档案中心、市博物馆、中国婺剧院、市文化艺术中心、市体育中心,成为城市文化地标。市科教文化中心于 2016 年破土动工,形成了以文化馆、图书馆、博物馆、非遗馆等"四馆"建设为主体的县级综合文化设施网。公共图书馆成为各县(市、区)标志性文化设施和文明服务窗口,各县(市、区)文化馆成为当地群众文化艺术活动的中心。各地还纷纷建立各类展馆,一批名人艺术馆先后建成,近几年还新建了一大批诸如体育中心、档案馆等现代文化设施。截至 2017 年底,共有 10 个文化馆,建筑面积达 10 万平方米,位列全省第一;共有 11 个图书馆,建筑面积 8.6 万平方米,藏书 370 万册。形成了以乡镇(街道)文化站、农村文化礼堂为主体的农村文化设施圈,实现乡乡建有综合文化站、村村建有文化活动场所。截至 2012 年底,5414 个行政村(社区)文化活动室全覆盖,到 2016 年底 152 个乡镇(街道)基本完成综合文化站工程建设,并实现免费开放。截至 2017 年底,全市共建成农村文化礼堂 991 家,总数居全省第三。全市范围内行政村、20 户以上自然村实现了有线电视联网,广播"村村响"。

2. 公共文化服务能力显著增强

通过创新公共文化产品的供给机制,对一些公益性公共文化产品、文化服务项目、文化活动,实行政府买单、定向资助等形式,让市民免费或低价享受。对一些经营性公共文化产品,实行供给侧改革,通过市场化运作模式,提高公共文化产品质量和品位,丰富了群众的精神文化生活,增强了公共文化服务能力。

(1)扩大全市文化服务免费的范围。2010 年,全市图书馆基本实现场馆、基本服务项目免费。2017 年,初市文化部门还在金华市区繁华地段开设了 4 家 24 小时"悦读书吧"。市文化馆面向社会免费培训业余文艺骨干,先后举办了集体舞、声乐、戏曲、摄影、美术等免费培训班,培训文艺骨干上万人。

(2)拓宽全市文化活动的承办主体。2013 年,市文化部门出台了《金华市公益性文化活动项目社会化运作管理办法》,凡是符合条件的企事业单位和社团、民间组织,可通过"项目申请、资格认定、方案评审、授权实施、动态监督、绩效评价"等一系列程序,取得公益性文化活动的承办权,成为公益文化活动社会化运作的主体。政府对其实行分类资助。其中,市级赛事采用"申办制",对承办单位予以全额补助,并划出补助额的 40% 作为绩效考核资金,通过动态管理和绩效考核结果给予奖励。通过政府购买服务,使文化活动从过去的"政府办"为主向"社会办"为主转变,满足了广大人民群众对公共文化的选择权和参与权,增强了文化事业的整体活力。

（3）推进公共图书馆的数字化建设。2014 年 7 月，启动公共图书馆"通借通还"服务。至 2017 年底，全市 10 家公共图书馆"通借通还"服务全面完成。2015 年，金华市图书馆在"通借通还"基础上，开通了"网上阅读"。市民凭借阅证可以足不出户就阅读金华市各公共图书馆的电子图书，并与全省百家公共图书馆联网。市民只要有需要，市图书馆工作人员可以为其检索全省 98 个公共图书馆馆藏书籍，并提供免押金、免手续费的"通借通还"服务。

（4）创新公共文化产品的配送方式。为扩大公共文化服务效果，在"送文化"过程中推广"点播式"送电影下乡、文化礼堂"菜单式"服务等。把选择权交给群众，让群众自己点播想要看的影片，变"群众看片、政府买单"为"群众点片、政府买单"。宣传文化部门制定推出了农村文化礼堂服务菜单，涵盖了上百项服务内容，各地可根据实际需求申请，实现菜单式上门服务。与此同时，在全市各大剧院里，常年举办婺剧惠民演出季活动。2013 年，中国婺剧院建成投入运作后，浙江婺剧团积极发挥剧院社会效益，围绕农村、城市、学校、社区等市场，每年演出多达 600 多场，其中惠民演出 100 多场。此间，中国婺剧团还在每年春节、五一等重要节假日推出惠民季，邀请国内知名院团前来演出，低票价就能欣赏到高品质的演出，受到群众欢迎。

3. 系列文化活动润泽八婺大地

在公共文化服务中，金华市将"送文化"与"种文化"相结合，通过组织文化进企业、农村、社区、学校、军营，与送戏、书、电影、讲座、展览等系列活动，以"千镇万乡种文化"活动为载体，在全市开展村镇"种文化"竞赛、"种文化"成果展示、节庆民俗文化活动、优秀传统特色文化展播、"种文化"成果评选等"种文化"系列活动，滋润着八婺大地。近年来，群众文化活动形成了市、县、乡镇（街道）、村（社区）四级联动的机制。每年送戏下乡 1500 场，送电影下乡 4.3 万场，送书下乡 15 万册以上，人均观看电影、艺术表演、文博展览次数长期处于全省前列。

2012—2017年共完成送戏下乡1万场,送电影下乡25万场,送书下乡150万册,送讲座展览2000多场,开展"文化走亲"活动1000多次。浙江婺剧团、义乌市婺剧团、东阳市婺剧团等专业剧团每年送婺剧到农村1200场以上,20多家业余婺剧团年演出近万场,观众超过600万人次。与此同时,还鼓励各县(市、区)按照"一镇一品一特色"的文化创建要求,打造特色文化品牌,真正做到各县(市、区)、乡镇(街道)和村(社区)都有自己的文化活动、文化队伍、文化明星。如东阳的"东城之夜"文艺晚会,义乌的乡镇文化艺术节等。此间,部分企业、行政村也建立了自己的文化品牌,如永康步阳集团的步阳文化节,永康前仓镇后吴村的民俗民间文化艺术节等。市、县、乡、村的四级文化活动品牌形成了覆盖城乡的文化活动平台网络,为广大群众提供了丰富的文化产品。而各类文化活动品牌也为"文化走亲"提供了丰富的舞台。于是,县与县、乡与乡、村与村彼此之间开展了丰富的"文化走亲"活动,为广大农民提供了丰富的精神食粮。

在开展系列文化活动中,各级文化部门在基层组建了大批各类文体队伍,涌现了大批"土专家"。市、县文化馆组织文化志愿者队伍开展"千名文体志愿者联千村""千个文明单位结千村""千个企业帮千村"的"三千种文化"活动,从2008年起,每年有2000多名志愿者走田间、入地头,走村串户,"手把手"地辅导农民10多万人次,培训农村文化骨干3万多人,指导各类文艺作品1000多件,策划演出500多场,进一步壮大了农村文化队伍。

"送文化"和"种文化"的示范作用,使农民拥有了自己的文化队伍和经常性开放的文化舞台。这一切,不仅极大地满足了农民群众的精神文化需求,提高了大家的幸福指数,而且激发了群众参与文化活动的积极性,涌现了不少农村文化精品。如婺城区的"农民诗自写自诵""农民文化引导团",金东区的"村落文化""农民合唱团",义乌的"农民艺术节",浦江的"抬阁会""乱弹传承",永康的"水上舞台""华溪春潮",磐安的"炼火"、"祭大旗"、古茶道文化等,群众自发参与、自编自演的程度空前高涨。

（二）彰显金华城市人文风采

自 2003 年荣获浙江省文明城市称号以来，金华以文明创建为主基调，打造"和谐宜居"精神家园；以善美金华为主旋律，构筑"崇德向善"道德高地，全市文明城市创建活动不断深化，公民道德建设深入开展。

1. 打造"和谐宜居"精神家园

2014 年，金华吹响了创建全国文明城市的号角，提出了"力争到 2017 年跨入全国文明城市资格提名行列、到 2020 年实现全国文明城市"的目标。为此，金华市委、市政府重领导、强保障，健全创建工作机制；抓管理、强基机，提升城市环境面貌；抓检查、促整改，补齐创建工作短板；抓宣传、促养成，营造全民创建氛围。

市委书记、市长亲自担任创建领导小组组长，先后出台《金华市创建全国文明城市工作总体方案》《创建全国文明城市工作实施意见》《城市文明程度指数测评工作方案》等一系列文件，每年召开全国文明城市创建工作推进会，市委主要领导亲自主持，分析创建形势，分解创建任务，提出创建工作具体要求。按照"一个目标、一个标准、一套机制、一把手领导、一抓到底"的思路，各区、市直单位及各街道（社区）、企业建立相应的创建组织领导机构和工作班子，形成了"条块结合、上下联动、齐抓共管"的共创共建机制。

在实际创建工作中，金华深入践行以人民为中心的创建理念，始终把改善城市发展环境作为全国文明城市创建的重要内容，围绕"规划精品化、建设精品化、管理精品化、设施精品化、环境精品化"目标，努力打造"精致集约有内涵"的精品城市。投资近 20 亿元，完成金华市区主干道路新建提升改造，完善"三横三纵两环"的路网框架。实施"三江六岸"景观提升工程。对群众反映的热点难点问题，以创建优美环境、建设优良秩序、提升优良服务为落脚点，持续深入开展"五水共治""三改一拆"等行动。以交通秩序专项整治、市场秩序专项整治、城乡环境综合整治等为重点,积极推动城市管理从"治脏、治乱、治差",向"做细、做优、做精"转变。"五水共治""三改一拆"和交通治堵等工作均走在前列,城市管理的精细化水平不断提升,城市生态环境和城乡面貌持续改善。

在督促整改中,金华市委、市政府坚持问题导向,强化督促检查,主攻薄弱环节,补齐创建短板。认真对照全国文明城市测评体系,对创建工作实行周检查、月点评、季考评、年考核。积极开展自测,委托国家统计局金华调查队对城市文明程度指数进行暗访测评,对发现的问题下达整改通知书,限期落实整改。开展"文明随手拍"活动,发动群众拿起自己的手机,拍下不文明行为,实行有奖监督。充分利用"市民问政""正风正问""8890"和行风热线等舆论监督平台,加强对创建工作的督查和曝光,督促重大问题整改落实。

近年来,金华市委、市政府坚持以"讲文明、树新风"为题,充分利用新闻媒体、建筑围挡、城市大屏幕、楼宇电视、户外宣传栏等形式,在金华市区公共场所广泛宣传社会主义核心价值观,加大文明宣传力度。在各大新闻媒体开设专题专栏,加大宣传报道。在城区主要街口、电子屏、公交站牌、建筑围挡等处发布公益广告。在全市发动党员干部承诺签约行动,开展"助推全国文明城市创建"百里毅行活动,组织"全国文明城市创建大家谈""让城市更文明,让生活更美好""个人文明一小步,城市文明一大步"等系列主题讨论,引导广大市民共同参与文明城市创建。

在创建全国文明城市中,金华市委、市政府以提高市民素养为主方向,以践行社会主义核心价值观为主要内容,扎实开展系列基层文明创建活动。通过文明单位、文明行业、文明村镇、文明家庭等群众性精神文明创建载体和活动,创造了优美的环境、营造了优良的秩序、规范了优质的服务,实实在在地改变了人们的生活环境,提升了市民素养,把在人们头脑里的精神文明变成了看得见摸得着的好事实事,传递正能量、树立新风尚,使群众生活得更有道德、更有文化、更有品位。他们推动社会主义核心价值观落细落小落实。把核心价值观纳入各级党委小组学习,融入课堂教学和校园文化,渗透到文明单位、文明行业、文明社区、文明家庭等创建活动之中。依托市民学校、道德讲堂、社区大学等,持续开展以道德点评、礼仪知识、公益活动、乡规民约、生态文明、科学文化为主要内容的文明进社区活动,全方位推进市民素质教育,不断提高公民的思想道德水平。组织多种形式的技能培训,帮助下岗失业人员和失地农民提高技能、提升素质,引导其融入城市文明、融入主流社会。开展"城乡结对、共创文明"活动,将城市文明延伸到农村。在深化基层文明创建中,他们用擂台赛形式,采取实地考察、材料审核、调查问卷等形式,组织单位、社区开展"文明风采展示"活动,广泛开展科技、文体、法律、卫生"四进社区"活动,培育一批各具特色的文明社区。加强文明单位、文明行业的调研和分类指导,鼓励民营企业、外资企业参与文明单位创建活动,在窗口单位和服务行业广泛开展"转作风、强服务、优环境"活动,推进各文明单位创建工作步入良性循环轨道。开展文明餐桌行动,倡导养成节约光荣、浪费可耻的生活习惯。在春节、端午、中秋等传统佳节,认真开展"我们的节日"活动。

2017 年底,金华市被中央文明办确定为全国文明城市提名城市,正式进入全国文明城市创建 3 年周期。经过全市连续 3 年的积极努力,金华市终于在 2020 年跻身全国文明城市的行列。

2. 构筑"崇德向善"道德高地

多年来,金华认真贯彻落实《公民道德建设实施纲要》,着力推进社会主义核心价值观,把社会公德、职业道德、家庭美德、个人品德等作为重点,深入开展最美金华人、身边好人等典型模范评选宣传活动,倡导社会修德律己、积德行善、正德成风,引导人们讲究道德、尊崇道德、信守道德,在金华树立起见贤思齐、尚德从善的文明精神,涌现出大批道德楷模、凡人善举,道德高地得以彰显。

在公民道德教育活动中,他们推动志愿者专业化常态化,深入八婺好家风建设,深化"诚信"主题实践,使教育活动不懈怠、有抓手、显成效。近年来,他们大力整合各行各业的志愿者及其组织,积极发动社会志愿者和机关单位党员干部,广泛开展形式多样的志愿服务活动,使志愿服务逐步走向公开化、专业化、常态化。八婺文化悠久深厚,孕育了"江南第一家"等诸多与社会主义核心价值观息息相通的"八婺好家风"。金华市委、市政府以此作为涵养社会主义核心价值观的重要源泉,组织家训家规挖掘、研究、编立、展陈、传承、践行、传扬和创建"八大工程",开展"学传统家风,立时代新风"活动,以家庭的"小气候"温润社会的"大气候"。全市已有58万多户家庭编立了家训,约占总户数的三分之一。探索推出了"好家风信用贷"专项贷款,将家风与信用挂钩,把无形的信用资产转化为有形的信贷资金,构建了"有德者有得"的激励机制,给社会注入了一股向善向上的信心和力量。"好家风信用贷"工作自2016年9月在浦江试点以来,截至2017年底,已发放"好家风信用贷"1.4万多笔,总额17多亿元,没出现一笔违约情况。2017年央视"3·15"晚会将此做法作为社会信用体系建设创新案例向全国推介。金华市委、市政府还以"信义金华"建设为载体,以食品、旅游、卫生、出租车等行业为重点,突出诚信理念,弘扬诚信精神,深化"诚实立身、信誉兴业"主题实践活动,大力推进诚信建设制度化。开设"信用"开户网,开展"诚信企业户"评选、"诚信示范一条街"创建活动,建立企业社会信用查询平台,引导企业树立诚信观念,逐步形成诚信信息互通互享、互相支撑的信用建设工作格局,着力扩大"信义金华"的影响力和参与度。2016年,全国"建设核心价值、构建诚信社会"现场交流会在义乌召开,义乌商城集团被中宣部、中央文明办评为全国十大"诚信之星"之一,义乌利用小商品传播社会主义核心价值观的做法被推广至全国。

在公民道德教育活动中,金华市委、市政府大力开展选树道德模范活动。将"善美金华"融入理论、舆论、文化、文明和社会宣传各方面全过程,用理论析"善美"之理,用新闻谈"善美"之事,用文艺表"善美"之情,用社会宣传彰"善美"之格,在全社会营造崇德扬善的浓厚氛围。2002年,中央电视台启动"感动中国年度人物"评选活动。至今,金华已经诞生了5位"感动中国"的年度人物:王选(2002年)、孟祥斌(2007年)、孙炎明(2010年)、陈斌强(2012年)、潘建伟(2016年)。许多人从他们身上看到了金华人崇德向善的伟大精神。2014年,金华市委、市政府在全市开展道德模范评选活动,截至2017年底,已产生2名全国道德模范、3名全国道德模范提名奖,9名省级道德模范、1名省级道德模范提名奖,13人荣获"浙江骄傲"、4人荣获"最美浙江人——青春领袖",64名市级道德模范、43名市级道德模范提名奖。金华市委、市政府对涌现出来的各类道德模范,积极开展全媒体全覆盖的宣传,还全面加强道德模范机制建设,出台对道德模范的奖励扶持实施办法。组织开展道德模范慰问活动,在全社会形成褒奖道德模范、争做道德模范的良好氛围。自2009年起,金华市文明办广泛发动各县(市、区)和各行各业开展"最美人物"评选,大力宣传身边好人好事,八婺大地"最美金华人"不断涌现。为将"最美"选树活动引向深入,金华市委、市政府还推出"最美乡亲""最美后勤人""最美残疾人""最美林业人""最美出租车司机"等系列"最美人物",开设"行业最美人物榜"等。全市上下发现"最美"、宣传"最美"、学习"最美"、争做"最美"人物蔚然成风,"最美"现象从"盆景"发展成"风景",由"风景"变为"风尚"。按照"月月推、月月评、月月展"的工作思路,金华市文明办从2014年开始先后组织开展"金华好人""浙江好人"推荐评选展示活动,同时还组织开展"万张红榜送好人、万名好人进校园"活动,已为400多名身边好人送去了红榜,开展好人进校园活动500多场次。大批凡人善举层出不穷,如"最美新娘"高敏、"奔跑男孩"陈炳南、"最美邻居"罗腊英、"最美新人"吕剑等,他们温暖了身边人、感动了全社会,使"善美金华"的名片更加亮丽。

三、做大文化产业，增强金华文化活力

习近平同志在浙江工作期间，正值我国文化体制改革将公益性文化事业与经营性文化产业区分开来之时。因此，在落实"八八战略"过程中，践行习近平发展金华文化的指示批示，使金华文化产业从小到大、从弱到强，呈现出健康向上、蓬勃发展的良好势头。

（一）金华文化产业发展综述

"十二五"时期，浙江省便把金华定位为全省重要的文化产业增长极。金华也明确提出，把文化产业培育成国民经济新的增长点，加快发展网络文化业、印刷业、工艺美术业、影视传媒和演艺娱乐业、文博会展业、旅游休闲文化服务业等重点文化产业。政府每年安排重金扶持奖励文化企业，一大批文化影视时尚产业代表性龙头企业先后涌现。金华文化产业年产值在 1000 亿元以上，成为政府重点培育的主导优势产业之一。进入"十三五"，金华市政府加大了对文化产业的激励和扶持力度，每年安排文化产业发展资金不低于 2000 万元，设立不少于 1 亿元的产业引导基金。2016 年，首次召开全市文化影视时尚产业发展大会，拿出 1000 万元财政资金，重奖文化影视时尚产业优秀企业。推动成立总额度达到 4 亿元的市文化影视时尚产业发展基金，设立金华银行文创支行。全市基本形成了以影视文化、网络文化、文化会展及文化产品贸易三大品牌为代表，书画水晶、木雕红木、包装印刷等各具特色的文化产业块状群。至 2017 年底，拥有文化产业生产经营单位 10 大类、6 万余家，从业人员超过 60 万人。其中，国家级文化出口重点企业 5 家、全国文化产业三十强企业 1 家、国家级文化产业示范基地 1 个、省级文化出口重点企业 16 家、全省文化产业三十强县 2 个、省级文化产业重点园区 2 个、全省文化产业十强企业 3 家、示范基地 7 个。2017 年，文化产业总产值 4188.5 亿元，同比增长 10.2%，

成为新常态下经济稳定增长和结构优化升级的重要推动力。①

在金华文化产业中，网络文化产业是一支生力军，具有规模效益全国领先、基础设施全省一流、商务成本相对低廉等特色优势。21世纪伊始，金华市委、市政府连续出台多项扶持信息服务业的政策措施。2006年起设立了电子信息产业专项扶持资金600万元，其后逐年增加，到2015年合并为文化发展产业基金，每年2000万元。近年来，发展网络经济被作为"一号产业"加以培育。经过10多年的发展，金华网络经济风生水起，成为迅速壮大的产业集群，逐渐形成以电子商务、动漫游戏、娱乐交友、文化创意等为重点的互联网文化产业群。全市网络文化企业千余家，其中有100多家电子商务门户网站和200多家行业网站，产值超过1000亿元。截至2017年底，金华市区已集聚软件和信息服务企业400多家，拥有"中国行业电子商务100强"网站企业9家、"中国商业网站100强"企业3家，已培育形成4个国家级、省级软件和信息服务产业基地，并于2009年获得"中国电子商务创业示范城市"，于2012年获得"中国电子商务创业示范基地"称号。其中浙江天格信息技术有限公司（9158.com）、金华比奇网络科技有限公司（5173.com）、金华长风信息（呱呱视频娱乐）等游戏、娱乐网站已成为全国同行业龙头企业。中国服装网、中国包装网、天下普局等网站已发展成为国内知名的网络文化企业。2017年6月，浙江省文化厅批准在金华设立网络文化产业试验区，总面积2049平方公里。包含网络文化、网络视听、网络游戏、网络出版、虚拟现实和文化创意五大核心内容，重点建设乐乐小镇、北大（金华）科技园、清大新洋科创园、浙江漂牛文化产业园、腾讯金华创客中心、CRC文化创意园等六大产业园区。其中，在位于金华开发区的乐乐小镇内，集聚有"赛伯乐浙江互联网创新中心""中兴信息技术产业研究院""360（金华）浙江总部基地"

---

① 林丹军主编：《浙中崛起——金华改革开放40年研究》，浙江人民出版社2018年版，第132—133页。

以及网络视听、网络游戏、文化创意企业 100 多家和全市 60% 有网文
证的数字文化企业。① 市本级成为互联网文化产业的重要基地之一，
规模和效益均处于全国领先水平。金华是浙江省第二大信息港，拥有
浙中第一个双线接入的国家 A 类互联网数据中心互联网国际出口宽
带，城域宽带主干网、移动通信网、通信业务等基础指标均居全省领先
水平。北京、上海等地的国内知名网络企业近 2000 台服务器在金华
托管，为电子商务产业发展提供了完善的信息共享平台。金华交通便
捷，区位优势明显，与上海、杭州等大城市均在 1—2 小时交通圈内，但
人力和创业成本只有大城市的三分之一左右。同时，拥有浙江师范大
学、上海财经大学浙江学院、义乌工商学院等 8 所高等院校，以及比较
发达的信息服务产业，培育和储备了大批 IT 技术人才和技术工人。
这一切为金华网络文化产业发展注入了蓬勃的活力。

金华文化会展及文化产品贸易势头强劲。产业代表在义乌。因
为义乌小商品全球闻名，其中不少为文化产品。因此，义乌既是文化
商品的主要销售基地，又是文化商品的主要生产基地。义乌已基本形
成了生产经营并举的"产销带动"模式。义乌市场上经营的文化产品，
主要有文体用品、现代办公用品、礼卡、书刊、音像、字画、年画挂历、印
刷制品和印刷器材等，逐步涌现出文教体育用品、框画工艺品、年画挂
历、印刷包装、制笔五大文化类优势行业。从 2005 年起，义乌市开始
在国际商贸城专门设立文化用品交易区，建立了年画挂历、框画工艺
品等 10 多个各具特色的文化产品专业市场。近年来，义乌还积极围
绕"一带一路"倡议，大力发展文化贸易，让义乌商品携带着中国的文
化基因，走向世界，义乌市场外向度达到 65% 以上，其中文化用品、工
艺品、玩具、流行饰品等文化商品占有相当大的比重。义乌成为浙江
乃至全国文化产品的主要销售基地、生产基地和外贸出口基地，涌现
出"华鸿相框""金鹰工艺"等一批具有较高知名度的文化用品出口企

---

① 林丹军主编：《浙中崛起——金华改革开放 40 年研究》，浙江人民出版社 2018 年版，第 136 页。

业。义乌文化产品具有主推产品突出、产品种类繁多、生产经营并举、出口增势强劲的显著特点。2006年，义乌成功举办首届文博会，为浙江乃至全国的文化用品走向国际市场、参与国际竞争开辟了快捷通道，填补了华东地区举办文博会的空白。2010年，义乌文博会升格为国家级展会，成为中国文化产品走向世界的国际性交流平台。2014年，义乌文博会正式更名为中国（义乌）文化产品交易会。截至目前，义乌已连续成功举办了12届中国（义乌）文化产品交易会（文交会），累计交易额超过434.33亿元，累计外贸出口额超过263.26亿元，累计参会专业采购商超过98万人次。[①] 经过多年发展，义乌文交会（文博会）促进文化产业和服务交易的功能非常突出，成功搭建起文化产品交易（出口）、文化产业展示、文化信息交流、文化项目合作的重要平台，被列入文化部重点扶持的品牌展会之一。除义乌之外，金华其他县（市、区）也都通过举办各类展会，带动当地文化产业发展。截至2017年，东阳市连续成功举办12届中国木雕竹编工艺美术博览会，木雕文化产业年产值已超过200亿元，成为全球最大的木雕产业合作基地之一。永康市依托悠久的五金文化，截至2017年底，永康中国五金博览会已走过22年的历程，持续受到国内外五金企业的瞩目。此外，八婺大地每年还有浦江书画节、武义温泉节、磐安药交会、兰溪杨梅节等各类与产业结合的文化节会轮番上演。据不完全统计，每年各地组织的文化节会活动达180多个，文化会展业已经成为带动各地发展的重要助推器。[②]

（二）打造横店影视产业标杆

在金华文化产业中影视文化产业独占鳌头。影视文化产业以东阳市为代表。1996年，东阳横店为拍摄电影《鸦片战争》"造景"，从此开启了影视文化产业。2004年，经国家广电总局批准，横店成立全国

① 林丹军主编：《浙中崛起——金华改革开放40年研究》，浙江人民出版社2018年版，第138页。
② 林丹军主编：《浙中崛起——金华改革开放40年研究》，浙江人民出版社2018年版，第138页。

首家影视产业实验区。2012 年,浙江省办公厅下文,批准设立浙江省横店影视文化产业实验区,出台了一系列推动东阳影视文化产业发展的政策。在国家级和省级"政策叠加"和"特殊扶持"的双重作用下,横店影视文化产业实验区在产业政策、用地保障、财税金融等领域得到了各方面的重点支持和倾斜。如今实验区已成为全国规模最大、影视元素最集中的影视产业集聚区,吸引了华谊兄弟、光线传媒、保利博纳、唐人电影等 470 多家实力雄厚的影视文化企业在此落户,占全省影视文化企业的六成,其中华谊兄弟成为国内第一家上市影视公司。横店初步形成了从剧本创作到影视制作、发行、产品开发一条龙的影视产业链,成为中国影视产业发展的重要基地和全省文化产业发展的重要引擎。横店已形成专业制景、设备车辆租赁、道具服装化妆、群众演员等一条龙的影视摄影服务体系,拥有 31 个大型实景基地和 14 座大型室内摄影棚,再现了秦汉以来我国不同历史时期、不同地域的人文景观,构成了涵盖两千年中华民族历史文化、地域文化、民俗风情的大观园。截至 2017 年底,横店影视城累计接待剧组 2200 多个,拍摄影视剧 5.4 万多部(集),占全国影视剧的四分之一,其中古装剧占到全国的三分之二,影视文化企业占到浙江省的三分之二。横店影视城已成为全球拍摄基地规模最大、影视生产要素最齐全、影视企业集聚最多的影视文化产业发展中心。由横店影视城主导制定的《影视拍摄基地服务规范》被列为国家标准,正式在全国推广。横店影视城荣获"中国最具特色影视拍摄基地""浙江省文化产业示范基地""浙江省改革开放 30 周年典型事例 100 例之一"等荣誉和称号,被称为"中国好莱坞"。

　　东阳影视文化产业,在运作影视全产业链的同时,还向文化旅游、木雕红木等产业延伸。早在 1996 年为拍摄《鸦片战争》"造景"的当年,横店就实现年接待游客 23 万人次。到 1999 年横店累计接待游客突破 100 万人次,到 2003 年达到 500 万人次,2005 年则达到 1000 万人次。2011 年,横店年接待游客达到 1000 万人次,累计接待游客则突

破了 5000 万人次。2012—2015 年,横店累计接待游客就突破了 5000
万人次,与以往花了 16 年时间所达到的累计接待游客数相匹配,实现了
累计接待游客由 5000 万人次到 1 亿人次的飞跃。横店影视城被命名为
全国 5A 级旅游景区,"横店院线"成为全国第二大民营院线。2017 年,
接待国内外游客 1872 万人次,旅游综合收入 150 亿元。

东阳影视文化产业催生出全域化的发展格局。在东阳影视文化
产业发展的带动下,东阳市内一些村庄利用老厅堂、古民居等资源,发
展影视文化。截至 2017 年底,共建成了六石枫树下、城东东峰等 25
个影视外景拍摄基地,巍山尚誉、左村前塘等 30 多个拍摄点,成为横
店影视拍摄基地的有益补充。多年来,距横店不到 50 公里且具一定
影视产业基础的永康市,把影视产业作为文化产业发展的重点,主动
接受东阳横店的辐射和溢出效应。2013 年出台了《关于扶持影视文
化产业发展的暂行意见》,明确了影视文化企业从注册之年起享受 10
年财政奖励独特优势的举措。始建于 2002 年的永康方岩石鼓寮影视
城当年因一部《天龙八部》名声大振,随之丹霞奇峰、七彩飞瀑、碧水玄
湖、幽深竹林等景观吸引国内外诸多剧组纷至沓来。其中,始建于
1961 年的永康拖拉机厂,面积 37 万平方米,当年在苏联专家指导下完
成。其建筑既有中国传统特色,又具东欧风情,改作摄影场景,可拍摄
从民国初年到 20 世纪 90 年代初之间近百年跨度的影视剧,被业内誉
为"工业好莱坞"。与横店仅 15 分钟车程的永康西溪影视基地更是后
来居上,自 2014 年成立以来,依托独特的自然景观,已建成客栈、山
寨、军营、战壕、监狱等 18 个外景拍摄点和民国街道、剧院等室内摄影
棚,年接待剧组 300 个以上,影视产业年收入达 600 万元。至 2017 年
底,累计接待游客 100 多万人次,拉动消费近 3 亿元。据统计,至 2017
年底永康共有影视注册企业 1340 家。2017 年,永康影视企业总产值
达 20.5 亿元,同比增长 70%。

与永康比邻的磐安县主动接受横店影视产业辐射,2014 年出台
《关于扶持影视文化产业发展的若干意见》,大力扶持影视文化产业发

展。鼓励影视文化企业利用磐安旅游景区、自然景观、历史文化名村、古村落、老街、老厂房、农业观光园、农家乐、民宿等建设影视拍摄基地,在宣传推广磐安山水、民俗等文化资源的同时,助推磐安休闲文化旅游等产业发展。2016 年,磐安与横店集团签订战略合作协议,推动双方共建影视拍摄基地、共设影视发展政策、共享影视文化资源,全方位将磐安打造成横店影视城的"后花园"。磐安还通过主动完善影视文化产业链,提供影视拍摄一条龙服务等措施优化影视文化产业发展环境。在推荐十大影视拍摄外景基地进入横店影视拍摄推荐名录的基础上,磐安积极编制了《外景拍摄点推荐目录》,提供给前往磐安取景的剧组参考。为了满足影视剧组对群众演员的需求,还举办群众演员培训班,做好各项基础服务。

正是这一切,使东阳横店影视城成为金华全市文化产业发展的标杆。

第三节　金华文化发展的提升

金华文化发展的实践充分说明,习近平发展金华文化的指示批示是正确的。习近平发展金华文化的指示批示,以党的基本理论为指引,以深入金华及其县(市、区)考察调研所掌握的实情为依据,以金华文化发展实践为检验标准,以国内外发展的态势为引领,因此具有科学性、适用性、指导性。一句话,对金华文化发展而言,习近平同志的这些指示批示可谓是一语中的。

习近平发展金华文化的指示批示,与习近平新时代中国特色社会主义文化思想是一脉相承的。习近平发展金华文化的指示批示与金华的践行,坚持文化引领、构建精神家园、打造产业平台、增加公共供给,彰显了文化发展的根本,体现了文化发展的底蕴,激发了文化发展的活力,适应了文化发展的需要,为习近平新时代中国特色社会主义文化思想的实践经验提供了典型案例;而习近平新时代中国特色社会主义文化思想,是习近平发展金华文化指示批示与金华践行的升华飞跃,为之提供了科学依据。一句话,对金华文化发展而言,习近平同志的这些指示批示可谓是一以贯之。

金华在贯彻党的十九届五中全会精神,制定"十四五"经济社会发展规划和二〇三五年远景目标时,继续坚持习近平发展金华文化的指示批示,与习近平新时代中国特色社会主义文化思想相贯通,与新征程、新形势、新任务、新要求相结合,将持之以恒地践行习近平发展金华文化的嘱托,使金华文化发展不断得以提升。

一、增强社会主义核心价值观引领

金华不断提升文化发展的具体思路,在于增强社会主义核心价值观引领,提高城乡公共文化服务的能力,建设八婺特色的文化产业体系。在增强社会主义核心价值观引领上,金华提出了深化铸魂溯源走心工程、建设信义和美城市品牌、打造好人频出的新高地等一系列重要举措。

(一)坚持科学理论武装,深化铸魂溯源走心工程

浙江是习近平新时代中国特色社会主义思想的重要实践地。习近平同志在浙江工作期间多次到金华调研,作出了一系列重要指示批示。这是金华最大的政治优势、文化优势。金华市委、市政府对此高度重视。党的十九大以来,他们充分发挥模范作用,坚持把学习贯彻习近平新时代中国特色社会主义思想作为金华文化发展的根本任务。在新时代、新征程中,自觉把马克思主义在意识形态领域指导地位的根本制度,贯彻到全过程、各领域。在"十四五"建设中,强化理论武装,深入实施铸魂工程、溯源工程、走心工程,推动学习习近平新时代中国特色社会主义思想走深、走心、走实,为提升金华文化建设、增强社会主义核心价值观,强化了科学引领。

（二）弘扬金华时代精神，建设信义和美城市品牌

党的十九大以来，在以往思想道德和精神文明建设的基础上，金华市第七次党代会提出了提炼和弘扬新时代金华精神、凝聚共建金华强大精神力量的决策部署。金华在深入调研的同时，以市级媒体为平台，广泛组织市民，深入开展新时代金华精神大讨论。本着植根历史、基于现实、引领未来的精神，贯彻围绕发展、遵循程序、社会认同的原则，遵循最需弘扬倡导、体现激励导向、彰显金华特色的路径，按照专家认证、社会征集、领导研究、网上投票、提请审定的程序，综合各方调研意见和大讨论活动情况，经市委常委会研究，形成了"信义和美、拼搏实干、共建图强"的新时代金华精神表述语。接着金华市委、市政府两办联合发文，在全市开展新时代金华精神大讨论活动。新时代金华精神，是金华历史文化的承传发展，是金华改革实践的经验总结，是金华未来发展的有力指引。因此，在新时代、新征程中，金华又将新时代金华精神，作为"十四五"时期建设金华文化强市、弘扬信义和美新风尚的主要内容，广泛开展公民道德建设，深入打造"信义之城、和美金华"城市文化品牌，使之成为新时代、新征程提升金华思想道德水平的强有力的抓手。

（三）提升公民文明素质，打造好人频出的新高地

金华素有崇尚英雄、见贤思齐的优良风气。这些年来，在深入开展群众性精神文明创建活动中，涌现出大批先进模范人物，为高水平创成全国文明城市增添了厚重的风采。在"十四五"新征程中，金华市委、市政府持之以恒地完善志愿服务体系，实施文明好习惯养成计划，发挥家庭、家教、家风建设优势，深入推进移风易俗，提升市民文明素质。统筹谋划"金华好人"品牌，完善好人关爱扶持机制，深化"好家风信用贷"，营造好人频出的激励环境，打造金华精神文明建设新高地，不断提高金华社会主义精神文明建设水平。

二、提高城乡公共文化服务的能力

在提高城乡公共文化服务能力上,金华提出了打造新型高质主流媒体、实现设施高质量全覆盖、打磨八婺特色文化精品等一系列重要举措。

(一)实现全媒传播工程,打造新型高质主流媒体

近几年来,金华充分发挥网络文化的优势,紧密结合实际,积极推进媒体深度融合发展,推动市级媒体从传统型向全媒型转变。金华日报报业传媒集团(以下简称"金报集团")和金华广电总台,紧盯传媒前沿,不忘党媒初心,分设了新媒体平台,形成了全市"红色新媒体"品牌。党的十九大以来,金报集团启动全媒体实体化运作改革,全面推进媒体深度融合,将旗下的报、网、微、频全面融合,以精良的新闻生产能力为根基,庞大的用户群体为依托,"三金合一"模式为特点,大数据整合运用、算法运用为方向,上连下结为动力,客观评价、精细考核为支撑,彰显金报融媒云平台的特色和特质。金华广电总台,依托自身"声、频、报、网"的优势,设立融媒体中心,积极推进融合发展。各县(市、区)媒体加快了"两微一端"建设。这一切推动了金华以媒体融合发展为路径的现代文化传播体系的创新。在新时代、新征程中,金华市委、市政府,以更高的标准,着力推动媒体深度融合,实现全媒体传播工程,把打造有影响力、竞争力的新型主流媒体,作为"十四五"传媒建设工程的奋斗目标,体现了金华市委、市政府坚持传媒创新"走在前列"的雄心壮志。

(二)推动文化设施提标,实现设施高质量全覆盖

这些年来,金华在公共文化服务设施建设方面下了很大功夫,全市公共文化服务设施取得了长足的发展,发生了显著的变化。在新时代、新征程中,金华市委、市政府不忘初心、牢记使命,没有满足已经取得的成绩,而是站在更新的起点上,谋划全市公共文化服务设施建设,

决心在"十四五"建设中,实现金华公共文化服务设施建设的高质量、全覆盖。首先,是推进各级公共文化服务设施提标、服务提质。建设市图书馆新馆、市美术馆新馆等重大公共文化场馆,建设与市域发展水平、与群众需求相适应的公共文化设施,实施乡镇(街道)综合文化站、农村文化礼堂补短板工程,高水平实现文化服务设施全覆盖。其次,是加大基层文化惠民工程力度,不断丰富公共文化服务的业态、样式和内容,努力使金华全市公共文化服务软、硬水平提档升级。2023年亚运会在杭州举办,金华承担亚运会分赛区比赛的任务。金华市委、市政府提出了建设体育强市的目标,全力开展国家体育消费城市试点工作,推进体育产业高质量发展,努力办好亚运会金华分赛区比赛,打响中国"山水四项"公开赛的品牌。这一切将大幅度提升金华全市公共文化服务的设施水平和服务质量。

(三)挖掘优秀传统文化,打磨八婺特色文化精品

这些年来,金华立足传统文化丰厚的优势,在打造八婺特色的文化品牌方面,做了大量富有成效的工作。在新时代、新征程中,金华市委、市政府鼓励运用金华历史文化、红色文化、改革开放史等题材,开展多种形式的文学和文艺创作,以推出更多的文化精品。并且提出要深入挖掘金华优秀传统文化,造就更强文化力量,打造"万年上山"文化符号,强化历史文化遗存保护利用,唤醒非遗记忆,推进南宋徐渭礼文书保护利用,打响"星耀八婺"名人文化展示品牌,推进艾青诗歌节、施光南音乐节、李渔戏剧汇等节会提档升级。这一切展现了金华在新征程中挖掘优秀传统文化、打磨八婺特色文化精品的美好愿景。

三、建设八婺特色的文化产业体系

在建设八婺特色的文化产业体系上,金华提出了打造影视文化创新中心、推动数字文化产业创新、打造横店世界级金名片等一系列重要举措。

(一)以横店影视为龙头,打造影视文化创新中心

经过长期的艰苦努力,金华东阳横店影视城终于实现了习近平同志的嘱托,打造成"中国好莱坞",成为金华全市文化产业发展的标杆。党的十九大以来,金华又站在新的历史起点上谋划今后发展。2019年3月18日,浙江省政府批准设立横店影视文化产业集聚区。为此,金华市委、市政府,把建设彰显"八婺"特色的现代文化产业体系作为"十四五"建设的目标,提出以横店影视文化产业集聚区为龙头,打造具有国际影响力的影视文化创新中心。这标志着横店影视产业集聚发展站在了新时代、新征程、新起点上,以更加充分的准备迎接影视业更加丰富的文化消费需求、更为广阔的产业发展空间和更为激烈的市场竞争环境,以更强的使命担当担负起中国影视文化产业高质量发展的重任。

(二)做强网络文化业态,推动数字文化产业创新

这些年来,金华在网络文化产业方面取得了长足的发展。但金华市委、市政府在这方面始终保持着清醒的头脑,对做强网络文化业态、推动数字文化产业创新高度重视。在新时代、新征程中,提出要推动数字文化产业创新发展,做强网络直播,扶持网红经济,培育网络文学作品、影视制作、电子竞技、数字阅读、数字会展等泛娱乐新业态。这对于调整金华文化产业发展结构,深化金华文化产业发展内涵,把握金华文化产业发展高地,提升金华文化产业发展水平,都具有重要的意义和深远的影响。

(三)推进旅游强市建设,打造横店世界级金名片

金华山水秀丽,文化丰富,发展旅游得天独厚。经过长期的努力,金华旅游前景无量。为此,在新时代、新征程中,金华市委、市政府把推进旅游强市建设、打造横店世界级金名片,作为"十四五"建设中的发展目标。金华市委、市政府提出要深度融入长三角文化旅游一体化发展战略,推进共建浙、闽、赣、皖国家生态旅游协作区工程,推进金华丝路文化带建设。加快推进旅游强市建设，统筹抓好新业态、新市场、新产品培育开发，打好山水牌、人文牌、生态牌，坚持市场化机制推动旅游资源优势转化为旅游经济新优势。特别是通过打造横店世界级文化旅游"金名片"，成功创建金华山旅游经济区5A景区，推动文化旅游深度融合，不断提升金华旅游的品质、能级和影响力。金华市委、市政府还规划建设文化娱乐消费特色街，繁荣夜间文化经济，加大优质文化休闲产品供给。这一切都是为金华旅游文化产业发展所描绘的宏伟蓝图。

第四章　创新社会治理，
夯实平安根基

　　为人民谋幸福、不断增进民生福祉，既是社会发展与建设的根本目的，也是中国共产党人的初心使命和庄严承诺。这就需要"提高保障和改善民生水平，加强和创新社会治理"。在这里，社会治理是提升民生水平的根本手段和保障，民生福祉是社会治理的内在动力和重要目标，二者有机地统一于社会建设之中，其最终目标则聚焦于"保障群众基本生活，不断满足人民日益增长的美好生活需要，不断促进社会公平正义，形成有效的社会治理、良好的社会秩序，使人民获得感、幸福感、安全感更加充实、更有保障、更可持续"①。习近平同志在浙江工作期间，十分重视金华市的社会治理和民生福祉等社会建设工作。他历次来金调研期间，围绕如何推进基层社会治理、增进人民福祉，发表了一系列重要论述。这些论述，内涵丰富，立意高远，对于新时代落实以人民为中心的发展思想，带领人民不断创造美好生活，具有十分重要的指导意义。

　　沿着习近平同志指引的方向，近年来金华在改善民生水平、创新社会治理等方面采取了一系列组合拳、攻坚战，包括"办实事解民忧，打好民生改善持久战；优服务守平安，打好基层治理巩固战；抓冲刺夺高分，打好文明创建荣誉战"。其中"后陈经验""浦江经验""龙山经

---

　　① 习近平：《决胜全面建成小康社会　夺取新时代中国特色社会主义伟大胜利》，人民出版社2017年版，第45页。

验"等作为金华市"党建＋社会治理"的特色支撑，不仅是金华市社会治理的经验总结，助推市域社会治理现代化发挥重大作用，而且也为推进国家治理体系和治理能力现代化贡献了金华智慧、金华方案。金东区"农村居家养老新模式"（全国居家和社区养老服务改革试点获评优秀）、武义"下山脱贫"模式（中国反贫困战略创新最佳县域样本）、全市农村生活垃圾分类等，已成为基层社会治理的全国典型。同时，大力推进全国文明城市建设，使得金华城市面貌焕然一新，文明行为渐成风景。金华已实现全省"平安市"14 连冠，9 次跻身"中国最安全城市 30 强"，11 次上榜"中国十佳宜居城市"，并荣登全国地级市民生发展榜首。在中央文明办公布的 2018 年全国文明城市年度测评中，金华在所有 113 个地级提名城市中排名第一，百姓获得感、幸福感、安全感显著提升。①

第一节　社会建设的新目标新定位

金华市社会建设的总体目标和定位：一是加强和创新社会治理，建设市域社会治理示范市。以全力打造具有金华特色的市域社会治理现代化样板为目标，纵深推进"基层党建＋社会治理"创新，坚持和深化新时代"后陈经验"，总结提升"浦江经验""龙山经验"，构建现代化智慧型社会治理体系，进一步提高社会治理法治化、智能化、专业化水平，以期在治理体系和治理能力现代化建设方面走在前列。二是切实保障和改善民生，创建幸福宜居新家园。以满足人民日益增长的美好生活需要为根本目的，全面打响"学在金华""健康金华""平安金华""宜居金华"等品牌，全生命周期民生服务不断完善，高品质的教育、医疗、养老、公共文化等服务更加充分，信义和美成为金华城市鲜明标

---

① 《金华第一！2018 年文明城市年度测评结果出炉》，《金华晚报》2019 年 3 月 21 日。

识，建设幸福宜居城市，创建共同富裕新家园。

一、创造高品质美好生活的民生目标

将抓好社会公共事业发展作为标注正确群众利益观，实现、维护和发展好最广大人民根本利益与增进社会稳定和谐的出发点。社会事业要统筹发展，注意互补，增强对经济发展的促进性。

（一）加强公共文化资源设施整合

经济社会发展与精神文化需求的不平衡在公共文化产品与服务的供给侧方面日渐突出。如何推进文化资源分配更加普惠均衡，如何构筑人民大众喜闻乐见、多元特色的文化大厦是关乎实现高品质美好生活目标的重中之重。针对该问题，习近平同志谈到要加强公共服务设施的统筹与整合。重点聚焦建设图书馆与科技馆，以投资特色博物馆为亮点，少搞形象歌剧院。将有限资源统筹整合，把好钢用在刀刃上，讲求文化设施的通用、实用和民用。

（二）加强社会保障体系建设

社会保障关乎每一个人最切近、最直接和最现实的利益。党的二十大明确指出，"社会保障体系是人民生活的安全网和社会运行的稳定器"，要"健全覆盖全民、统筹城乡、公平统一、安全规范、可持续的多层次社会保障体系。完善基本养老保险全国统筹制度，发展多层次、多支柱养老保险体系"[①]。作为保险绳，要巩固"两个确保"，搞好"三条保障线"，促使"新五保"体系建设取得突破、巩固发展。

1. 按照平安浙江总体部署开展平安金华建设，切实增强人民群众的安全感

平安是群众最朴素的希冀，最基本的生活需要。在浙江，平安浙

---

① 习近平：《高举中国特色社会主义伟大旗帜 为全面建设社会主义现代化国家而团结奋斗——在中国共产党第二十次全国代表大会上的报告》，人民出版社2022年版，第48页。

江建设是"八八战略"得以充分说明的共振器。习近平同志强调："建设'平安浙江'，既是'八八战略'的深化、细化、具体化，又是深入实施'八八战略'的重要保证。"[①]要将平安浙江建设融入"五位一体"，贯穿于"四个全面"来谋划推进，关键在于以法治突破平安建设难题，以党的领导作为坚实后盾，以人民安全需要为努力方向。在金华，严格按照平安浙江总体部署，全面展开平安金华建设。在持续打击邪教组织，继续坚持矛盾纠纷调解的基础上，全面创新推广"枫桥经验"，实实在在做好"平安报表"。

2. 完善领导干部下访工作制度，进一步密切领导干部和人民群众之间的联系

作为倒逼机制产物的领导干部下访制度是改进政府机关作风、做派，实现群众与领导干部密切联系的关键调节器。坚持这一制度不仅有助于更加积极稳妥地处理好社会和谐稳定问题，而且能够最大限度激发群众的参政议政热情。变群众上访为领导下访的做法，有利于进一步畅通与基层群众交流、沟通的渠道；有利于面对面地向群众宣传党的路线方针政策和法律法规；有利于切实为群众解决实际问题；有利于研究、探索和把握信访工作以及其他工作的规律。

3. 加强和创新推进基层社会治理，切实增强人民群众的主人翁精神

国家的现代化治理水平与治理体系构建完善度很大程度上可以从基层社会治理的微景中显现出来。基础不牢，地动山摇。武义的"后陈经验"是基层社会治理的典范。2004年6月18日，武义县白洋街道后陈村为应对现实基层政治问题，建立了全国第一个村务监督委员会，以《后陈村村务管理制度》和《后陈村村务监督制度》为管理监督谱系，完善社会基层治理的空白点从这里拉开了序幕。这种通过建立村务监督委员会来实现民主管理、决策、监督的做法，符合法律和政策

---

① 习近平：《之江新语》，浙江人民出版社2007年版，第52页。

的导向，实现了村务监督由事后监督向事前、事中、事后全程监督转变，使各种矛盾有了内部化解的机制。这是农村基层民主政治建设的有益探索，应当予以鼓励。多年以来，金华市始终将进一步深化和完善村务监督作为提升现代化的基层治理能力和构建现代化基层治理体系的重要做法，为全省各县市加强和创新基层社会治理提供了金华样板。

（二）加快推进城乡一体化建设，让改革发展的成果更普惠

城乡发展的不平衡与不均衡是横亘在我国实现社会主义现代化事业面前的重要障碍。要让广大农民群众一起参与到现代化的发展进程中，共享发展的果实，是高品质美好生活的重要方面。城乡一体化是一个带有根本性的问题，是解决"三农"问题的根本出路。城市工作不能仅仅着眼于城市本身，更不能只着眼于城市建设，必须把统筹城乡发展的要求体现到城市工作的各个领域中去，着力构建城乡互动、协调发展的机制。

1. 有序推进农民非农化

农民非农化并不是一场简单的农民就业革命，而是我国经济社会发展到一定历史阶段所必然面临的深层问题，反映着社会的巨大变迁与时代的深刻变革。它和现代社会的信息化、工业化、全球化等紧密相关。它不仅是经济问题，更是社会问题；不仅是理论问题，更是实践问题；不仅是空间转换问题，更是农民变市民的养成教育问题。

2. 多层次推进新农村建设

没有农村的现代化就没有国家的现代化。领导干部要通过办实事，激发农民群众建设新农村的热情与积极性，精准觉知新农村建设的重难点与突破口，更快更好地解决农民最为关注、与农民利益最为相关的问题，使他们自觉投身到新农村建设的队伍之中。

二、打造市域治理现代化的美好家园

百年国家复兴蓝图、40 年城市现代化图绘以可遇、可望和可期的方式在金华证成。系统、整体和有序推进市域社会治理现代化，正视市域治理的色彩差异，以开创具有中国特色、金华色彩的市域治理现代化模式。

（一）在宏观层面，建设幸福宜居城市，创建共同富裕新家园

学习贯彻党的十九届五中全会与中央经济工作会议精神，全面落实省委十四届八次全会和省委经济工作会议要求是浙江全省各县市工作的共同任务。金华市作为浙江社会治理的剪影，无论从"共建共治共享"到"多元主体合作"，抑或从"创新社会协同治理"到"发展成果切实共享"，皆折射出共性治理与个性治理的合拍共鸣与同频共振。一方面，坚持标注浙江能力，将会议要求的系统思维理路与整体工作方法深植于新时代经济社会建设改革的场域，始终坚持"共同富裕"初心，牢固树立正确的群众利益观。另一方面，尊重金华地方实际，携带"四攻坚四争先"与"九市建设"战略部署进场，将"三大经验"（"后陈经验""浦江经验""龙山经验"）作为金华党建与社会治理的特色支撑，从"八八战略"所内蕴的价值观、实践观、辩证观、整体观、政绩观、使命观出发，补足短板、锻造长板，着眼全局、周密细致，明确主攻、区别轻重，全力争创兼具中国特色和金华色彩的现代化先行市。

（二）在中观层面，建设市域社会治理示范市，开创法治金华新局面

金华作为长三角经济圈的南翼，必须充分发挥和借助好区位优势，在面临发展爬坡过坎的关键时期、迭代升级的重要关口，既不可急火猛药式地矫枉过正，亦不可缩手缩脚、瞻前顾后以致错失良机，而要更加精准大胆地回应好新时代基层治理所提出的新问题、新要求，完成好新任务、新工作。其中关键还是紧抓"基层党建＋社会治理"，将

应急管理做好做实、全面落实，持续完善和优化提升风险闭环管控的大平安机制，以求真务实的态度，切实抓好创新这一关键引擎，将创新融入全程，将创新贯穿各方。在"三大经验"的助力下，推动德治与法治、自治与智治的更好融合，促使全国市域社会治理现代化示范市得以蔚然成形。

（三）在微观层面，加快"掌上金华""平安金华"建设，构建共建共治共享的社会治理格局

金华市工作办法绝非徒托空言、坐而论道。体察基层疑难、开出治病良方的前提是有效工作实践。在长期实地走访调查的基础上，金华市中被寄予厚望的近3000名驻村包村"第一书记"纷纷将自己的政治蓝图尝试从勾勒、描摹转向实践、落地。"乡村振兴是民族复兴的必要条件。我们肩上的担子更重了。"武义县履坦镇叶长埠村的"第一书记"丰家扬如是说。这正是金华市通过"基层党建 社会治理"助力全国智治深入发展、讲好市域治理现代化故事的新成绩、新突破和新实践。为应对村级权力集中于"少数人"，出现村社一换届就"一肩挑"，容易滋生基层腐败、缺乏有效监督的情况，金华市以"后陈经验"为参考样本，把村务监督的"五个一"做法覆盖到全市。其中包括选派驻村包村的"第一书记"、公开透明的管理方式方法、标准有效具有强执行力的村务决策流程、"四位一体"的有效监督机制等。将村务监督以制度的方式确立下来，填补程序空档，廓清规范误区，构建德治与法治共存、自治与智治并举的新时代治理体系。

删繁就简三秋树，领异标新二月花。金华市正以建设高水平内陆开放枢纽中心城市的标准和担当，垂直横向发力，同步省委部署要求，融合创新关键路径，抓纲举目，多点开花，创新推进，实现基层社会治理向着新形态、新维度、新格局全面发力，在全省乃至全国实现社会智慧治理现代化上的靶向施策和争先破圈。

第二节　推进市域治理现代化　增进民生福祉

坚持以人民为中心的发展思想，推进市域社会治理现代化，着力完善人的全生命周期民生服务，扎实推动共同富裕、创造美好生活，是历届金华市委、市政府始终不渝的奋斗目标。党的十八大以来，在"八八战略"的指引下，金华市委、市政府团结带领全市人民保持一棒接一棒的战略定力，探索和创新社会治理实践经验，坚持和深化新时代"后陈经验""龙山经验""浦江经验"，总结和构建"下山脱贫"模式、农村居家养老新模式，推进全国文明城市建设，使百姓幸福感、获得感、安全感显著提升。

一、提升新时代"龙山经验"，创建多元化解机制

构建社会矛盾综合治理机制，是对我们党正确处理人民内部矛盾成功经验的总结和创新发展，是维护社会稳定和安全的必然要求。"枫桥经验"是发展创新中国基层社会治理的一个样板。1963 年，毛泽东同志就批示要推广"枫桥经验"。2013 年，在"枫桥经验"诞生 50周年之际，习近平总书记作出重要指示，强调要把"枫桥经验"坚持好、发展好，把党的群众路线坚持好、贯彻好。① 浙江为习近平新时代中国特色社会主义思想的萌发提供了实践素材，浙江省各级人民法院大力推进矛盾纠纷多元化解形式，致力于打造新时代"枫桥经验"的升级版。党的十八大以来，永康市深入践行习近平总书记指示精神，构建"基层党建＋社会治理"的基层治理新格局，形成了"党委领导，法庭前移，各方联动，分层递进，多元化解，把矛盾纠纷解决在基层"的"龙山

---

① 《把"枫桥经验"坚持好、发展好把党的群众路线坚持好、贯彻好》，《人民日报》2013 年 10 月12 日。

经验"。

（一）背景：单一矛盾纠纷解决途径难以适应矛盾纠纷多元化的新趋势

永康位于浙江省中部，民营经济发达。龙山人民法庭位于永康市龙山镇桥下三村，受理范围为龙山、西溪 2 个乡镇，81 个行政村、2 个居委会，辖区面积 140.7 平方公里，总人口 10 万余人，其中外来流动人口 2.4 万余人。在永康经济社会转型发展的过程中也出现了一些问题。受全球金融危机影响，对外出口贸易紧缩加之经济结构调整，永康的不良贷款率一度高达 5.81%，各类金融纠纷案件也从 2013 年的 198 件增长到 2017 年的 1220 件。城市化进程的不断推进，"熟人社会"面临解体，传统的碎片化基层治理开始失灵，各种社会治理问题层出不穷。除此之外，基层治理与群众存在隔阂，基层调解矛盾有时会出现"调解无效、调后又闹"的现象，群众对于调解的信任度下降，导致永康法院收案量激增。据统计，永康法院 2010 年以前法院收案量不足万件，但到 2014 年增至 21501 件，增幅近 115%。由此可见，社会治理压力剧增，平安建设的隐患增加，现有的矛盾纠纷解决机制不能很好地发挥作用，面临新的挑战。

面对新挑战，永康市委高度关注，积极探索，采取有效办法尽可能实现矛盾纠纷"大事化小、小事化了"。龙山法庭于 2013 年恢复设立，面对复杂的社会矛盾纠纷，该法庭主动作为，充分发挥党委领导作用，创新社会治理模式，效果显著。2017 年案件数量仅为 2013 年的 49.75%。永康市深入践行习近平总书记指示精神，形成了"党委领导，法庭前移，各方联动，分层递进，多元化解，把矛盾纠纷解决在基层"的"龙山经验"。

（二）做法：探索与创建基层矛盾纠纷多元化解机制

发展新时代的"枫桥经验"，永康市从未停下脚步。2013 年，法庭案件数量的激增让永康市开始探索新的调解机制，试图恢复 20 世纪七八十年代村干部、乡镇干部冲在一线化解纠纷的传统，让熟悉乡规民约、熟悉社情民意的"乡贤"再次活跃于纠纷源头。因此一场基层治理模式的新变革拉开了序幕，试行"分层递进过滤"的纠纷处理模式，打造"共建共治共享"的治理格局。

1. 分层调解

村里网格调解。"百姓纠纷，不妨让百姓自己解决。"村里的矛盾让村网格员先调解，村里建立党建网格，村干部任网格长，党员和村民就是网格员。积极打造"党建＋网格"管理模式，推动基层党建管理延伸至基层每一角落。网格员作为群众中的一员分布在各个角落，对村里发生的矛盾纠纷反应最为灵敏，他们的职责是及时发现矛盾纠纷，解决矛盾纠纷，并且协助法庭做好送达等工作。永康市在全市范围内建立 402 个"红色网格"，安排 5.5 万名网格员结对 10 多万农户，推广"15 分钟党员服务圈"，做到群众有不满情绪必到、有突发事件必到、有矛盾纠纷必到、有喜丧事必到和村里的困难家庭必访、危重病人家庭必访、空巢老人及留守儿童家庭必访，争取做到"小矛盾全数化解，大矛盾联合调处，大小矛盾均不出村"。龙山镇每年因为这样的网格调解处理了大大小小的纠纷几百件。

市镇矛盾纠纷多元化解中心。2017 年，永康市委牵头抽调各条线专业人员集中办公，成立了市级矛盾纠纷多元化解中心，整合全市所有行业性、专业性、乡村各类人民调解机构，对矛盾纠纷实行"就近受理、分流交办督办、一揽子解决"的多元联动化解模式。该中心按照纠纷对社会稳定的影响程度、紧急状况、解决难度，用红、橙、黄、白四色对矛盾进行分类管理，由不同领导签发。2018 年，建立平安永康综合体，整合社会力量，构建矛盾纠纷"最多跑一次"的新型社会治理阵地。以镇综治中心为平台，建立市镇矛盾多元化解中心，调解先行，诉讼断后。

法庭调解。通过各种方式都难以调解成功的纠纷属于可诉事项的纠纷，引导诉讼调解、法庭兜底。各级党委政府将法庭调解纳入综治平台，出台《构建矛盾纠纷多元化解实施意见》《矛盾纠纷调处中心工作制度》《联村干部矛盾纠纷排查调处工作考核办法》《对村（企）矛盾纠纷调处积分奖励办法》等文件。同时通过法庭指导，提升基层干部化解矛盾纠纷的能力，为基层调解提供一定的法律支持。人民法庭充分发挥司法在矛盾纠纷多元化解机制中的引领、推动和保障作用，实现人民法庭与基层治理的有效衔接。当地镇党委还积极推出"今日我当值"活动，邀请村干部与"乡贤"到法庭当班，协助法庭人员在立案窗口受理案件，到法庭参加旁听，开展诉前调解。通过法庭培训与指导，有效提高党员干部调解能力，着力提升基层党员干部治调能力。

2. 重心前移

推动传统文化与现代治理理念有机结合，在源头上预防和化解矛盾纠纷。"龙山经验"强调在党委政府统一领导下，弘扬"无讼"文化。所谓"无讼"理念，是指将传统的"和为贵"等理念融入基层治理，形成一种人民司法与基层群众自治相结合，司法职能与社会治理功能相结合的治理理念。这不是忽视诉讼的客观存在，而是充分发挥各方作用，减少诉讼。同时，"龙山经验"在一定程度上吸收了南宋思想家陈亮的"义利并举"的思想。注重"义利并举"与"以和为贵"的"龙山经验"，目的在于建立一个更加"团结互助、包容友爱"的基层社会。

3. 党委统筹领导

习近平总书记在 2019 年 1 月 14 日中央政法工作会议上指出，要善于把党的领导和我国社会主义制度优势转化为社会治理效能。"龙山经验"的最大优势，就是发挥了党委的领导核心作用。围绕共建共治共享，统筹各方矛盾化解资源，形成基层社会治理的强大合力。由党委牵头，龙山镇党委出台《关于组建基层五级治理团队深化矛盾纠纷多元化解工作的通知》，在村企层面建立了基层五级治理团队，即红星网格调解团、红色领军调解团、区域难题共商团、红色车间调解团和矛盾纠纷多元化解机关联盟，5 个治理团队充分展现了基层治调力量，更好增进民生福祉。"在线矛盾纠纷多元化解平台"上线运行，深化网上立案、跨域立案等便民服务，将"万人成讼率"纳入综治指标，优化矛盾纠纷统筹分流机制。将民商事立案、财产保全、速裁调解纳入"平安永康综合体"，与入驻部门协调联动，实现隐患第一时间收集汇总、分层过滤、分类处置；与各部门联合成立律师调解、院所合作、委托调解等平台，加强线上线下统筹调解，畅通纠纷解决渠道，有力推进基层治理现代化。党委的高度重视和正确领导，使基层治理工作顺利开展。

（三）创新：善治理论的生动实践

社会矛盾综合治理机制从前瞻治理与控制，到中端处理与化解，再到末端处置与应对，对社会矛盾纠纷实现了从源头到末梢的全链条综合治理。它不仅是我们党长期以来正确处理人民内部矛盾成功经验的总结提炼与创新发展，也是今后系统化解各种矛盾纠纷、扎实维护社会稳定和安全的必然要求。"龙山经验"是永康市的一次伟大实践，是基层党建和社会治理有机结合的一次成功实践，是推动建立矛盾纠纷化解多元机制和分层过滤体系的一次重要坚持。总结其经验，主要有以下几点。

1. 坚持党的领导

党的领导是中国特色社会主义最本质的特征，也是中国特色社会主义制度的最大优势。坚持党对一切工作的领导，充分发挥集中力量办大事的政治优势、制度优势，是各项事业取得成功的最根本保障。要善于将党的领导和我国社会主义制度优势转化为社会治理效能。要把党组织建设好，以提升组织力为重点，突出政治功能，把基层党组织建成宣传党的主张、贯彻党的决定、领导基层治理、团结动员群众、推动改革发展的坚强战斗堡垒。党的十九届四中全会强调全力推进国家治理体系与治理能力现代化，浙江省提出"最多跑一次"改革，并将"最多跑一次"引入社会治理领域。永康市充分重视基层矛盾化解，多元化解矛盾，建立党员网格治理模式，促进建立网格调解机制，充分发挥党员先锋模范作用。不仅如此，永康市还探索了党员、村干部、村民代表"三支队伍"同质化管理的新路子。通过制定完善量化积分管理、权责统一办法、镇村"红黑榜"等措施，把矛盾纠纷排查、信访维稳等工作压实到每个支部、每个网格、每名党员干部、每位村民代表，推动"三支队伍"实现政治同心、体系同管、权责同担、实绩同量、结果同用。在此基础上，党的统领各方的作用就显得尤为重要，将基层党组织放在矛盾多元化解第一线。

2. 社会治理主体多元化

党的十九大提出要构建共建共治共享的社会治理格局，多方主体参与矛盾纠纷化解也是"龙山经验"的一处成功经验。对于新时代，社会矛盾构成更加复杂，处理难度增大，对各方面的影响也日益加深，因此社会治理需要解决的问题需要党委、政府、社会、公众携手形成社会治理共同体。不仅仅是司法部门，而是要社会各界积极参与，政府治理与居民自治有机结合，自治法治德治三治融合，密切联系群众，团结一切力量，调动一切积极因素，构建"党员＋网格"治理模式，坚持社会治理优先，而不是依赖司法诉讼。建立健全基层司法机关、基层党组织与社会调解组织之间的衔接机制，联合各方调解组织，利用各方调解资源，内外联动，条块结合，过关齐下。

3. 矛盾纠纷多元化解

随着社会的发展，矛盾纠纷问题随之而来，诉讼现象日益增多，而原有的单一的只依靠法院的调解机构或者法官的调解模式显然不能够满足公众的司法需求。构建矛盾纠纷多元化解机制，一方面可以减少群众诉讼成本，另一方面又能够最大限度减少进入法院的案件数量，解决永康市曾经出现的"案多人少"的矛盾。"龙山经验"不只是着眼于司法调解，还加强了各种调解方式，如人民调解、行政调解、信访调解的联动,有效整合利用各方资源,积极推动构建"分层调解、联合调解、在线调解"多元化纠纷调解体系。通过"今日我当值"等活动有效提高基层纠纷解决能力,让群众真实地参与到社会治理当中去。经过多方努力,"党建引领—网格初调—多元化解中心分流—联合调解—法庭兜底"的运作模式日渐完善,实现了纠纷下降、信访下降、社会综合治理能力增强的良性循环,龙山法庭调解案件的平均可调撤率达 88.19%。

4. 社会治理理念创新

理念是实践的先导,浙江省"最多跑一次"的提出为地方基层治理提供了明确的方向指引。永康市充分运用互联网、大数据等新技术,打造在线矛盾纠纷多元化解平台、"大数据＋人民调解"模式,不断提升对矛盾纠纷的预防、研判与化解能力,着力提高解决矛盾纠纷的实效。作为浙江省 10 个试点地区之一,永康市先行上线运行"在线矛盾纠纷多元化解平台",以往需要到法院当庭解决的纠纷案件,现在只需通过手机或电脑登录"在线矛盾纠纷多元化解平台",就可以进行处理。这是在矛盾纠纷化解领域推进"最多跑一次"改革的进一步深化。

二、推广"浦江经验",加大领导下访和诉源治理力度

在我国治理话语体系中,信访是我党一项具有中国特色的制度创新。作为体现社情民意与基层社会治理状况的"晴雨表",信访发挥着"了解民情、集中民智、维护民利、凝聚民心"的重要功能。习近平同志历来十分重视信访工作,并亲自推动了信访体制机制的创新。深入阐述领导下访制度的独特价值、创新特征和长效机制,对于进一步探索和创新基层社会治理经验,加强和改进新时代信访工作,仍然具有十分重要的实践价值和理论意义。

(一)深刻领会领导下访制度的独特价值

习近平同志倡导和实践的"领导下访制度",目的是做到"领导多

下访,群众少上访"。这是我国信访体制机制的重要创新,是一项"一举多得的有益创举"。

第一,从政治维度看,信访工作是一项涉及全局的重要政治工作,关系到党的群众基础和执政根基。领导下访作为密切党群干群关系的制度载体,有利于夯实党的群众基础、巩固基层政权的建设、改进领导作风和能力建设。一是有利于夯实党的群众基础。信访工作是各级党委、政府同人民群众联系最密切、最直接、最具体的一项工作。这项工作做得好不好,关系到巩固党的执政基础和扩大党的群众基础这一政治问题,关系到党始终保持同人民群众的血肉联系这一核心问题,关系到维护改革发展稳定大局,保证国家长治久安这一重大问题。二是有利于巩固党的执政基础。基层是社会的细胞,也是社会稳定的基础。信访工作要到位,必须重心下移、关口前置,将利益冲突和社会矛盾化解在基层、消除在萌芽状态,以期进一步巩固党的执政基础。三是有利于改进领导作风和能力建设。"实践证明,领导干部下访不仅有利于检查指导基层工作,还有利于促进基层工作的开展和落实;不仅有利于为群众解决实际问题,还有利于培养干部执政为民的思想作风;不仅有利于及时处理群众反映的突出问题,还有利于密切党群干群关系;不仅有利于向群众宣传党的路线方针政策,还有利于培养干部把握全局、处理复杂问题的能力。"[①]

第二,从价值维度看,重视基层信访工作特别是领导下访接待群众制度,是贯彻"以人民为中心的发展观"的具体体现和本质要求。领导下访工作制度是一项"知民情、解民忧、纾民怨、暖民心"的民生工程,发挥着"了解民情、集中民智、维护民利、凝聚民心"的重要功能:一是有利于"了解民情"。信访作为沟通民情的重要窗口,是反映社情民意的晴雨表,信访中反映的问题是人民群众呼声和愿望的真实体现,

---

① 习近平:《干在实处　走在前列——推进浙江新发展的思考与实践》,中共中央党校出版社2006年版,第547页。

有助于对社情民意新动向、新特点的分析研判。二是有利于"集中民智"。群众的实践中蕴藏着巨大的智慧和力量，领导下访就是一个问计于民、集思广益、汇聚智慧的过程。三是有利于"维护民利"。"治国有常，利民为本。"民生是人民最关心、最直接、最现实的利益问题，群众来信来访反映的问题，绝大多数都与自身的利益密切相关，领导下访的关键就是为群众排忧解难、化解矛盾，有效维护群众利益。四是有利于"凝聚民心"。"信访工作的首义，在于时刻把自己看成人民中的一员，把心贴近人民。"①只有这样，才能真正做到"于细微处取信于民"。

第三，从实践维度看，浙江的信访工作机制，还具有重要的借鉴意义和推广价值。"春江水暖鸭先知。"浙江是改革开放的先行地、习近平新时代中国特色社会主义思想的重要萌发地，具有独特的时空特征和窗口效应。由于地处改革开放前沿，市场取向的改革起步早，经济社会发展具有先发优势，由利益格局深度调整而导致的各种社会矛盾和问题的产生也带有先兆性，往往全国其他一些地方还没有暴露出来，浙江已经有所反映，其中一些深层次的矛盾和问题通过信访渠道反映出来。因此，领导下访制度从浦江的破题到浙江全省的实践，再到全国范围的推广，不仅对加快浙江的改革和发展具有重要意义，而且也为全国信访工作助力国家治理现代化提供了浙江样本和经验。

（二）积极探索领导下访制度的创新特征

金华在积极探索和创新实践中，形成了一整套完整的领导下访工作的基本范式、流程和步骤。按照先后的顺序分别是："直面矛盾，精心选点"，即选择具有代表性和示范性的下访点；"安民告示，广而告之"，通过当地新闻媒体向社会和群众广而告之；"组织协调，合力办公"，充分调动并形成包括党政领导、职能部门和司法专家在内的各级

---

① 习近平：《摆脱贫困》，福建人民出版社2014年版，第60页。

各部门的工作合力;"落实责任,追求实效",力戒有作无成、有始无终;"积极宣传,做通思想",对来访群众动之以情、晓之以理、明之以法。可见,领导下访作为一项重要的制度创新,有着鲜明的创新特征。在习近平同志看来,"变群众上访为领导下访……是一种思想观念的转变,一种工作思路的创新,一种行之有效的机制,一种发扬民主、体察民情、联系群众的重要渠道"①。这是对领导下访制度创新特征的高度概括。

1. 思想观念的创新

"思想观念"作为一种意识层面的东西,往往随着社会历史条件的变化而变化。变群众上访为领导下访作为一种思想观念的转变与创新,取决于不同时代条件下信访功能和定位的历史变化。

对于中国信访制度功能定位的历史演变,国内绝大多数研究者都把 1951 年政务院《关于处理人民来信和接见人民工作的决定》和毛泽东《必须重视人民的通信》批示,作为当代中国信访制度的历史起点。有研究者从我国改革开放前、后两个阶段来进行比较研究,认为信访工作的思想观念要因时而变,以适应信访功能和定位不断变革的需要。如果说,改革开放前信访工作的功能定位,主要是"充分体现出政权组织'自上而下'的整体化动员",那么,"改革开放之后,应对'自下而上'的表达,动员传统逐渐失效,而新的规范尚未建立",因而新时期的信访工作"难以统合'自下而上'的分化、复杂、不确定的社会表达,逐渐让位于维护社会稳定的被动性举措"。这就是说,"在革命政权建构和新中国成立初期,信访治理以'自上而下'动员为主,而到改革开放之后,信访治理开始演变为被动应对'自下而上'的表达"。② 概言之,信访工作的功能定位,从原先政府"自上而下"的社会动员为主,转化为"自下而上"的群众性利益诉求为主;从政府主动调查、发动群众

---

① 习近平:《之江新语》,浙江人民出版社 2007 年版,第 54 页。
② 徐亚清、于水:《论信访的治理之维:断裂的历史与重构的话语》,《湘湖论坛》,2020 年第 1 期。

的功能为主,转化为相对被动的维护社会稳定的功能为主。信访功能定位的历史变化,势必要求我们在思想观念上做出相应的转变。下访制度正是为了适应新形势下信访功能定位的这一历史变革而作出的一种思想观念的转变与创新。

2. 工作思路(方式方法)的创新

思想观念的转变体现在实践活动中,要求信访工作思路和方法的创新。领导下访制度的方法论创新,可以概括为"反弹琵琶法""矛盾动力法""源头治理法"等。

反弹琵琶法——主体角色的互换。这是一种逆向思维的形象化表达,即从问题的相反方向思索,打破思维常规、克服思维定式,而往往能出奇制胜,取得突破性解决问题的方法。领导下访制度,就是通过群众与领导之间的主体角色互换,将"群众上访"改为"领导下访","群众访我"改为"我访群众","民找官"改为"官找民"。它要求领导干部放下身段,把自己作为群众的一员,将心比心、换取真心。这一方法,对于改变领导作风,重塑领导形象,克服官僚主义、形式主义都具有重要意义。

矛盾动力法——化解矛盾于萌芽处。按照唯物辩证法观点,矛盾是事物发展的动力,现实社会中存在的矛盾和问题是实践活动的创新源泉和动力。领导下访必须有强烈的问题意识,深入信访压力突出、社会矛盾集中的地方和基层,善于从众声喧哗的呼声中倾听出时代的声音和把好群众的脉搏,解决好人民群众最关心最直接最现实的利益问题,并努力将矛盾和问题化解在萌芽处,这就是矛盾动力法的精髓。

源头治理法——基层是信访工作的"第一线平台"。"基层是产生信访的源头,也是解决信访问题的主体。"基层之所以是产生信访的源头,一是由于信访是基层民众维权的重要手段。"风起于青蘋之末。"作为信访主体的基层民众,大多是社会上的弱势群体和边缘群体,处于"无权无势"的地位,他们诉求通道少,经常感到"有理无处说",遇事往往会以较为极端的方式来表达他们的诉求。二是因为基层政府没有从源头上处理好群众的诉求，导致信访、上访事件的产生乃至激化。大量的涉法涉诉信访事件表明，越级上访、重复上访、群体上访等事件的出现，往往与基层政府信访工作不力、不公，甚至处置错误有关。

3. 治理机制的创新

要构建领导下访的体制机制，须遵循快捷性、合法性、有效性、科学性等基本原则："快捷性"是指从实践上减少一切中间传导环节，减轻群众上访旅途奔波之苦，降低因群众上访造成的经济和时间成本，更为快捷地为群众解决问题；"合法性"是指遵循法律规则和法定程序，以法治思维和法治方式来化解社会矛盾和冲突；"有效性"是指要能真正化解矛盾、解决问题，克服和避免形式主义、做表面文章；"科学性"是指要更好地从理论上探索和总结信访工作的成功经验和发展规律。

如果按照"利益引导—政策导向—综合施策"的序列来展开机制构建的话，主要有：第一，着眼于社会民众层面的"利益引导"机制。包括：拓宽畅通群众利益诉求与民意表达机制；奖善罚恶的利益评价与奖惩机制；健全的利益补偿与利益救助机制等。第二，着眼于国家政府层面的"政策导向"机制。包括：健全矛盾纠纷排查与化解机制；完善信访信息研判与风险预警评估机制；落实诉讼和信访分离、初信首访处置、司法救助、第三方参与等处置机制；推行目标管理考核与案件报结销号机制；信访政策法规宣传教育和舆论引导机制；探索诉求代理、网上代办机制；健全和完善信访工作考核、评价和责任追究机制等。第三，着眼于社会与国家互动层面的"综合施策"机制。包括：运用法律—政策—经济—行政等手段、教育—调解—疏导等办法多措并举机制；建立跨单位、跨乡镇、跨系统（纪检、信访、司法）多元主体协调联动，横向到边、纵向到底的"网格化""大调解"工作机制；通过资源整合打造"信访超市"、探索并建立"最多访一次"工作机制等。

4. 渠道平台的创新

信访特别是领导下访,是民众政治参与、表达诉求和权利救济的重要渠道。它对于进一步畅通与基层群众交流沟通,及时发现信访中的倾向性问题、深化信访工作中的规律性认识,以及弥合社会分化、平衡多元群体利益博弈、提升基层政府公信力等,都具有重要意义。它既是顺应广大民众民主程度提高的客观要求、缓解干群关系矛盾尖锐的时代呼唤、解决上访数量高居不下的实践需要,更是牢记宗旨、心系群众的必然选择。事实上,诸多上访事件的发生就是由群众表达诉求的渠道不畅造成的。因为渠道不畅,群众就会另辟蹊径,通过越级上访、择机上访、集体上访等异常信访方式表现出来;由于渠道不畅,群众的一些利益诉求,包括对社会的一些不满情绪就得不到宣泄,乃至造成政群、干群之间关系的紧张。因此,领导下访制度就是"一种发扬民主、体察民情、联系群众的重要渠道"。

(三)着力建构领导下访制度的长效机制

要做好领导下访接待群众这项工作,必须建设一支可靠的信访队伍,制定一套健全的制度保障,形成和完善下访工作的创新机制。

1. 队伍建设:打造一支忠诚守职的信访工作队伍

信访作为党和政府联系群众的制度载体,信访干部队伍便代表着党和政府的形象。要不断提升信访工作的专业化、法治化、信息化水平,就必须打造一支忠诚职守、业务精良的信访工作队伍。在习近平同志看来,要打造一支忠诚职守的信访工作队伍,应从以下几个方面入手:首先,要解决好领导与群众的关系问题。由于领导在与群众构成的矛盾统一体中处于矛盾的主要方面,因此要明确自身责任,主动工作;要将心比心,换取真心,依靠自身的工作能力、工作业绩和人格魅力,提高在群众中的信任度。其次,要学习和掌握新形势下做好群众工作的业务本领。包括掌握党的方针政策,掌握市场经济知识、科技知识和必要的专业知识,锻炼自己的思维能力、语言表达能力,提高了解社情民情的能力、协调不同群体利益关系的能力、化解人民内部矛盾的能力、做思想政治工作的能力、动员群众的能力、处理突发事件的能力。再次,要注意信访工作的方式方法。主要有:通过发扬民主的方法、办实事好事的方法、思想政治工作的方法、示范引导的方法、组织活动的方法等,来做好群众工作。最后,充分调动广大基层干部做好群众工作的积极性和创造性。要"真正重视、真情关怀、真心爱护广大基层干部,满腔热忱地支持和帮助基层干部做好工作","既要给基层下达'过河'的任务,又要切实指导帮助其解决'桥'和'船'的问题,并尽可能地在人力、物力、财力上向基层作适当倾斜,为基层开展工作创造必要的条件"①。

2. 制度构建:制定出一套健全和规范的制度

由于信访工作的长期性和经常性特点,不能把领导下访仅仅看作以集中解决案子为重点的应急之需和权宜之计,更不是政治作秀,必须建章立制,制定出一套规范有序、行之有效的制度,将信访、接访、上访置于制度化框架中加以解决。

具体可包括:(1)党员干部直接联系群众制度。建立地、县、乡镇三级领导下访制度,把常年接访和定期约访、重点走访和领导下访有机结合起来,形成信访工作上下贯通的网络体系和切实有效的工作机制。(2)健全和完善信访工作考核方式和评价制度。"综合考虑各地区经济社会发展情况、人口数量、地域特点、信访总量、诉求构成、解决问题的质量和效率等因素,合理设置考核项目和指标,不简单以信访数量多少为标准进行考评,推动各地区把工作重点放在预防和解决问题上。坚持量化考核和综合评议、上级评议和群众评议、平时考核和阶段性考核相结合,提高考核的科学性、客观性和可信度。"②(3)建立

---

① 常光民、王传志:《如何做好新形势下的群众工作——访中共浙江省委书记习近平》,《求是》2005 年第 17 期。

② 《中办国办印发〈关于创新群众工作方法解决信访突出问题的意见〉》,《光明日报》2014 年 2 月 26 日。

健全责任追究制度。群众来信来访是折射领导干部作风的一面镜子，对那些损害群众利益、伤害群众感情，对群众疾苦漠不关心、对群众呼声置若罔闻、对群众诉求敷衍塞责、对群众利益麻木不仁的领导干部，要依法追究责任。(4)完善信访联席会议制度。"强化各级信访联席会议综合协调、组织推动、督导落实等职能作用，形成整合资源、解决信访突出问题的工作合力。根据实际需要，及时调整成员单位组成和专项工作小组设置，进一步明确各自职责任务，建立健全相关工作制度，特别注重从政策层面研究解决带有倾向性、普遍性和合理性的突出问题。"①

3. 机制创新：形成不断完善的工作机制

第一，明确责任机制。习近平同志认为，做好信访工作，责任在领导，机制在长效，关键在落实。各地要坚持"分级负责，归口管理""谁主管、谁负责""属地管理"的原则，进一步增强工作的主动性，层层负责，落实责任，党政主要领导要负总责、亲自抓，分管领导要直接负责、具体抓，其他领导要主动配合、密切协作，努力形成党委、政府统一协调、齐抓共管的工作格局。

第二，理清工作流程。下访接访是一项系统工程，完整的流程应包括事前、事中、事后三个环节。其中，"事前环节"具体包括领导下访前的安民告示、接访登记、全面排查摸底等步骤，其目的是为领导下访接访做事先准备，做到心中有数，分类指导，做好预案，统一答复口径；"事中环节"是领导下访的主阵地，与群众的"面对面"，包括引访接访、群众接待、安全维护、现场秩序、政策咨询、工作协调等流程和步骤；"事后环节"具体包括领导下访接访后的梳理汇总、落实督办、检查办结情况等工作。

第三，形成长效机制。这种长效机制包括：一是因地制宜，分类施

---

① 《中办国办印发〈关于创新群众工作方法解决信访突出问题的意见〉》，《光明日报》2014年2月26日。

策机制。对于群众合情合理合法诉求，要尽量做到当场解决或规定解决时限；对于百姓问题与现行政策法规不相符合的，要动之以情、晓之以理、明之以法，疏通情结；对于那些过高要求或无理要求，要理直气壮，依法处理。二是建立健全依法信访和权益保障机制。正确处理好信访与维权的关系：维权是信访的基础，维权的根本出路在法治。以法治构筑民众的维权保障机制，引导民众通过合法程序表达诉求；以法治规范维权的具体行为，使维权处于合法、有序、理性的状态；用法治确定政府权力与公民权益的边界，实现民众权益的最大化，使个人权利诉求与社会和谐的要求之间达到最佳的平衡点。三是多元化矛盾化解机制。综合运用法律、经济、协商、听证等手段；要加强对信访人员的心理疏导、人文关怀，帮助他们调整心态，增强社会适应的能力，进一步提高信访工作的质量和效率。

三、总结"下山脱贫"模式，创建脱贫攻坚县域样本

武义县在实施精准扶贫过程中，以整体搬迁、异地安置为主要方法，注重发挥村级组织的战斗堡垒作用，以高山贫困农民积极参与为主要形式，以政府引导、市场主导、全社会参与为主要手段，以县域经济发展和新农村建设为持久推动力，以脱贫致富、和谐共生为主要目标的反贫困模式，是"中国反贫困战略创新的最佳县域样本"。作为精准扶贫的"县域样本"，其在提升县域治理体系和治理能力现代化，提升民众的幸福感、获得感方面的经验，具有重要的实践意义及推广价值。

（一）"武义下山脱贫工程是一项德政工程、民心工程"

实现全体人民共同富裕是中国特色社会主义的鲜明特征之一。浙江作为改革开放的"先行地"，在脱贫攻坚与新农村建设方面取得了一些经验与成就，为当地百姓生活造就福祉。其中武义地区通过不断实践，探索出易地搬迁、下山脱贫的新路径，使贫困山区农村如何发展

的难题得到解决，同时也为县域贫困地区精准脱贫和乡村振兴提供了新的范本。

在政府的积极宣传与鼓励引导下，下山的村民越来越多。基层干部在其中发挥先锋模范与积极动员的有效作用，切实为百姓生活办实事、谋福利。在此次下山脱贫工作中，接受下山的乡镇和村都做了大量的工作，体现了很高的觉悟。先富帮后富，充分体现了社会主义制度的优越性。武义的经验具有总结推广价值，尤其是东部地区更值得借鉴。

（二）精准扶贫"三步曲"："下得来、稳得住、富得快"

由于武义山区自然环境恶劣、交通不便，村民生活极为困苦。在传统的"输送式"难以解决问题的情况下，20 世纪 90 年代初，武义县贯彻"一进一出、一上一下"的脱贫理念。将引进人才与劳务输出相结合，在引进资金、人才、项目的同时鼓励乡镇私营企业的发展；将空闲劳动力积极地进行劳务输出，鼓励山民外出务工，走出大山开阔眼界。对于环境极其恶劣影响到山民正常生活的深山地区，则采取有秩序引导其搬迁下山的方式。这种"下山扶贫"的新模式，全方位动员政府、社会和人民群众的力量，既体现了我国发挥集中力量办大事的制度优势，又体现了精准有重点地解决深度贫困问题的方法。

第一，通过易地扶贫搬迁、整村推进等专项扶贫方式改善山民基本生活条件。1993 年 7 月，董春法出任武义县扶贫办主任。在多次下访武义村镇后，他总结武义贫困农民生活面临着"七大难"：解决基本温饱难、青年娶妻难、出行交通难、经济发展难、小孩上学老人就医难、居民日常生活饮水用电难、与外界邮电通信难。由于生态条件恶劣，传统扶贫"老办法"在武义已"无用武之地"。在调研中，董主任看到原桃溪滩乡与王尖的徐山自然村自发迁移下山的成效显著，并且具有极强的可推广性。同年，武义县率先在王宅镇紫溪村，柳城畲族镇上天仓、下天仓和西联乡杨梅岗村等情况类似的村镇开展下山脱贫的试点。此举一经推行，取得了很大成效。到 1993 年底，已经有 4 个行政村包括 19 个自然村在内的 379 户 1401 人搬迁下山，紫溪村成为首个武义县下山脱贫村。1994 年，武义县政府颁布《高山、深山农民居住迁移试行办法》，开启了深山农民下山脱贫的"德政工程"的序幕。当时采用的模式是：有意搬迁的村与郊区村、平原村等一对一进行对接，约定安置地块价格、配套耕地面积等，再由山民募集资金出资购买土地，政府相关部门扶持推进下山搬迁，实现就近、集聚安置，改变恶劣的生存环境。

第二，通过发展特色产业、开展科技扶贫、完善基础设施、重视生态环境建设等行业扶贫方式巩固脱贫成果。经过多年努力，截至 2015 年底，全县已有 423 个自然村 5 万多村民实现了下山脱贫。此时新的问题又出现了，下山后的村民居住环境质量、基础配套设施等问题亟待进一步解决。时任浙江省委书记车俊在多次走访武义后谈道："要着力做好下山脱贫的后半篇文章，对搬迁下山村庄加强规划，突出一村一特色，切实把生态资本转化为发展资本，让农民'下得来、稳得住、富得快'。"①

2018 年，武义县政府出台《关于精准扶贫推进低收入农户增收实施意见》《关于切实解决下山脱贫遗留问题的意见》等政策性文件 6 个。提出"工业强县、开放兴县、生态立县"三大战略。将土地用于建立工业开发区并出台配套优惠政策，得到了企业积极的响应。政策推行后的两年，超过 500 家的企业落户武义县。在产业选择上，结合"生态立县"和十二条农业产业带建设，武义县因地制宜引导农民种植茶叶和发展蚕桑等产业。打造更具特色的绿色产业，调动原山区的闲置资源以开发绿色产业；在布局规划上，政府将分散的企业统一集中到工业园区。分别形成了五金机械、旅游休闲用品、印刷包装、文教用品等几大生产基地。经济效益得到满足的同时，山民收入得到不断增

---

① 《车俊在永康武义调研时强调　以大抓落实推动高质量发展》，《浙江日报》2018 年 5 月 31 日。

加。人民生活水平得到提高,日子也越过越好。同时,退宅还林后自然生态得到极大的修复和保护,森林覆盖率连年攀升,越来越多的地面水达到Ⅱ类水质标准。

在基础设施的建设上,对4个集中安置小区两乱整治项目协调和验收,完成4个集中安置小区提升改造工程资金安排。对东溪、黄龙2个下山脱贫安置小区实施基础设施提升改造工程。县委、县政府始终把扶贫工作作为重中之重工作来抓。"好日子是用汗水干出来的",抓住机遇和支点才能发挥最大效益。截至2020年底,武义全县建成的下山脱贫小区(点),主要集中在城郊、乡镇政府所在地、中心村以及工业功能区附近,全县下山劳动力转产率达到了82%,下山农户人均年收入增长了70多倍。①

未来,武义县将继续鼓励乡村农民集中到城里来。通过振兴城市实现兴城共富,带动城乡居民共同富裕。将生活在高山、深山的山民,居住地、身份、职业全部换,生产生活一起转,一步到位变市民。截至2020年底,全县已有涉及18个行政村、37个自然村、1492户、4003人口达成整村搬迁意向,其中21个自然村整村搬迁率达100%。当地人力社保局等部门也通过一些有针对性的活动,组织开展高素质农民培训以及就业专场推介会,优先安排搬迁农民就业,确保搬迁农户搬得下、稳得住、有保障,实现整治与搬迁同步、搬迁与富民并重。"新时期要有兴城共富的观念,与下山脱贫3.0版本一脉相承,做的事情没有变,还是下山进城,把城市做大,让进城的人富起来,让留在原地的人也能富起来。"②

第三,通过加强定点扶贫、动员企业和社会各界参与等社会扶贫方式促进人民增收。政府主导不意味着政府包办。在"下山脱贫"过程中,政府搭建桥梁帮助山民将现有资源转化为财富。山民下山后靠

---

① 蒋文龙、李增炜、朱跃军:《浙江武义:"下山脱贫"再升级》,中国农网,2021年3月8日,http://farmer.com.cn/2021/02/22/wap_99865753.html。

② 《武义:从下山脱贫到兴城共富》,《金华日报》2021年3月8日。

学手艺、学本领找工作。政府不是管家婆，下山后的山民要转变老旧观念以适应市场，并依托市场经济求生活求发展。此时政府的职能由前期下山安置时运用行政手段直接领导包办，转向运用市场机制间接引导山民自主经营、自我脱贫。只有这种方式才能使山民从根本上脱贫致富。传统的"输血"式扶贫模式，除了受山里严酷的自然条件的限制，还有一个很重要的失败原因，就是缺乏市场机制对主体（山民）的激活功能。

武义县的"下山脱贫"发挥了政府和市场的双重作用，使贫困户摆脱贫困。搬下山的农民的新"根据地"均按照社会主义新农村的标准进行建设，远远超出了搬迁前的生活标准。并且由于一些企业支持，更多的农民有了新的就业机会。随着部分地区产业的转移与升级，一部分农民由农村农民转变为城镇居民。武义县的经济水平持续上涨，全县生产总值由 1949 年的 1419 万元增长到 2021 年的 271.33 亿元，足足增长了 1912 倍。武义县"下山脱贫"的新模式，解决了以往传统"输血造血"式扶贫无法发挥市场活力的难题，实现了政府和市场在下山脱贫工程中的有机结合，在政府领导的同时给予市场充分发挥作用的空间。

"下得来、稳得住、富得快"作为下山搬迁精准扶贫的重要三步，集中体现了为人民服务、对人民负责，全心全意为百姓谋福利的理念。其中，易地扶贫搬迁、整村推进等专项扶贫方式是改善山民基本生活条件的前导；运用发展特色产业、完善基础设施等方式巩固脱贫成果则是三部曲的核心，"稳得住"下山脱贫成果，是保证百姓福祉的核心所在。

（三）反贫困战略县域样本的创新机制

"八八战略"旨在指明未来发展的方向。其中"进一步发挥浙江的城乡协调发展优势，统筹城乡经济社会发展，加快推进城乡一体化"是"八八战略"的重点内容之一。

武义县"下山脱贫三部曲"充分发挥了人民群众勤劳协作、自强不息的精神，表达了对美好生活的向往。这都体现在"下乡脱贫"所产生的前所未有的创造力上，在解决下山群众生活的同时又促进了社会发展，加强了对生态环境的保护，营造了优势互补、区域协调发展的全新格局。这种模式被国内外专家学者称为"中国反贫困战略创新的最佳县域样本"。这种模式的成功实践不仅是武义地区人民的文化财富，也是中国乃至全人类脱贫的精神力量。这不仅体现了人与自然和谐相处的科学内涵，更是对实事求是理论的成功实践。

四、构建农村居家养老"金东模式"，完善社会养老服务体系

人都会老，谁来养老？我国是世界上老年人口数量最多的大国，当前养老问题正在成为社会关注的焦点，其中农村养老问题最为突出。满足数量庞大的老年群众多方面需求、妥善解决人口老龄化带来的社会问题，事关国家发展全局，事关百姓福祉。为民谋利是多方面的，一切群众生产生活中的问题，领导干部都要一一放在心上，及时帮助解决，尤其要注重解决困难群体的实际困难。近年来，习近平总书记的一系列指示在金东区全面落实，随着"居家养老"模式的推行，"空巢"逐渐转变为"暖巢"，城乡社区居家养老服务基本实现全覆盖。

（一）未富先老、未备先老、精神养老，催生养老模式创新

老人是一个家庭的重要部分，家庭是社会的细胞，给老人健康幸福快乐的晚年生活提供保障，很大程度上能让家庭安居乐业、社会和谐稳定。同时，老人也是社会建设的重要力量，不仅相关老龄产业市场前景巨大，而且在乡风文明、家风传承等领域，老人都能发挥出正向的积极促进作用。关心关爱老龄群体，可以更好地促进农村社会的安定和谐，凝聚社会的正能量。我们党和国家历来高度重视老龄工作。2019 年 5 月，国务院办公厅发布《关于推进养老服务发展的意见》，提

出确保到 2022 年在保障人人享有基本养老服务的基础上，切实满足老年人多样化、多层次的养老服务需求，确保老年人及其子女获得感、幸福感、安全感显著提高。这不仅指出了当前我国社会养老服务发展的重要目标，更是明确了政府对亿万城乡居民养老问题的承诺与责任。

金东区地处浙江中部的金衢盆地，是金华主城区发展建设的核心板块，也是金华城市发展中最年轻的"活力新区"和"魅力新城"。在"浙江之心"这一区位优势引领下，农村老人的子女为了寻求更好的就业机会，普遍选择离村就业，一些条件成熟的子女还可以把老人带在身边赡养，但大部分年轻人还没有达到这样的条件而只能将老人留在村中，这些家庭的老人就成了"空巢"老人。"空巢"老人赡养问题成为金东区社会发展所面临的一大难题。其原因主要包括：(1)未富先老。40 多年的改革开放下，我国经济高速增长，成就了"中国奇迹"。然而，我国人口平均年龄的增长水平却高于发达国家同期增长水平。发达国家经济发展与老龄化同步，而中国是在尚未实现现代化、经济还不发达的情况下提前进入老龄社会，可谓"未富先老"。应对人口老龄化的顶层设计和战略规划滞后，政府、市场、社会多元主体共同应对人口老龄化的体制尚未形成，养老保障和医疗保障水平还比较低，农村老龄事业发展明显滞后。而且随着时间的推移，农村老人基数还将不断扩大，"空巢"现象将会越来越突出。因此让老人老有所依、老有所安，这已不仅是必须面对的社会热点，更是事关农民群众美好生活新需要的民生重点，加快解决"谁来养老"的问题，既是政府的责任，也是政府执政能力的重大考验。(2)未备先老。从家庭养老方式来看，"养儿防老"的家庭赡养模式一直是国人传统思维方式下的主流选择。但社会发展到今天，年轻人大都为了工作和事业而"远走高飞"，"空巢"成了现代家庭中的一种普遍状态。因此，家庭赡养模式存在"趋弱化，难为继"的问题，这在农村人口基数庞大的金东区情况则更为突出。从机构养老方式来看，与每年不断增大的老年人口基数相比，养老机构的建设普遍存在着投入大、见效晚、覆盖难的问题。中国老龄化趋势不可阻挡，而养老服务体系却滞后于养老服务需求，可谓"未备先老"。(3)要"物质养老"更要"精神养老"。金东人民经济上较为富裕，全区户籍人口的人均 GDP 在 2018 年超过 6 万元，但养老不应仅局限于解决老人物质层面问题，更应涵盖为老年人构建精神家园的内容。因此，金东区的养老还面临着做到兼顾"物质养老"和"精神养老"的挑战。

(二)"统分结合"居家养老模式的实践探索

一般而言，养老包括四个方面：居住方式、经济供养、日常照顾和精神慰藉，它们共同构成一种养老方式。养老资源的组合方式不同，养老方式也就不同，一般有三种模式：家庭养老、社会养老和社区养老。传统"家庭养老"中，老人居住在家，经济供养、日常照顾由子女提供，老人在代际交流中享受天伦之乐，获得精神慰藉，它是一种把养老的各方面集中于家庭内部的养老方式，是一种家庭内部养老资源的组合方式。"社会养老"一般采用老人集中居住的方式，由国家提供经济供养，日常照顾通过社会化管理来实现。"社区养老"是由所在社区的集体经济提供经济供养，由社区通过集中居住和社会化管理给予区域内符合条件的老年人以日常照顾的养老方式。后两种方式的共同之处在于，在养老对象的居住方式上都为集中居住，在经济供养上都坚持以社会供养或国家供养为主，在日常照顾方面都采取社会化运作的方式，但有一个共同的缺点，即缺乏情感交流和精神慰藉。

金东区"统分结合"居家养老模式的独特之处在于，它采取"家庭供养＋居住在家＋社区服务"的局部社会化养老方式，其中家庭供养是核心，社区服务是关键，居住在家是表现形式。这种养老模式的运作方式是：老年人居住在自己的家中，同时享受社区提供的专业化服务，是一种以上门服务和社区日托为主要形式，以生活照料、医疗护理、精神慰藉等服务为内容，并为老年人解决日常生活困难的养老服务模式。这种养老模式能让老年人在自己所熟悉的环境中生活并接受社区的各项专业化服务，使老人充分享受到家庭的温暖，利于老年人的身心健康，并能充分利用社区资源和家庭资源解决养老问题，减轻政府负担。目前该种养老模式越来越受到老年人与社会的欢迎。金东模式的特点主要体现为"统分结合"：在服务功能上，采取"日间统一照料、夜间分散居住"相结合；在布局运营上，实行"中心较大村统一布点、边缘较小村分餐配送"相结合。

事实上，发展金东区的养老事业，到底是在乡镇建敬老院，还是引导"家庭赡养"，金东区党委政府对此曾做过深入思考。"养儿家庭养老"看似是一个不错的解决方案，但现实是农村大量年轻人进城打工，迫于岗位的竞争压力，忙于工作和事业，无暇照顾老人，同时家庭规模缩小，照顾老人的日常生活、精神慰藉特别是对健康不佳的老人的照料护理力不从心。"空巢"现象在农村已逐渐成为一种普遍状态，因此，引导"家庭赡养"方式不具有普遍的适应性。对于新建敬老院这一选择，金东区委、区政府算了一笔账，如果新建一家容纳 50 多人的敬老院，一次性建设投入需 500 万元左右，用地 10 亩至 20 亩。这不仅耗资巨大、用时长久，而且享受服务的老人也相对较少。2012 年以来，金东区立足现状，试点探索农村居家养老服务工作，为老年人提供便捷、实惠、经济的就餐、医疗、家政、文体活动等养老服务，有效缓解养老压力。居家养老试点建起来之后，针对如何保证现有中心正常运行和待建中心可持续发展，以及如何让老人吃得好，更享受到舒心的服务这些后续问题，金东区摸索出"五个一点"筹资方式，即上级拨一点、财政补一点、镇村贴一点、社会捐一点、个人付一点。

农村居家养老服务的"金东模式"，具有多方面的意义：它弥补了"家庭养老"之不足，满足了"空巢"和独居老人的基本生活需求；它填补了机构养老"覆盖小、受众少"的缺陷，扩大受众范围，实现广泛覆盖；它还有效缓解了政府财政的压力，实现了资源的有效利用和养老服务的持续运转。

（三）多元主体协同参与农村居家养老服务的"金东模式"

新时代人们对美好生活的追求已经成为普遍趋势，老年人个性化和人性化的养老需求理应受到家庭和社会的重视。反之，家庭养老的缺失以及功能的不足，如若没有得到社会的及时跟进和补充，必然会给社会公序良俗的维持带来负面影响。金东区的居家养老模式就是把社会力量和家庭养老相结合的成功案例。由于它花钱少、收益广、影响大、口碑好，迅速在全国范围内得到认可和关注，2014 年被评为中国养老模式十佳典型、2015 年被评为全国民生示范工程、2018 年被评为金华市改革开放 40 周年"改革十大典型案例"。央视新闻联播、浙江日报等国内主流媒体相继进行了专题报道，认为这一模式具有普适性和可操作性。

（四）经验启示

论其"走红"原因，就是金东区在习近平新时代中国特色社会主义思想指引下，探索走出了一条"中国式"养老道路。这项工作开展以来，金东区不断深化居家养老服务中心建设管理，广泛动员全社会力量，最终呈现出的居家养老服务效能和布局，不仅深受全区广大老年人的欢迎，更是得到了社会群众的广泛赞誉，凝聚了社会向善的正能量，形成了全社会关爱老年人的浓厚氛围，促进了农村社会的安定和谐。从"空巢"到"暖巢"，回顾金东区"统分结合"居家养老模式的探索实践，主要有三个方面的经验启示值得总结借鉴。

1. 坚持以人民为中心的发展思想

坚持以人民为中心的发展思想，把人民对美好生活的向往作为我们的奋斗目标。富裕和安定是人民群众的根本利益，富民和安民是各级党组织和干部的政治责任。金东区"统分结合"居家养老模式的探索实践充分围绕"群众想什么，我们就干什么"，将以人民为中心的发展思想贯穿于工作的各个环节。探其发源，由金东区赤松镇山口冯村群众首创，来自人民群众对美好生活的向往；观其发扬，在于金东区委、区政府将之作为民生实事来抓;视其发展,系因充分尊重、不断满足群众的需要。这一探索,是建立在为了人民,依靠人民,发挥广大人民群众的积极性和创造性上的。

2. 坚持党委统领、政府主导和社会多元参与相结合

党委统领,全面发力。在推进居家养老服务工作从铺开到全覆盖、从运作到长效运行的过程中,金东区充分发挥各级党委的领导核心作用,将此项工作列入党委重要议事和工作日程。区委主要领导多次点题、调研,统筹部门联合推进,形成权责明晰、奖惩分明、分工负责、齐抓共管的工作机制。金东区强化效果导向、问题导向,以"统分结合"为工作推进重点,制定规章标准、引进专业团队,为全区居家养老工作的复制扩散、长效发展夯实了基础。

政府主导,凝聚合力。金东居家养老的探索,由点到面、由单一到丰富,由简陋到完善,不断引导社会力量、市场力量进入,直到最后形成金东经验,离不开党委政府的因势利导、有力推动。居家养老是个大工程,全部都由政府财政兜底必然难以为继。金东区算好工作开展的"最大公约数"和"最小公倍数"。一方面,为广大人民群众带来实实在在的实惠,让人民群众有更多获得感;另一方面,凝聚起方方面面参与改革的力量,特别是大力培育和规范社会组织,让更多的社会力量和人民群众参与改革,形成社会各界全面加入居家养老工作的"大合唱"。通过激发传统道德中敬老爱老意识的回归,用道德感、荣誉感充分调动社会各界参与居家养老事业的积极性,既推动了养老事业发展,也促进了社会的和谐稳定。金东区还打造出好的政策、平台,动员市场、志愿者等力量参与到居家养老服务工作中,有效地帮助解决资金难题。

第三节　社会建设金华实践的经验与启示

社会建设关乎和谐稳定、关乎人民福祉。在"八八战略"的指引下,金华市将建设市域社会治理示范市、创建共同富裕新家园,作为加强和创新社会治理、保障和改善民生水平的目标导向。总结社会建设方面金华实践的经验智慧,对于打造共建共治共享的社会治理格局、实现全体人民共享发展成果,具有重要的理论意义、实践意义及推广价值。

一、让制度优势转化为市域治理效能

(一)突出党委的领导核心地位,作为领风者,发挥好引航掌舵、宏观运筹的关键作用

金华"后陈经验""浦江经验""龙山经验"三大经验的出场、完善无不依托于党委的坚强领导与整体统筹。因此,始终坚持党委的领导核心地位,发挥党委的"定盘星"作用,确保不偏离正确的发展航道,具有纲举目张的决定性意义。由习近平亲自定调把关、多次批示指示的"后陈经验"将基层党建在基层社会治理中所发挥的基础性支援作用擢升到整体社会治理的谱系中。"浦江经验"同样自诞生之日起便内蕴着党委统领的积极因子,在随后的实施、发展过程中强调顶层设计与强化党统一领导的重要作用。"龙山经验"沿循着同样的治理逻辑,将基层党组织变为化解多元矛盾的关键调节器。"三大经验"皆雄辩地证明了唯有真正坚持党委的领导核心地位,才能使政策、经验不是徒托空言,才能摆脱观念中的消极运思,实现落地生根。

（二）突出人民群众首创精神，作为主人公，激发人民群众社会治理参与的能动性与创新性

"后陈经验"的形成和发展表征着正是群众对自身利益的深度关切、对社会治理意识的高度自觉、对监督权有效行使的谙熟和对规范用权及合法治村的实践探索，才使得基层群众的首创精神得以彰显。"浦江经验"同样是人民首创精神的体现，无论是在全省范围内首创的民情民访代办制，抑或是首接首办责任制都内蕴着群众的首创精神。而谁能想到，"两堵围墙"所引发的纠纷成了大调解机制建成的肇始，为"龙山经验"的出场奠定了基础，大调解中心的构筑推翻了历史遗留的"围墙"，在党委、政府和法庭等多方协作下，无讼文化破圈，特约调解员入场，纠纷化解大本营建立，一线网格密织，"三支队伍"齐登场发力，实现了强整合、聚合力的新治理面貌。

（三）突出治理办法追本溯源，从问题"源头"入手，破解末端疑难病症

"三大经验"都是在矛盾纠纷的倒逼下产生的，在经历长期"一波未平，一波又起，一事未平，一事已至"的问题后，金华市开始着力于源头治理，牢牢把握问题解决的先手权与主动权，将事后监督转向事前、事中、事后的全程监督，从单项走向多项，从单面走向全面。

（四）突出监督的"异体"方案，破解同体监督的缩手缩脚

同体监督是作为行政系统内部框架中的监督方式而在场生效，是上下左右之间及专门监督之间共同组成的多维监督链条，通常包括同一行政系统内的上下级监督和同一行政层级的左右监督。而作为重要补充的异体监督是指来自行政系统外部的第三方与监督对象间的监督体系，通常包括社会的监督、第三方的监督、百姓的监督等。

"后陈经验"通过借助异体监督来解决村委会"既当运动员又当裁判员"的问题。从前村务管理并无相对独立的监督机构来执行监督职能，所谓理财小组实质上还是由村两委成员兼任，不过是自己监督自

己。后陈村村务监督委员会的成立有效防止了职能越位、缺位和错位等情况的发生,一改同体监督中"不敢、不愿、不能",瞻前顾后、畏首畏尾的问题,实现了以村务公开代替结果公示,将监督制度真正落实到位。

(五)突出办事的"公开"机制,破解基层权力面的"黑箱操作"与"弄虚作假"

让村务在阳光下运行,让所有村民对村务工作都能够看得见、听得到,这不仅仅是"后陈经验"的立足点,更是"三大经验"得以成功的共同秘籍。"后陈经验"事事强调公开,给群众一个明白,给干部一个安心。在坚持长期公开的同时,约定公开时限,实现时间与空间的双重捕捉。此外,对于那些工作忙,闲暇时间少,文化水平相对较低的村民,后陈村的第一书记提出要利用好党员这一中介桥梁,推行"双反馈"机制——党员一边向群众反馈"三务",一边向党员大会反馈群众建议、意见和要求。此外,借助现代网络终端技术,群众可以通过掌上武义 App 中的"阳光村务"查看各村的党务、村务,随时随地关注本村行政动态。"后陈经验"坚持问题导向,在倒逼机制中不断解决村务监督委员会所产生的新问题。

(六)突出创新系统"集成",借助"智治",以数字化引领发展

创新作为党的十八届五中全会提出的五大理念之首,是未来统领一切工作的关键调节器。而金华市的"三大经验"也建立在众多子创新的集成上,借助集成,实现"经验"效能的最优化。将社会治理加载在数字化、智能化的战车上,不仅是习近平总书记在党的十九大报告中所提出的新思想、新理念,也是信息时代、媒介社会中云计算、大数据急剧发展背景下对基层社会治理转向智能化、数字化发展的必然要求。金华"三大经验"的发展与完善,离不开信息媒介的支撑,离不开对智能化发展大势的精准而敏锐的捕捉。

二、增进人民福祉是一切工作的中心

社会建设与人民生活幸福与社会稳定和谐息息相关、密不可分。习近平同志主政浙江期间,将构建和谐社会,增进人民福祉作为一切工作的出发点和落脚点。坚持以人民为中心,坚持执政为民的理念,不断实现好、维护好、发展好最广大人民的根本利益,做到发展为了人民、发展依靠人民、发展成果由人民共享。

(一)加强社会保障体系建设,实现更加完善的社会保障

社会保障是民生之需,作为直接关系着人民群众最直接、最现实和最切近利益的"保险绳"必须牢固系好。要兜住底线、织好密网,在更大范围内切实做好全民参保,完善覆盖全民、城乡统筹、权责清晰、保障适度、可持续的多层次社会保障体系框架,其中包括社会保险、社会救助等。针对老龄化问题,加快推进职工基本养老保险和商业养老保险制度建设,稳步推动企业年金规模有序扩大,全力推动个人储蓄性养老保险和商业养老保险平稳发展,将最低生活保障动态管理制度覆盖到全面全局全景全时。针对新就业、新创业形式,要及时跟进研究与之相适配的参保方式。针对群众关心的看病问题,要在巩固现有的基本医疗保险制度的基础上,重点做好大病保险,精准落实医疗救助。在住房方面,加快建立多元供给、多渠保障、住购并举的住房制度。

(二)全面加快乡村振兴步伐,推动农业农村优先发展

"三农"问题是全党工作重心,是重中之重。尽管如今我国的农业农村发展已经呈现出翻天覆地的变化,取得了历史性的成就,但是城乡发展不平衡问题依然突出,为实现"两个一百年"奋斗目标和实现全体人民共同富裕的目标,必须更好地加快实施乡村振兴战略,实现城乡均衡普惠发展。实现乡村振兴,人是关键。围绕农业人才振兴,培养、造就和选拔一批有想法、有担当和能担当的新型职业农民、农业先

锋干部和农业职业经理人是重中之重。同时，积极创造有利条件吸引青壮年劳动力重新回到和参与农业农村发展和建设的第一线是必然要求。围绕农业产业经济振兴，积极推进农业经济的高质量发展是题中应有之义。应提高农业的精深加工水平，延长产业链，提升效益。围绕农村土地的"三权"分置改革，探索多种可能形式的土地占补平衡方式，实现农村闲置宅基地的有效利用与变现盘活。围绕文化振兴，发展现代乡村文明。在继承和弘扬中华优秀传统文化的基础上，与时俱进，将社会主义核心价值理念融贯到乡村的血脉中，增进农民的情感认同和扭转农民的行为习惯。围绕生态振兴，推进美丽乡村建设。深化"千村示范、万村整治"工程，扎实推进村容村貌改善、农村垃圾污水治理、厕所革命和农业废弃物资源化利用，大力改善农村人居环境。

创新乡村治理，应加快推进东阳花园村省乡村振兴综合改革试点建设，将其打造成为乡村文明与城市文明高度融合的实践典范。应打造山海协作工程升级版，促进区域协调发展。要尊重广大农民意愿，激发广大农民积极性、主动性、创造性，激活乡村振兴内生动力，让广大农民在乡村振兴中有更多获得感、幸福感、安全感。

（三）推进更充分的就业创业

就业是最大的民生，创业是就业的根基和经济社会发展的不竭源泉。严格实施就业优先政策，各级党委、政府要将就业创业工作当作改善民生、发展经济与保持社会和谐稳定的"压舱石"来抓，围绕着更高质量的就业和更充分的创业来做文章，致力于缓解劳动力供求总量矛盾和劳动力结构性矛盾。应借助创业的引擎来拉动就业的马车，充分发掘好新产业、新业态、新商业模式的创业空间和新型灵活就业增长点，致力于创业服务平台建设。具体来看，其一，紧抓狠抓高校毕业生群体的就业工作，政府应通过以大数据统计预测和分析统筹专业人才的需求状况来充当高校专业教育与市场专业需求之间的桥梁和纽带，以期更好实现高校人才培养与市场需求的匹配。其二，着重解决好农民工群体的就业问题,帮助他们更好地"端牢端住饭碗",致力于多建农民工职业技能培训学校,使知识、技能和创新要素更快更好内蕴于农民工工作的场域中。其三,全面加大对就业困难群体的托底帮扶力度,及时帮助就业困难人员重新上岗,做好兜底保障工作。

(四)打造浙江中西部教育中心

百年大计、教育为本。坚持教育优先发展,促进教育公平,落实立德树人根本任务,建立健全家庭教育与学校教育相协调的机制,提升师资队伍整体素质,帮助学生实现全方位多维度和谐发展。积极实现义务教育优质资源平衡,在普及的基础上,还要注重均衡。着重对义务教育能力薄弱的学校进行改造、整合和补强,提升标准化、现代化新型学校的覆盖率。均衡发展也需要借助新载体新媒介,其中互联网发挥了重要作用。2019年,金华市所有县(市、区)都参与"互联网＋义务教育"中小学结对帮扶工作,160所城乡义务教育学校参与结对帮扶,基本实现帮扶全覆盖。优质教育课程资源实现共建共开共享,城乡结对帮扶后进学校实现管理共进、教学共研、资源共享、信息互通、师生互动、差异互补。进一步建立健全普惠性学前教育和特殊教育、专门教育保障机制,鼓励高中学校多样化、个性化发展。挖掘教育对产业经济发展的正向作用。加大高等教育财政投入,大力支持浙江师范大学、金华职业技术学院、义乌工商职业技术学院等高校进一步发展,争建浙江高等教育高地。

(五)打造浙江中西部医疗中心

积极勾勒城市医联体路线,打造县域医共体深层融合对实现健康金华战略具有行稳致远的支点意义。优化"三医联动""六医统筹"综合性全面改革和现代医院的管理机制体制改革,建立健全多层次医疗卫生服务体系。实现医疗信息统筹集成,推进市域间、市域内医疗机构数据共建共享。引入人工智能、"人工肺"、3D打印技术等新技术,运用计算机导航设备提高手术的精确度与成功率。引入"互联网＋医疗健康"模式,更加便捷服务患者。加大医疗卫生的基础设施建设力度和关键设备投入,加强医学科技教育,做好医疗卫生人才的培养和引入工作。针对老年病患,积极搭建医院、社区最近"信息通道"和医养康养养老服务体系。针对普通民众,更快更好构建兼具普适性和广泛性的"15分钟健身圈",努力实现"健康中国"。

第五章　推进生态建设，
打造美丽金华

　　金华，古称婺州，据《金华府志》，因其"地处金星与婺女两星争华之处"得名。金华素有"历史文化之邦、名人荟萃之地、文风鼎盛之城、山清水秀之乡"的盛誉。2002年至2007年，习近平同志在浙江工作期间高度重视金华的建设和发展，围绕经济建设、政治建设、文化建设、社会建设和生态文明建设等方面作出了系列重要指示，其中关于生态文明建设的相关指示，不仅对"绿水青山就是金山银山"理念的系统形成作出了初步思考，也为金华市生态文明建设指明了方向。

第一节　背景与蓝图

一、"生态富县"在金华的提出

　　马克思主义认识论认为，思想是在实践的基础上对客观存在的反映，正确的思想一旦被群众掌握，就会变成改造社会、改造世界的物质力量。思想的形式，或表现为通过概念的联系反映现象的本质和规律的理论原理，或表现为系列观点综合的理论体系。习近平生态文明思想就是对地方生态实践进行不断的经验总结、将系列生态观点和理论进行系统化和不断升华而最终形成的。

习近平同志在浙江省工作期间,干在实处、走在前列,对推进浙江新发展进行不断思考与实践,不仅关心浙江省经济社会发展,而且关心生态环境问题。在对浙江省生态实践和思考中,习近平阐述了系列生态观点和生态理论,其中有许多观点是在对金华市地方生态实践考察中提出来的。

隶属于浙江省金华市的磐安县,地处浙江中部,以良好的生态环境闻名遐迩。磐安有"群山之祖、诸水之源"的美誉,作为雁荡山、会稽群山发脉处,钱塘、曹娥诸水发源地,磐安肩负着"护浙中一方净土、送下游四江清水"的重任。

20世纪80年代,乌石村还是个不折不扣的"贫困村",村集体经济年收入只有3500元,村民靠种植水稻、番薯、玉米等勉强度日。20年来,乌石村干部群众牢记总书记的嘱托,遵循总书记指引的道路,坚定不移发展旅游经济,农家乐规模得到了空前发展,乌石村建成为"金华市农家乐第一村",完成了从贫困村到小康村的华丽转变。截至2020年10月,全村共有农家乐173家,床位3777张、餐位8375个,80%村民从事农家乐行业,2019年接待游客突破85万人次,旅游综合收入达到1.6亿元,乌石村管头自然村村民人均年收入突破8万元,成了远近闻名的农家乐特色村。[①]

磐安县人民始终牢记习近平同志的嘱托,为筑牢浙中生态屏障、大力发展美丽经济不懈努力。2004年初,磐安县委、县政府适时提出"生态立县、工业强县、旅居兴县"三大战略,成立了生态县建设领导小组,设立了生态办,专门负责生态县创建工作;2006年县委、县政府进一步提出了"三大战略、工业为先"的战略思路,确立了"生态工业、强县之路"的发展方向,磐安在生态县建设征程中迈开了坚实的步伐。

习近平同志对磐安"生态富县"的重要指示精神及其从市域到省域最终到全国的逐步推广,成为生态文明建设"以点带面"、从实践上

---

① 《磐安乌石村:深山小村走出小康之路》,《金华日报》2020年10月22日。

升到理论、从理论上升到思想的发展范例。

二、生态富裕观:生态好是"很高境界的富"

"生态富县"在磐安县的提出和实践,为金华市乃至浙江省的生态建设提供了可资借鉴的样板,也为全国生态富民建设提供了宝贵的参考。如何将当地生态优势转化为惠民富民新增长点,将生态美、生产美、生活美融入生态文明建设全过程,是地方尤其是农村生态建设和经济发展相结合的积极探索。

第一,"生态是可以富县的",说明了生态环境和生态资源条件是"富县"的重要条件。一方面,地方生态资源禀赋优越,为富县提供了优越的基础条件,因此必须十分珍惜和充分利用生态资源优势,更好更快地实现富裕。磐安县有着良好的生态优势和资源禀赋。磐安是著名的中国药材之乡,有全国唯一药用植物国家自然保护区——大盘山国家级自然保护区。2003年6月,习近平在磐安调研视察时就指出中药材是磐安的最大优势,中药材产业是"生态富县"的重要依托。磐安又被誉为"浙中盆景、天然氧吧"。全县森林覆盖率75.4%,境内有南方红豆杉、香果树等国家珍稀保护植物和金钱豹、黑麂等国家一级保护动物。磐安还是中国香菇之乡、中国生态龙井之乡、中国名茶之乡、中国茶文化之乡、中国香榧之乡。另一方面,生态是实现富裕的根本保障,没有良好生态,实现富裕只能是"空中楼阁"或不可能实现的幻想,只有保护好生态环境,才能实现真正的、长久的富裕。保护环境就是保护生产力,改善环境就是发展生产力。2000年,磐安跻身首批国家级生态示范区,恢复和发挥生态环境优势,并将其转化为经济社会发展优势,磐安走了一条以生态促富裕的发展之路。为贯彻落实习近平同志对磐安生态建设的指示精神,磐安县委、县政府采取了一系列有效的措施:一是统一思想认识,全县上下很快达成共识,不能走先污染后治理的老路,而要以生态文明建设倒逼经济转型,以经济转型发展推进生态优化升级；二是以制度机制作保障，如成立县生态工作办公室、编制"生态县建设总体规划"、建立领导干部任期生态问责制、全面落实项目建设环境准入制，开启了磐安生态文明建设的新征程，坚定地走上了生态富县之路。

第二，"生态好不仅可以富县，而且可以让老百姓很富"，实现老百姓的根本富裕。一是生态好的最终目的是解决"为了谁"的问题。"最终达到共同富裕"是社会主义的本质体现，人民群众是富裕的主体，实现广大老百姓的富裕是生态好的最终归宿。二是生态好可以让老百姓在更大程度上实现富裕。富裕不仅是实现经济宽裕、物质富足，还要实现心理满足、精神愉悦的美好生活。据磐安县统计局于2020年5月29日发布的《2019年磐安县国民经济和社会发展统计公报》，2019年，全县实现生产总值（GDP）115.44亿元，按照可比价计算，同比增长6.3%；按户籍人口计算，人均GDP为54270元（按年平均汇率折算为7867美元），同比增长6.5%；按常住人口计算，人均GDP为63603元（按年平均汇率折算为9220美元），同比增长5.6%。三是生态好可以让老百姓实现长久的富裕。20年来，磐安坚定不移地走生态文明永续发展之路，呵护绿水青山的信念从未动摇，落实生态富县发展的战略从未懈怠，经济生态化和生态经济化的脚步从未停歇。如今，绿色成为磐安县域经济发展的亮丽底色，开发、利用和保护县域范围内的生态资源和发挥生态优势得到进一步凸显。在生态环境改善的同时，人们的生活和经济也得到了长足的发展，磐安的经济社会发展证明了习近平同志关于绿色发展、可持续发展这些论述的重要性和正确性。

第三，生态好是"很高境界的富"，说明老百姓富裕了并非只是他们的物质财富和收入增加了，而且他们关于"富裕"的观念、认识、责任的理解"境界"提升了。一是观念"境界"的焕新。1983年磐安复县时，老百姓习惯于"靠山吃山"，造成了森林过度砍伐，"墨林"变成了"没林"，"岗头"变成了"光头"，全县水土流失面积达335平方公里，生态环境遭到严重破坏。1995年，磐安正式启动国家级生态示范区创建工作；1996年，磐安在全省率先摘掉"贫困帽"；1997年，磐安编制出台了全国第一部县级《生态示范区建设规划》；2000年，磐安被正式被命名为全国首批国家级生态示范区，并正式提出实施"生态富县"战略；同年10月，花溪景区正式对外营业，开启了磐安发展生态经济新篇章。二是认识"境界"的提高。生态好是"很高境界的富"，是对"生态富县战略"所蕴含的深刻哲理的形象表达。在唯"GDP"增长为上、唯效率优先的粗放型经济增长模式中，依靠生产要素的大量投入和扩张来实现经济的增长，其中主要依靠大量开采环境资源来拉动经济，依靠高污染、高耗能的企业带动GDP的增长。一段时期内，磐安县也受这种粗放型的方式的巨大影响，呈现出投入高、耗能高、低质量、低产出，以牺牲环境为代价的特征。环境与经济不可兼得的"零和博弈"造成了磐安发展的困境，部分干部群众对生态能否富县产生疑虑。习近平同志在磐安调研时的讲话，为磐安的发展消疑释惑、指明了发展方向，"再走'高投入、高消耗、高污染'的粗放经营老路，国家政策不允许，资源环境不允许，人民群众也不答应"①。三是思想"境界"的提升。思想境界的提升以责任意识和担当精神的确立为主要标志。习近平同志对磐安的嘱托引导全县坚定不移践行绿色发展理念，自觉肩负生态文明建设的时代责任。磐安县政府、各级领导、企业和老百姓认识到，"不重视生态的政府是不清醒的政府，不重视生态的领导是不称职的领导，不重视生态的企业是没有希望的企业，不重视生态的公民不能算是具备现代文明意识的公民"②。从此，磐安县铺展开绿水青山与金山银山相得益彰的美丽画卷。

---

① 习近平：《干在实处　走在前列——推进浙江新发展的思考与实践》，中共中央党校出版社2006年版，第23页。
② 习近平：《干在实处　走在前列——推进浙江新发展的思考与实践》，中共中央党校出版社2006年版，第186页。

三、生态富民与"绿水青山就是金山银山"理念的形成

"绿水青山就是金山银山"理念的形成不是一蹴而就的，而是一个从感性认识上升到理性认识、不断发展不断完善的过程，生动地阐释了生态发展与经济社会之间的良性互动关系。

生态建设和经济社会发展的辩证统一，是习近平同志在浙江省工作期间思考的重大理论和实践问题。对此问题的深入思考，是一个"实践、认识、再实践、再认识"的循环往复过程，也是一个从局部上升到全局，又以全局观照局部过程。习近平同志在金华市磐安县以及在其他县（市、区）调研之后发表的有关生态建设与经济社会发展的相关论述，为"绿水青山就是金山银山"理念的最终形成奠定了基础，尤其在磐安县提出的"生态富裕观"，成为"绿水青山就是金山银山"理念的逻辑架构和重要理论元素，是对富裕问题的独特思考。

从生态富民的角度对生态与经济关系的初步思考，为习近平同志"绿水青山就是金山银山"理念的提出不仅提供了实践素材，也奠定了理论基础。2003 年 8 月 8 日，习近平同志在《浙江日报》"之江新语"专栏发表的《环境保护要靠自觉自为》一文中首次指出："'只要金山银山，不管绿水青山'，只要经济，只重发展，不考虑环境，不考虑长远，'吃了祖宗饭，断了子孙路'而不自知，这是认识的第一阶段；虽然意识到环境的重要性，但只考虑自己的小环境、小家园而不顾他人，以邻为壑，有的甚至将自己的经济利益建立在对他人环境的损害上，这是认识的第二阶段；真正认识到生态问题无边界，认识到人类只有一个地球，地球是我们的共同家园，保护环境是全人类的共同责任，生态建设成为自觉行动，这是认识的第三阶段。"[①]

在浙江安吉余村考察时，习近平同志创造性地提出"绿水青山就

---

① 习近平：《之江新语》，浙江人民出版社 2007 年版，第 13 页。

是金山银山"的科学论断。习近平同志以"绿水青山"和"金山银山"作为形象比喻，理清了生态环境与经济社会发展的辩证关系，把握住了生态发展和经济社会相互协调的规律，为推进生态文明建设、构筑美丽家园指明了方向。2005 年 8 月 24 日，习近平同志在《浙江日报》发表《绿水青山也是金山银山》，进一步强调，"如果能够把这些生态环境优势转化为生态农业、生态工业、生态旅游等生态经济的优势，那么绿水青山也就变成了金山银山。绿水青山可带来金山银山，但金山银山却买不到绿水青山。绿水青山与金山银山既会产生矛盾，又可辩证统一"①。

2006 年 3 月 8 日，习近平同志在中国人民大学演讲时进一步对"绿水青山"和"金山银山"的关系作了更为系统的表述："人们在实践中对这'两座山'之间关系的认识经过了三个阶段：第一个阶段是用绿水青山去换金山银山，不考虑或者很少考虑环境的承载能力，一味索取资源。第二个阶段是既要金山银山，但是也要保住绿水青山，这时候经济发展和资源匮乏、环境恶化之间的矛盾凸显出来，人们意识到环境是我们生存发展的根本，要留得青山在，才能有柴烧。第三个阶段是认识到绿水青山可以源源不断地带来金山银山，绿水青山本身就是金山银山，我们种的常青树就是摇钱树，生态优势变成经济优势，形成了一种浑然一体、和谐统一的关系。这一阶段是一种更高的境界，体现了科学发展观的要求，体现了发展循环经济、建设资源节约型和环境友好型社会的理念。"②

习近平总书记关于"绿水青山就是金山银山"的思想理念，系统论述了加强生态文明建设的价值取向、指导方针、目标任务、工作着力点和制度保障等，蕴含着对人类文明发展经验教训的历史总结，体现着对人类发展意义的深刻思考，其内涵丰富、形象生动，破解了发展中人

---

① 习近平：《之江新语》，浙江人民出版社 2007 年版，第 153 页。
② 习近平：《之江新语》，浙江人民出版社 2007 年版，第 186 页。

对物质利益的追求与人赖以生存的生态环境的关系这一难题，彰显了当代中国共产党人高度的文明自觉和生态自觉，形成了全新的发展理念，为建设美丽中国提供了根本遵循，深刻影响着中国现代化发展的思路和方式，不仅有力地指导了我国经济社会发展与自然环境保护的新实践，而且终将引领中华儿女完成建设美丽中国的战略任务，给子孙留下天蓝、地绿、水净的美好家园，实现中华民族的永续发展。①

纵观"绿水青山就是金山银山"理念的形成与完善，实质上是与"生态富县"——生态好是"很高境界的富"——"生态富民"理论的发展相契合，是对经济发展与环境保护关系的辩证认识和发展升华。"绿水青山"和"金山银山"关系理论的三个阶段论表明，"只要金山银山不要绿水青山"是不可持续的，这种发展模式必须摒弃；"既要金山银山，又要绿水青山"，说明绿水青山和金山银山是相得益彰、相互促进的，不可偏废、相互兼顾的；"绿水青山就是金山银山"则说明生态环境保护和生态资源开发可以实现富裕，并且可以实现"很高境界的富"。而今，金华作为绿色发展先行地、"绿水青山就是金山银山"理念重要萌发地，正以"很高境界的富"为目标、"以坚如磐石"的决心和定力，努力当好践行"绿水青山就是金山银山"理念的模范，擘画"美丽金华"的当代画卷，为推进浙江生态建设和经济社会协调发展提供可资借鉴的经验。

第二节 "美丽金华"的实践与成效

保护生态环境、建设美丽家园，与经济社会发展、实现富裕生活是相互促进的。习近平生态文明思想在金华得到了生动的实践，成为生

---

① 中共中央党校组织编写：《以习近平同志为核心的党中央治国理政新理念新思想新战略》，人民出版社 2017 年版，第 133—134 页。

态文明建设的鲜活样本,为推进浙江省乃至全国生态文明建设提供了榜样性的范例。

一、生态建设新突破:从"全省前列"到"全国首创"

金华市生态文明建设践行实事求是、勇于创新的实践精神,坚持求真务实、勇于创先争优,在许多方面的工作走在浙江省乃至全国的前列,取得了可喜的成就,为"美丽浙江"和"美丽中国"建设提供了示范。

(一)干在实处,走在全省前列

金华市有许多走在浙江省前列的生态建设范例。

1. 生态文明建设示范市数量全省第一

2019 年,金华市正式发布《生态文明建设示范市规划(2018—2025)》(以下简称《规划》),旨在高质量建设宜居、宜业、宜学、宜游、宜养的"浙中大花园"。《规划》目标分为 3 个阶段:到 2020 年,全市生态文明建设取得阶段性成效,建成浙江省生态文明建设示范市要求;到2022 年,达到国家级生态文明建设示范市建设要求;到 2025 年,最终建成以绿色发展为主线,以改善环境质量为核心,以空间结构优化、资源节约利用、生态环境治理为重点,深化体制机制改革,建立系统完整的生态文明制度体系,形成高水平生态文明,为建设美丽"浙中大花园"、高水平全面建成小康社会提供持续动力。生态文明建设示范市建设突出绿色生态系列创建,目前,金华市已有浦江、义乌和磐安三地成功创建国家级生态文明建设示范区,累计创建国家级生态文明建设示范市 3 个,数量全省第一。

2. 在全省率先实现省级园林城市全覆盖

2020 年 7 月,金华市启动金义都市区国家森林城市群建设试点,深入实施"新植千万株珍贵树""一村万树"行动,推进珍贵彩色林带、美丽森林建设,生态建设步伐走在全省前列,实现省级园林城市全覆盖。全市在浙中生态廊道建设中,新建主干流两岸彩色林带70.95公里、彩色林1.18万亩,新增"一区两园"7个。从2017年,金华市积极推进城市绿地规划建设,朝着金华新时代高品质的人居环境和山水生态城市目标不懈努力。现在已经基本建成总量适宜、分布合理、植物多样、景观优美,点、线、面合理组合,乔、灌、花、草有机搭配,城乡一体化的城市绿地系统。

3. 在全省率先实现省级湿地公园县域全覆盖

2017年,为加强自然保护地监督管理,有效保护湿地生态系统,践行"环境立市"发展战略,在全域摸排全市自然保护地基本情况下,金华市启动自然保护地整合优化,积极推进"大花园"建设,提出实现省级湿地公园县域全覆盖目标。经过几年努力,金华市已经在全省率先实现省级湿地公园县域全覆盖,湿地公园与风景名胜区数量均排名全省首位,筑牢城市生态安全基石。

4. 在全省率先出台城镇污水处理设施建设行动方案

2019年,金华市在全省第一个出台了《金华市城镇污水处理设施建设三年攻坚行动方案》,在全市开展城镇污水处理设施建设3年攻坚行动(2019—2021),推进污水处理厂、污水管网和污泥处置设施建设"补短板",到2021年底基本实现"处理能力相适应、清洁排放全改造、收集管网相配套、污泥处置全覆盖"的目标。金华市要求各城市建成区、平原乡镇、工业园区污水处理厂,大力推进污水处理设施建设,确保每个区块污水都有厂处理,应处尽处。着眼当前和今后发展需求,按照"布局合理、区域统筹、资源共享"的原则,谋划新建扩建一批污水处理厂,确保到2021年实现污水处理厂全覆盖。2019—2021年,全市共安排29个污水处理厂新建扩建项目,其中新建2个,日处理规模累计增加4.25万吨;扩建项目27个,日处理规模累计增加61.85

万吨。①

5. 拥有全省最多的野生动植物保护专职机构

金华市现有野生动植物 2000 多种，其中陆生野生动物有四大类 404 种，其中鸟类 281 种，陆生野生动物种类及鸟类种类数量分别占全省的 58.63% 和 59.28%，种类相对比较丰富，其中金华市鸟类占野生动物种类的 69.55%，是野生动物的主体。近年来，金华市自然资源部门通过健全管理机构、完善救助机制、强化栖息地保护、构建疫病监测网络和严厉打击违法犯罪等"五措并举"，严守生态物种红线，取得积极成效。为加强生物多样性保护，金华市建立并拥有全省最多的野生动植物保护专职机构，通过建立责任清单制度、加强野外巡查监测、开展部门联合检查、加大公众参与和宣传力度等，持续强化生物多样性保护。

6. 空气质量改善幅度居全省前列

2018 年 4 月 26—27 日，全省打赢蓝天保卫战现场会在金华东阳市召开，标志着"蓝天行动"拉开了帷幕。2019 年，金华市空气质量取得了历史性突破，首次实现了市区和所辖 7 个县市全面达标。金华市区 PM2.5 浓度降至 32 微克/立方米，同比下降 5.9%；AQI 优良率达到 88.8%，同比上升 4.4 个百分点，人民群众的蓝天幸福感进一步增强。蓝天保卫工作连续两年获得考核优秀；2018—2019 年秋冬季蓝天保卫阶段性攻坚成果排名全国第二。2022 年 10 月，全国首个大气边界层顶生态环境观测站落户金华，金华治气做法先后获得省委领导批示肯定，并被推广至全省。

7. 率先探索全域"垃圾分类"新时尚

垃圾分类和循环再利用，是循环经济的重要方式。垃圾分类是一项具有全局性、长期性、专业性的系统工程，城市生活垃圾分类对于推

---

① 《浙江省金华市污水处理三年攻坚全覆盖》，《金华日报》2019 年 7 月 20 日。

进循环经济高质量发展具有重要意义。

金华市在全省率先探索全域开展垃圾分类工作。以农村为突破口,以城区为扩展点,金华市在垃圾分类全域化中总结出一套切实可行的解题经验,探索出了一条符合城乡实际的新路,形成了垃圾分类的"金华模式"。农村生活垃圾分类率先实现行政村全覆盖,首创的农村生活垃圾分类"二次四分法"成为全国标杆,在全国推广并入选十九大"砥砺奋进的五年"成就展。城市垃圾分类全面推行"两定四分",形成了浦江模式、金东模式等特色样板。垃圾分类工作荣获第四届省公共管理创新案例十佳创新奖第一名,列入中宣部迎十九大"砥砺奋进的五年"大型成就展,《人民日报》、央视、新华社等主流媒体多次专题报道。2018 年,全市生活垃圾资源化利用率 74%、无害化处理率100%,市区生活垃圾分类覆盖面达 85%,各县(市)城区覆盖面53.4%,金华市和金东区、浦江县获评全省生活垃圾分类工作考核优秀市、县。①

农村垃圾分类方面,垃圾分类大幅降低了清运处理成本。一般而言,1 吨垃圾由村到填埋场(焚烧厂)平均清运费用约为 200 元,填埋、焚烧处理费用分别为每吨 110 元和 90 元。全面实施垃圾分类的县(市、区),六成以上垃圾实现就地处理,无形中节约了处理成本。2016年,住建部在金华召开全国农村生活垃圾分类和资源化利用现场培训会,并发文推广金华经验,新华社、央视等主流媒体多次予以报道,人民网、新华网等百家网站及微信公众号刊文推介。城区垃圾分类方面,自 2018 年试点城市垃圾分类以来,金华逐步探索形成了城区垃圾分类"两定四分"模式。所谓"两定"就是每个小区按照上午下午各两个半小时的标准,定时、定点投放垃圾,同步设立垃圾巡检员,保障垃圾分在源头;所谓"四分"就是将生活垃圾分为可回收物、有害垃圾、厨

---

① 《垃圾分类的"金华模式"》,2019 年 7 月 22 日,浙江新闻客户端,https://zj.zjol.com.cn/news.html? id=1248704。

余垃圾、其他垃圾四类，通过分类投放、分类收集、分类运输和分类处理，运用企业撬动市场，推动利用垃圾变废为宝。金华带动全社会形成垃圾分类文明习惯，持续改善人居生活环境。

（二）干在实处，实现全国首创

金华市在创建省级生态文明建设示范市的进程中，生态文明建设、绿色发展和生态经济有许多可圈可点的"全国首创"。

1. 全国首个地级市森林城市群

金华是长三角城市群"沪杭金发展带"的重要节点城市，浙江省委、省政府把金华列为全省重点培育的三大城市群、四大都市区之一，提出金义都市区要在全国大城市第二方阵中争先进位，金华迎来了跨越式发展的良好机遇期。而森林城市群建设是促进城市转型发展、推进绿色崛起和加快生态文明建设的创新之举，也是提高百姓幸福度的重要载体。

2011年，金华市全面启动实施"森林金华"建设发展战略，2016年成功创建国家森林城市，并实现了省级森林城市全覆盖。2017年，金华在省内率先启动金义都市区森林城市群建设规划编制工作；2018年《浙江省金义都市区森林城市群建设总体规划》通过评审，金华市启动了全国首个地级市森林城市群建设。2019年，金华市下属的义乌市、东阳市、永康市成功创建国家森林城市，实现县级国家森林城市批复创建全覆盖；武义县、浦江县、磐安县国家森林城市创建申请已获国家林业和草原局备案复函，其余县（市）均明确提出国家森林城市创建目标。近年来，"森林金华"建设成效卓著，城乡生态环境得到明显改善。

2. 全国首条全市域全流域复合型的浙中生态廊道

在森林城市群建设的基础上，金华市启动了全国首条全市域全流域复合型的生态廊道建设——浙中生态廊道建设。《浙江省金义都市区森林城市群建设总体规划》基于金义都市区森林城市群区域山水林田湖等生态要素，提出了"一带、两屏、三网、多点"的总体布局。作为全国首条全市域、全流域、复合型的浙中生态廊道，其围绕"一条生态主廊、两大闭合圈、三大功能节点、四大名品牌、十大功能板块"的空间定位，统一规划布局，坚持江岸同步、文旅融合，打造水清、岸绿、景美的滨水景观带和"水韵文化动感带"。截至 2021 年 4 月，金华市共实施市级生态廊道建设项目 1043 个，共完成投资近 1800 亿元。[①] 同时，金华市实施"大花园项目"建设，2020 年谋划建设项目 200 个，投资 240 亿元。

3. 在全国率先建立"河湖长制"

金华市以"浙中生态廊道"建设为载体，系统化、常态化进行流域水环境综合治理，在全国率先建立"河湖长制"。责任主体不清和权力责任不匹配等问题，是困扰跨域水污染治理和水生态建设的长期难题，河湖长制有效破解了河湖乃至水利行业监管的瓶颈问题，有利于促进形成务实、高效的河湖监管体系。一是消除了责任主体模糊不清。通过分级分段设立河湖长，将河湖管护责任主体明确到个人，可以形成强有力的监管压力传导机制，确保各级责任主体真正重视河湖治理保护工作，切实解决河湖突出问题。河湖长制避免了水资源管理"多头"（水利、交通、自然资源、农业、林业等部门）、被监管的对象不清晰而导致河湖管理出现"公地悲剧"现象。二是破解了监管过程中权力与责任不匹配的问题。河湖管护涉及不同部门和行业，有一些问题是长期遗留的，有一些是因地方经济快速发展而出现，还有一些是利益驱使造成的。通过设立由各级党政主要负责人担任的河湖长，可实现行政权力协调，有效推进解决复杂的河湖问题；同时，由上级河长对同级部门和下级河长进行考核，有效解决了被监管对象责权不匹配问题。

---

① 金华市林业局：《金华：浙中生态廊道让生态变资产世代永相传》，浙江省林业局，2021 年 4 月 22 日，http://lyj.zj.gov.cn/art/2021/4/22/art_1277893_59009063.html。

一方面,金华市坚持从严治水、依法治水,出台了一系列政策法规,如《关于全面深化落实河长制进一步加强治水工作的若干意见》《关于深化湖长制的实施意见》《金华市流域水质生态补偿实施细则》《金华市水环境保护条例》等相关政策法规。另一方面,全市 3234 条河道(段)、814 座水库,设置 2801 名河长、410 名湖长,配备 220 名“河道警长”,基本实现全流域、全覆盖、无遗漏。① 金华市为深化河(湖)长制工作,还首创河(湖)长履职责任化、责任清单化、管理信息化、考评星级化的“四化”管理模式,实现目标任务“一站式”量化分解,问题发现、交办、整改、反馈“一条龙”管理,工作进度周提醒、月通报、季排名的“电子化”考评,取得实质性成效。由于上下一心、齐抓共管,金华市的河湖长制取得了显著成效。2018 年,金华市成为全国首批 12 个“城市黑臭水体消除比例100％”的城市,得到生态环境部通报表扬。2020年 5 月 5 日,国务院办公厅印发《关于对 2019 年落实有关重大政策措施真抓实干成效明显地方予以督查激励的通报》,金华市河长制湖长制工作喜获国务院正向激励,此项工作全国共有 10 个地级市获此殊荣,其中金华市是浙江省唯一一个入选的地级市。

二、生态文化新发展:“深入人心”、“全民参与”和“融合发展”

生态文化是生态文明建设的核心和灵魂,在生态文明建设过程中起到引领的作用。生态文化建设旨在通过生态文化知识的普及,提升民众的生态文化教养,为生态文明提供精神支撑。金华市生态建设之所以取得如此巨大的成绩,得益于生态文化的滋养。

---

① 《金华市河湖长制工作获国务院正向激励》,2020 年 5 月 10 日,搜狐网,https://www.sohu.com/a/394220027_697775。

（一）"深入人心"：加强生态文化建设以提高民众生态文化意识

金华各县市向来重视生态文化的宣传教育，利用主流媒体、网络新媒体等，广泛宣传生态文明建设成果，弘扬生态文明理念，普及生态环保知识，提高全民生态文明意识。为此，金华市采取多种手段培育适应时代需求的生态文化。

一是加强生态文明教育，培育生态文化意识。把生态文明教育作为素质教育的重要内容，纳入中小学教育和干部教育培训体系，普及生态文明法律法规、科学知识；结合"六五"世界环境日、浙江生态日、生物多样性日、世界水日等，积极开展环保"六进"和各类主题宣传活动；多种形式倡导公众形成勤俭节约、绿色低碳、文明健康的生活方式和消费模式，推动形成自上而下和自下而上相结合的社会共治局面。

二是加强生态经济文化建设，提升生态经济文化素质。一方面，要让民众认识到改善生态环境是经济持续、快速、健康发展的基础，经济发展是优化生态环境的支撑，生态与经济的双维度增长是实现美好生活的必要条件。另一方面，培养自觉的生态经济道德，树立强烈的自我约束意识和生态经济责任感，并自觉地身体力行，切实转变社会生活行为方式。建设"资源节约型、环境友好型"社会，要在全体民众中倡导生态伦理价值观，推动形成生态生产生活方式，营造崇尚绿色生产和绿色消费的社会氛围。

三是开发具有山水、民族、人文特色的生态文化产品，发展生态文化产业，让每一个人切实感受到生态富民的实惠。通过挖掘地方特色和民族特色文化资源，如乡村建筑、地方小吃、民族服饰、民族工艺品、非遗传承、地方文艺表演等，将地方优秀文化资源融入市场，转化为文化产品，打造文化品牌，实现文化资源向文化产业品牌的跨越。例如，"寿仙谷牌灵芝孢子粉""宣平贡莲－武义宣莲""武义茶"等已经成为响亮的生态文化产品品牌。

（二）"全民参与"：构建全民参与生态建设行动体系

金华各县市经过多年的积极探索,形成了党政领导、人大和政协齐上阵、部门联动、公众参与、层层落实的大环保工作新格局。

一是积极构建全民参与环境保护社会行动体系,推进环保设施向公众开放,让普通群众走进环保机构,了解环保知识,自觉遵守环保法规。

二是发动民间力量,最大限度凝聚民间绿色力量。具体的做法主要有:组建环保联合会,扶持市民环保检查团、环保专家服务团、环保志愿者服务队等民间环保组织,积极参与生态环境宣传、服务、监督等活动。如"金华市绿色生态文化服务中心",就是一家致力于环保文化宣传、咨询服务、策划、承办环保相关活动的服务机构,积极助力生态文化建设。

三是构建平台,提升生态建设行动的参与效率。主要是利用8890便民服务中心和八婺问水、市民问政、正风问效舆论等监督栏目的平台作用,强化媒体监督等。

通过全民参与生态建设行动,广大民众自觉地将生态建设、环境保护、合理利用与节约资源的意识和行为渗透到日常学习、生活之中,绿色生活习惯得以养成,生态消费观念、环境道德意识等得到了显著的提高,推动了全民注重生态建设的社会氛围形成。

（三）"融合发展"：提升崇尚生态文明新风尚

金华市注重将生态文化作为公共文化服务体系建设的重要内容,充分挖掘传统文化中的生态文化思想元素,把生态环境保护、生态修复与民生改善、区域社会经济发展有机融合,打造一批生态文化保护、环保科普教育和生态文明宣传教育基地。

加强历史文化名镇、名村、街区和文化生态的整体保护,注重生态文化引领,培植浓厚的生态文化底蕴,是倡导崇尚生态文明新风尚的主要措施。为此,金华各县市采取了各自措施,通过加强古建筑的保护利用，对名镇、名村和传统村落实行挂牌保护；加强传统风貌保护提升，严格按照保护发展规划修复村落格局与肌理；加强文化传承激发乡村活力，深入挖掘历史文化名镇名村和传统村落资源禀赋优势，"一村一品"培育特色产业。例如，从古街区保存方面看，金华市古子城历史文化街区是金华城市之根，唐子城遗存，南朝始建的八咏楼，全国现存太平天国时期建筑规模最大、艺术品最丰富的太平天国侍王府，还有省级文物保护单位台湾义勇队旧址，为全国现存（截至 2017 年）的唯一见证海峡两岸共同抗日的抗战文物；雅畈历史文化街区依然保持着历史上作为水陆交通要道、繁华古镇的格局，有全国重点文物保护单位——七家厅等。从名城保护方面看，截至 2022 年 3 月，金华市共有国家历史文化名城 1 座，省级历史文化名城 2 座；国家级历史文化名镇 2 个，省级历史文化名镇 9 个；国家级历史文化名村 10 个，省级历史文化名村 27 个。

金华把生态文明思想观念、生态文化观念逐步向各级干部、群众、学生宣贯，使生态文明理念深入人心，形成人人、事事、时时崇尚生态文明的社会新风尚。

三、生态富民新路径："特色挖掘"撬动"美丽经济"

2003 年 6 月，在时任省委书记习近平同志的倡导和主持下，以农村生产、生活、生态的"三生"环境改善为重点，浙江在全省启动"千村示范、万村整治"工程，开启了以改善农村生态环境、提高农民生活质量为核心的村庄整治建设大行动。金华各市县始终坚持"绿水青山就是金山银山"的发展理念，"千村示范、万村整治"实践中不断挖掘生态资源的地方特色，探索生态富民的有效途径，在保护、开发和整治齐推共进之下，生态红利不断释放，美丽经济建设不断迈向新台阶。

（一）身心两安、自在磐安：磐安特色的"美丽经济"

磐安县是金华市较早提出生态富县战略的县区，经过 20 年的实践探索,磐安县走出了一条生态富县的特色之路,形成了美丽经济的规模效益。

第一,绿色产业激活磐安美丽经济。磐安县紧紧抓住发展现代特色山地农业的机遇,打造中药材、茶叶、食用菌、高山蔬菜、经济林和生态畜牧业六大主导产业。例如,多年来磐安把中药产业作为绿色产业发展体系中的重要支柱。磐安历来有"天然的中药材资源宝库""江南药谷"之称,是"中国药材之乡",道地中药材是磐安的"金名片"。著名道地药材"浙八味"中白术、元胡、玄参、浙贝母、白芍主产磐安,俗称"磐五味"。据统计,该县境内有药用植物 1219 种,种类数量占浙江全省的 68%;磐安中药材种植面积 8 万多亩,占全省中药材种植面积的 23%,是浙江最大的中药材主产区。当前,磐安县正努力将该县打造成"全国中药产业振兴发展策源地""国家中药资源保护利用样板地""全国精品道地药材生产示范地""浙产优质药材集散地""全国中药产业技术研发新高地""长三角地区中医药康养目的地"的目标而努力。

第二,推进全域景区化、村庄景观化,将生态休闲养生旅游上升为"一号产业"。从"生态富县、旅居兴县"战略的实施到磐安确立休闲旅游产业为"一号产业",磐安县为探索旅游产业和实践"绿水青山就是金山银山"理念提供了成功经验。十几年来,借助自然生态、区位优势、独特气候、资源禀赋、人文历史等自然人文优势,磐安积极打造的生态与经济并重、身心两安"大花园""共享农屋"等项目已经成为浙江省生态旅游的特色品牌,并产生了规模效益。截至 2020 年 5 月,磐安县共发展农家乐和民宿超 800 家,床位近 2 万张,从业人员超 1 万人。统计数据显示,2019 年磐安累计接待国内游客 1568.76 万人次,实现旅游综合收入 152.22 亿元,同比分别增长 15.91% 和 24.98%。其中,接待农家乐游客 449 万人次,营业收入达 3.29 亿元,同比分别增长 24％和 24.2％。^① 如今，磐安县积极寻找接轨长三角的旅游发展接轨点和融入点。2020 年 5 月 19 日，磐安县政府与浙江广播电视集团交通之声在乌石村举行了战略合作签约仪式，为实现"叠加融合""优势互补"，高效率推进、高质量落实、高品质传播磐安县"长三角知名康养旅居目的地"的战略目标进行新的探索。

第三，引进绿色低碳工业，形成中医药健康、新能源材料等产业集群。磐安县在大力发展生态农业的同时，也大力发展绿色低碳工业。以新城区、磐安工业园区、金磐开发区和 5 个乡镇功能区为工业发展主平台，大力实施以商招商、精准招商，加快电子信息、新能源材料、中医药健康等产业集群发展，不断优化产业结构和区域布局。以建设高标准生态工业园区为目标，先后否决不符合产业政策和污染型项目 30 个，关闭落后工艺和高能耗、高污染企业 5 家，督促 230 家企业完成环保治理，企业落后产能加快淘汰，转型升级步伐加快。2016 年，全县实现规上工业产值 80 亿元，产值超亿元的企业达 20 家。此外，为解决磐安境内土地、环保受限，发展工业空间有限的问题，金华市于 1995 年在市区划出部分区域设立金磐扶贫经济开发区。这种异地开发方式，也被称为"飞地"模式。金磐扶贫开发区成功探索出一条"异地开发、山海协作、生态补偿"的发展模式。经过 20 多年的发展，在开发区 3.8 平方公里的土地上，已入驻工商企业 1000 多家，产值超亿元的企业 6 家，税收超千万的企业 9 家，国家高新技术企业 8 家，可为磐安贡献 50％的工业产值。"十三五"以来累计上缴税收 30 亿元，占全县财政资金三分之一以上。^② 金磐开发区是全省最大的扶贫项目，也是全国易地扶贫最成功的范例，2016 年曾被评为"中国最具创新力开发区"。

---

① 《浙江磐安：打造长三角知名康养旅居目的地》，2020 年 5 月 19 日，人民网，http://zj. people. com. cn/nz/2020/0519/c186327-34028254. html。

② 《浙江金磐经济开发区——山海协作　互利共赢》，《人民日报》，2021 年 1 月 8 日。

（二）"美丽乡村"建设撬动武义特色的"美丽经济"

武义县位于金华市南部,素有"温泉之城、萤石之乡"美誉,自然山水和人文旅游资源十分丰富。近些年,武义通过全域开展美丽乡村建设,依托生态资源优势,构建有影响力的"大景区",推进"美丽乡村"释放"美丽经济"。

第一,依托良好的生态资源,实施"文旅富县"战略,大力发展美丽经济。多年来,武义以美丽乡村建设撬动美丽经济,养生旅游、节会旅游、休闲旅游等新模式竞相发展,民宿经济、田园经济、创意经济等新业态蓬勃兴起,带动农村致富、农民增收,美丽经济成为全县农户增收的重要渠道,绿水青山转化为金山银山的通道正在被打开。例如,以农家乐为主的传统乡村旅游向精品民宿转型,通过产业深度融合打通价值链、提升附加值,带动了农家乐发展、农产品增收,提高村民农副产品收入。

第二,"十里荷花别样红",发展美丽的"荷花经济"。武义有莲农2000多户,宣莲8500亩,其中产莲荷花8000亩、每亩可产3000—4000株荷花。武义柳城一带,赏荷景观连绵十余里,故有"十里荷花长廊"的美称,更被誉为"江南第一荷花之乡"。2018年以来,武义县累计安排宣莲产业发展专项资金700万元,助力"荷花经济"做大做强,并以荷花为突破口,不断优化产业结构,莲农种莲积极性得到提高,亩产可达到1.2万元,增收15%。当前,武义"荷花经济"已经形成了独具特色的产业和品牌。一是发展"荷产业"。武义荷花从单一的农产品种植到形成三级农业产业融合发展;从2013年创建时名不见经传的小景点,到3A级国家级旅游景区,再到获评"中国美丽田园""省级重要湿地公园""国家水生蔬菜育种创新基地荷花研究中心"等称号,十里荷花景区逐渐成为国内知名的荷花物种园公园。二是打造出了"荷品牌"。武义县加大了"武义宣莲"农产品地理标志保护力度,不断加大财政投入力度,着力开展生产技术研究与推广。截至2022

年 7 月，该县共有 12 家农业企业、农民专业合作社和家庭农场的宣莲农产品通过有机、绿色和无公害认证。三是深挖"荷产品"。以往荷农收入主要来源于宣莲销售，现在，通过出售观赏荷花和籽莲种苗、培育盆景荷花、制作莲子土烧酒与荷叶茶等产品，荷农收入渠道不断拓宽。其中，仅向外出售观赏花莲和籽莲的种苗，一年就可向全国各地出售 20 多万株。今天，"十里荷花别样红"，武义的美丽经济真正地美到了老百姓的心田里。

第三，大力发展有机农业，盘活美丽经济。作为传统农业大县，武义县依托当地良好生态资源，围绕建设"有机农业第一县"目标，有机产业作为强县富民的重要工程来抓，有效推进了国家农村产业融合发展试点，加快培育有机农业品牌。在制定《有机茶生产地方标准》《无公害武义宣莲》等 11 个地方农业标准的基础上，初步形成茶叶、优质水果、食用菌、蔬菜和畜牧业等有机产业优势，成功创建全国首批有机产品认证示范区、国家级出口茶叶质量安全示范区，被列为国家农村产业融合发展试点示范县。截至 2020 年 12 月，全县建成国家有机食品生产基地 6 个，县级有机农业示范乡镇 2 个、有机农产品生产示范基地 11 个，有机认证产品数量 189 个，有机农业从业人员 1000 余名，有机农产品基地认证面积稳定在 5 万亩以上，有机农业产业链产值达到 7.1 亿元。① 武义的有机农业品牌成了金华"绿水青山"转化为"金山银山"的成功典范。

第四，培育绿色服务业，以旅游服务提升美丽经济。武义县以全省推进万村景区化建设契机，因地制宜对村庄进行景区化改造，对设施进行旅游化配置，对城乡公路进行精品化提升，以点带面打造美丽村庄、美丽公路、美丽田园。创建了坛头村、东垄村等 19 个 A 级景区村庄。

---

　　① 《生态立县战略再结硕果！我县获评国家有机食品生产基地示范县》，武义发布，武义县人民政府新闻办公室官方微信，https://mp.weixin.qq.com/s?_biz＝MzAwMDA5NTE3Ng＝＝Qmid＝2651778033&idx＝1&sn＝b156。

第五,"工业+旅游"的产业融合,拓展美丽经济新路子。例如,武义骆驼九龙黑茶养生文化园将一、二、三产业有机融合,开发了以"黑茶养生文化"为主题,以"丝路文化"为特色,集茶文化传播、培训、住宿、体验、购物休闲为一体的工业旅游项目。

(三)"村强产业美":永康特色的"美丽经济"

永康是金华的县级市,多年来,永康市坚持"空间布局美、田园生态美、村强产业美、民富生活美、人文风貌美、安定和谐美"的"六美"思路建设美丽乡村,有效改善了城乡面貌,其中"村强产业美"促进了美丽经济发展,强村富民效果逐步突显。

永康市紧扣业态发展,厚植休闲观光、文化创意、农耕体验等新业态,通过产业融合、资源聚合等方式,推进美丽环境向美丽产业升级发展,"村强产业美"的永康特色得到充分彰显。

一方面,永康市全力推动乡村从"卖产品""卖风景"向"卖文化""卖体验"转变,推进美丽产业升级发展。目前,永康市已形成唐先镇"十里葡萄长廊、百年贡姜产地、千丈荷花湿地、万亩葡萄基地",前仓镇"一山一峡一谷一村",西溪镇影视拍摄基地,龙山镇"花满地"小镇等精品特色美丽产业板块。大陈村发展"美丽生态旅游经济"做法经验在金华市推广,西溪镇、南山木语分别入选全国首批森林文化小镇、全国森林康养基地试点。

另一方面,永康市以深入推进农业供给侧结构性改革为主线,着力发展具有明显产业优势的方山柿、两头乌等农业主导产业及休闲观光农业。目前,全市有市级以上农业龙头企业71家、农民专业合作社265家、家庭农场403家。永康"三品一标"总数排在全省前列,其中获国家农产品地理标志认证的数量有4个,位居全省第一。

(四)浦江:从"污水经济"向"美丽经济"转变

浦江位于浙江中部,金华市北部,南与义乌、兰溪接壤,北连桐庐,西靠建德,东接诸暨。浦江有"水晶之都""挂锁之城""绗缝家纺名城"

之誉。工业产业众多，目前已基本形成服装、针织、水晶、制锁、绗缝等一批优势特色产业和块状经济。其中水晶、挂锁分别以 70%以上的市场占有率而成为全国最大的产品集散地，花边绗缝为全国最主要的加工出口基地之一。全县拥有各类民营工业企业 3600 多家。

自 20 世纪 80 年代以来，很长一段时间内浦江县以水晶为代表的传统产业成为县域经济的重要增长点，同时也引发了环境污染等一系列问题。浦江有大大小小的水晶加工生产厂 19000 多家，不少都是家庭作坊式生产，由于设施简单，废水、废气、噪声、废渣污染都很严重，而且那些外来加工户环保意识薄弱，污水偷排现象严重，"牛奶河"也因此出现。一方面，水晶生产为浦江带来了财富，带来了"水晶之都"的美誉；另一方面，环境污染问题也随之而至，"牛奶河"现象日益严重。从 2010 年起，县政府就针对水晶行业开始了水污染的整治，把一部分水晶加工工厂搬进了加工园，并对产生的污水进行集中处理。2013 年，浦江县开始加大整治力度，同时抓紧提升水晶产业集聚水平。为了推进水晶集聚区建设，浦江县根据生产规模、产业层次、装备水平、产出贡献、环境保护等方面制定水晶行业入园标准，并在环保处理、工艺水平提升等方面对入园企业实行统一管理。经过长期污水整治，浦江的"污水经济"逐渐实现向"美丽经济"转型。

"美丽经济"的核心就是实现人与自然的关系和谐，解决好利用好资源又保护好环境的问题。浦江的"污水经济"向"美丽经济"转型的发展思路，一是靠传统产业的转型升级。浦江在连续几年的污水整治行动中，先后关停了 2 万多家水晶加工户，对于剩下的水晶加工企业，也一律采取集中治污、集聚发展的方针。"污水经济"的治理不是要消灭传统产业，而是要促进传统产业的转型升级，让它尽可能少污染，尽可能符合产业新发展方向。二是靠培育和引进符合绿色发展的新兴产业。例如，浦江县大力发展乡村旅游，浦江葡萄成为 G20 峰会主供葡萄，并与农旅结合形成产业带并成为新的经济增长点。近年来，浦江县深入践行"绿水青山就是金山银山"的发展理念，探索走出了一条

"以良好生态环境为底色、以产业转型升级为动力"的高质量绿色发展新路子。2019 年,实现地区生产总值 230.2 亿元,财政总收入 29 亿元,城镇、农村居民人均可支配收入分别为 48326 元和 23306 元。生态环境质量公众满意度连续 3 年位居全省前五,连续 8 年荣获"五水共治"大禹鼎,荣获中国环保领域最高的社会性奖励——中华环境优秀奖。

四、生态治理新典范:"五水共治"与"蓝天保卫"

生态治理重在"协同",协同治理成为应对生态问题多发的严峻形势和协调域际生态利益矛盾的必然选择。针对当前存在的地方利益阻滞、轻"事前预防"与"事后治理"、信息共享匮乏、处置机制不健全、民众参与乏力等问题,生态治理必须根据生态治理的阶段性和持续性特征,分阶段、有重点地采取协同治理措施。金华市积极推进生态文明体制改革,探索形成生态治理的多项卓有成效的金华经验,其中,金华市"五水共治""蓝天保卫"行动,就是生态治理的新典范。浙江省"五水共治""蓝天保卫"行动的第一枪均在金华市打响,并向全省推广经验。

(一)"五水共治":生态协同治理显实效

生态治理重在"治"。"五水共治"是指治污水、防洪水、排涝水、保供水、抓节水这五项。金华市是浙江省"五水共治"工作的发枪地和起源地。

1.主要措施

第一,强力"治污"。早在 2016 年,金华市为进一步提高治污效益,改善水环境质量,就在市区 4 座集中式污水处理厂试行最为严格的尾水排放"金华标准",并开展治污绩效考核。污水处理厂"金华标准"为出台"浙江标准"提供了示范经验。自 2018 年实施"五水共治"碧水行动以来,金华市连续多年实现断面水 100% 达到 Ⅲ 类,并于

2018年荣获全省"污水零直排区"创建考核第一。2019年12月底，全市43个水质考核断面连续48个月保持在Ⅲ类以上，市域出境断面（将军岩）水质累计10个月达到Ⅱ类，8个县级以上集中式饮用水源地水质继续保持100%达标，其中5个饮用水源地水质达到了Ⅰ类，为历年最好、全省最优；全市污水处理厂日处理能力达173.5万吨，成为全国首批12个"城市黑臭水体消除比例100%"的城市，得到生态环境部通报表扬。2020年是浙江省"五水共治"三步走计划收官年，金华市抓"污水零直排区"建设，推进治本治源，完成22个乡镇（街道）、260个生活小区、10个工业园区建设任务；抓污水处理能力提升，新增污水日处理能力12.5万吨；抓涉水重点问题整改，对久拖未决的96个难点问题实施挂牌督办。与此同时，金华市高水平推进河长制工作，形成横向到边、纵向到底、全域覆盖的河长组织体系，实现水质水情、巡河动态、问题办结、履职考评网上办、智慧管。① 通过全市上下努力拼搏，全市52个镇级以上工业园区、38个镇（街道）、35个水产养殖尾水示范场点、5097家用地工业企业、17587家"六小"行业、980家机关企事业单位已通过"污水零直排区"创建验收；义乌、磐安、浦江等第一批全域创建的县市区，已完成全域创建任务的80%以上。

以"中国水晶之都"浦江为例，"五水共治"第一枪在浦阳江畔打响后，浦江铁腕治水，先后关停了2万多家水晶加工户，对于剩下的水晶加工企业，也一律采取集中治污、集聚发展的方针。全县462条"牛奶河"、577条"垃圾河"、25条黑臭河全部消灭，51条支流全部达到或优于Ⅲ类，浦阳江出境断面水质连续8年从劣Ⅴ类稳定达到Ⅲ类水，连续8年捧获"五水共治"工作优秀县（市、区）"大禹鼎"，还获得了第十届中华环境奖优秀奖。此外，浦江县的"一厂一湿地"生态治理模式、"三分离"生态清淤模式、"挂图作战"责任治水模式得到全省、全国推广。生态环境质量公众满意度连续3年位列全省前五位。2018年，联

---

① 《去年金华"五水共治"公众幸福感全省第三》，《金华日报》2021年2月1日。

合国副秘书长兼联合国环境署执行主任埃里克·索尔海姆到浦江考察"河长制"和"五水共治"工作，他高度肯定浦江环境治理，认为浙江生态文明建设模式值得分享至世界各地。

第二，大力"建美"。浙江省的美丽河湖建设走在全国前列，金华的美丽河湖创建又走在浙江省前列。金华市美丽河湖建设紧紧围绕"乡村振兴"和"浙中大花园"建设，着力水安全、水生态、水环境等方面进行系统提升，打造了一批休闲景观河、生态富民河。2018年，完成市级美丽河湖创建13条，河湖清淤1029万平方米，"无违建"河道创建373.1公里。2019年，金华市的美丽河湖创建工作被列入金华市政府十大民生实事，创建美丽河湖10条，完成中小流域治理30公里，完成河湖库塘清淤65万平方米，创建"无违建"河道453公里。金华市自实施美丽河湖创建工作以来，全市成功创建省、市美丽河湖28条（个），实现河湖面貌焕然一新，成为带动沿线经济社会发展的幸福河湖，浦阳江入选全国首批7个美丽河湖优秀案例，白沙溪36堰跻身世界灌溉工程遗产名录。

第三，率先施行生态补偿。金华市在全国率先实施全流域上下游水质生态补偿。2016年，金华市出台《金华市流域水质考核奖惩办法（试行）》，在全国率先推行全流域水质生态补偿，将金华市列入考核的25个县（市、区）交接断面列入补偿范围，综合考虑交接断面污染物的超标幅度（改善幅度）和流量后进行的核算，也就是说"水质越好、补偿越多；水量越大、奖金越高"。金华市在全省率先建立了市县两级之间"双向补偿"的流域水质考核奖惩制度，对水质稳定提升起到了积极作用。金华市财政补偿金额2016—2019年的四年间共支出1.93亿元，补偿额度空前。据金华市生态环境局对全流域水质生态补偿资金进行核算，2019年共计5191.7万元，其中市财政支付补偿资金3543.9万元，上、下游县（市、区）之间双向补偿金额1647.8万元。实施金华市流域水质生态补偿机制，强化了各县（市、区）流域水环境保护的属地责任，使得金华市流域水环境质量得到了持续改善。

2.经验和成绩

第一，"五水共治"八年八夺鼎。全省下达完成治污水目标任务的期限是七年，金华仅用了三年即完成"可游泳"的目标，水环境质量由全省最差提升至全省最好，创下了治水"金华速度"。金华市连续八年获得省"五水共治"大禹鼎，蝉联银鼎，创下了治水"金华美誉"。全国水环境综合整治现场会在金华浦江召开，全省"污水零直排区"建设现场会在金华义乌召开。

第二，首创"金华治水十法"获中央领导批示并在全国推广。所谓"治水十法"①，即一是以上率下法。市、县党委政府把治水作为头号工程，党政一把手抓，各级党员领导干部主动承担责任，一级做给一级看、一级带着一级干。二是现场推进法。一季一次现场会压茬推进，既倒逼承办地迅速解决大量进展缓慢、久拖不决的难题，又能及时发现典型、培养典型、总结典型、推广典型。三是重点突破法。抓住主要矛盾和矛盾的主要方面，集中力量抓"河长制"落实、重点排污口截污治理、污水处理"三率"提升等"牛鼻子"，主攻源头控污、过程截污、终端清污、日常防污等关键点环节。四是一督到底法。创新"3+X"护水作战单元等督查模式，不定时间、不打招呼、不设路线，开展全方位、全水系、全流域、全覆盖督查。五是猛药去苛法。以最严格的标准、最严厉的措施、最严肃的问责推进治水。开展了"亮剑斩污"等系列执法行动，依法取缔、关闭低小散企业8000余家，查处违法案件1479件，问责干部77名。六是疏堵结合法。对企业环境违法行为"零容忍"，坚决堵死水污染反弹后路。同时，大力扶持观光农业、旅游业、电子商务等"绿富美"新产业，倒逼工业转型、农业转产，实现向"美丽经济"升级。七是统筹联动法。坚持远近结合抓规划、统分结合抓项目、点面结合抓重点、疏堵结合抓源头，设定时间表、画定路线图、排定项目书，

---

① 《金华"治水十法"助推"五水共治"显成效》，2016-09-10，新浪浙江，http://zj.sina.com.cn/city/csgz/2016-09-10/city-ifxvukhx4783789.Shtml.

推进水岸同治、上下游同治、跨区域同治,以治促转、治转并进,有效确保各项工作齐头并进。八是擂台比拼法。坚持把治水作为工作业绩、干部作风比拼的主战场、打擂台,采取每月通报、每季现场会、年度考核的方式,以实绩论英雄。工作上比进度、比质量、比干劲,举措上学先进、赶先进、争先进,形成了赶学比超的良好态势。九是舆论造势法。抓住传统媒体、新兴媒体,不断拓展宣传"广度"、加大宣传"密度"、发掘宣传"深度",形成立体化舆论宣传攻势,唤醒全市人民治水的主体意识、责任意识、参与意识。十是全民动员法。在思想上宣传群众,在智慧上依靠群众,在力量上发动群众,广泛搭建群众参与治水渠道,引导社会各界投身治水,形成了市县乡村齐发动、党政军民全参与的全民治水格局。

第三,"五水共治"大幅度提升了民众幸福感。根据浙江省治水办公布的2020年全省"五水共治"公众幸福感调查结果,金华市"五水共治"公众幸福感得分91.72分,较2019年度提升1.41分,在11个设区市中位列第三。浦江、武义、婺城、义乌、永康、兰溪"五水共治"公众幸福感得分均在90分以上,排进全省90个县(市、区)前30,其中浦江位列第三。

(二)"蓝天保卫":生态协同治理创佳绩

2018年6月,金华组建了蓝天保卫工作领导小组,由市委书记、市长任双组长,并成立了浙江省内第一个"蓝天办",同时成立了能源结构调整、产业结构调整、工业污染治理、机动车污染防治、建设扬尘整治、城乡面源污染控制等6个专项工作组。

"蓝天办"成立以来,先后制定了《金华市打赢蓝天保卫战三年行动计划》和《2018年金华市蓝天保卫工作方案》。金华市治气工作目标清晰而明确:到2018年底,全市PM2.5浓度要达到38微克/立方米以下,市区PM2.5浓度达到40微克/立方米以下;到2020年,全市PM2.5浓度要达到33微克/立方米以下,市区PM2.5浓度达到35微克/立方米以下。

　　经过不懈努力，金华市空气质量改善幅度居全省前列，2018年度金华市蓝天保卫战考核全省第二，市区PM2.5首次达到了国家二级标准，AQI优良率上升幅度全省第一，两项指标均创2013年以来最好成绩；磐安、浦江、东阳、义乌4个县级城市空气质量达到国家二级标准。2018—2019秋冬季蓝天保卫阶段性攻坚取得了优异成绩，PM2.5改善幅度居全国168个重点城市的第二，超额完成了国家下达的目标任务。2019年，金华市空气质量更是取得了历史性突破，首次实现了市区和所辖7个县市全面达标。金华市区PM2.5浓度降至32微克/立方米，同比下降5.9%；AQI优良率达到88.8%，同比上升4.4个百分点，人民群众的蓝天幸福感进一步增强。

　　金华市蓝天保卫战的佳绩，为浙江省全面实施蓝天保卫战提供了榜样示范。2018年4月，全省打赢蓝天保卫战工作现场会在金华东阳举行，打响全省"蓝天保卫"第一枪。

　　"蓝天保卫"因为跨域广阔、职责难以划分、容易造成监管"真空"，其中深藏着跨域生态治理的"反公共地悲剧"危机，因而在生态协同治理中难度最大。金华市的"蓝天保卫"之所以取得优异成绩，就在于建立了专门的生态治理机构、完善的制度体系、严格的治理执法、明晰的奖惩机制，走出了一条跨域生态治理的协同善治之路。

五、生态幸福新高度：从"幸福宜居"迈向"魅力和谐"

　　早在2003年，习近平同志在浙江省工作期间就全面推进全省"千村示范、万村整治"工程。经过20年的努力，浙江省造就了万千美丽乡村，实现从美丽生态向美丽经济和美好生活的转变。2018年，联合国的最高环境荣誉——"地球卫士"颁奖典礼上，浙江省"千村示范、万村整治"工程被联合国授予"地球卫士奖"中的"激励与行动奖"。为持续深化"千村示范、万村整治"工程，形成全面融入长三角一体化发展整体格局,金华人秉承着"信义和美、拼搏实干、共建图强"的新时代金华精神,深入实施"百镇样板、千镇美丽"工程,致力于打造"金"字招牌的新时代"富春山居图",努力提升生态幸福新高度。

(一)"幸福宜居":全力实施新时代"五美"城镇建设

生态建设最终目的是实现美好生活。金华人将生态美好和生活美好具体化为"五美"目标,即加快环境美、生活美、产业美、人文美、治理美的新时代"五美"城镇建设,打造幸福宜居环境。

其一,提升美丽城镇建设的内涵。美丽城镇建设不是小城镇环境综合整治的升级版,小城镇整治侧重环境治理,是在"形"上做文章,美丽城镇建设则把视野从城镇内部放大到城镇作用上,更多地在"魂"上做文章,打造城乡要素流动、资源切换的重要通道,从而构建起新型城乡关系。一方面使城镇能更好地面向城市,承接城市的人口、产业和功能转移,深入推进新型城镇化;另一面能更好地面向乡村,更好地推进乡村振兴战略,成为镇村生活圈的中心、老百姓的幸福家园。

其二,加快城镇品质提升。金华市委、市政府对于提升城镇建设有着十分明确的目标,主要表现在 4 个方面:加快完善市政基础设施建设,加强城镇管理数字化平台建设,推进设施提档;提升商贸、医疗、教育、养老等公共服务水平,推进服务提质;统筹城镇产业布局,强化产镇融合,大力发展现代农业、生产性服务业,推进产业提升;保护城镇格局、街巷肌理和传统风貌,注重镇景融合,推进品质提升。

其三,共性与特色并重。金华市美丽城镇建设提出的基本原则就是"因镇制宜"、分类发展,避免"千镇一面"、相互雷同、毫无特色。2020 年 10 月金华市人民政府向社会公布的《深化生态文明示范创建高水平建设新时代美丽金华规划纲要(2020—2035 年)(征求意见稿)》中,提出了要按照都市节点型、县域副中心型、特色型、一般型进行分类引导,分类施策,循序推进,对各县(市、区)进行了各具特色的规划。

如今，金华市形成了全面融入长三角一体化发展整体格局，在八婺大地上铺展出一幅幅富有诗意和魅力的美丽新画卷。

（二）"魅力和谐"：打造留住乡愁记忆的和美乡村

为提升生态幸福新高度，把金华建设成为"魅力和谐"的幸福之地，金华市全体民众可谓是上下一心、群策群力，定目标、绘规划、重实践。

其一，加快美丽城市建设步伐。一方面，以《金义都市区规划》《金义一体化规划》等纲领性规划为指导，加快铁路网、高速路网、轨道交通系统、国省道改造升级、金华义乌国际机场、金华港等交通网络建设；建成浙江中西部三大服务中心。另一方面，持续推进城市有机更新，推广绿色建筑，推进海绵城市建设、城市地下综合管廊建设、智慧城市建设等。

其二，建设美丽乡村花园标杆地。持续开展美丽乡村示范县、示范乡镇、风景线、精品村和美丽庭院"五美联创"，并不断完善现代化和美乡村建设指标评价体系，打响和美金衢区域品牌，预计到2035年行政村全部建成现代化和美乡村。为了实现这一目标，金华市县各级政府采取了一系列积极措施。一是深入推进垃圾、污水、厕所"三大革命"，全面深化农村"二次四分"体系建设，继续推进生活垃圾减量化、资源化、无害化处理试点。二是全面实现农村生活污水处理设施标准化运维，推动城乡生活污水治理统一规划、统一建设、统一运行、统一管理。三是持续推进村庄治乱美化，开展村庄清洁和绿化行动，推进"一村万树"行动，加大农村改造建筑节能示范力度。四是完善"从源头到龙头"的农村供水工程体系和管理体系，提升农村饮用水安全水平。

其三，打造乡镇共赢发展新格局。在整体规划上，开展美丽乡村示范创建，加快构建"县域乡村振兴规划—县域村庄布局规划—村庄建设规划—村庄设计—农房设计"的乡村规划体系，提升村庄设计的个性特质和文创水平。在具体实施上，一是全面提升乡村建筑风貌，打造一批"婺派新民居"，塑造风貌协调、错落有致、个性鲜明、富有韵味的八婺乡村新景象。二是构建乡村规划体系，提升乡村建筑风貌，推进乡村分类发展。按照集聚提升、城郊融合、特色保护、搬迁撤并的村庄分类建设美丽乡村。强化集聚提升类村庄的特色产业支撑，建设一批宜居宜业美丽村庄，引导城郊融合类村庄改造并融入城区，加强特色保护类村庄的传统文化资源保护，兼顾乡村旅游等特色产业发展；推进搬迁撤并类村庄向乡镇所在地、产业发展集聚区集中。

第三节　"美丽金华"建设的经验与启示

"美丽金华"建设在"绿色浙江—生态浙江—美丽浙江"背景下不断发展不断升级，既是美丽浙江建设的成功地方实践，也为美丽浙江建设发挥样板和示范作用，生态文明建设的"金华经验"成为"浙江经验"的有机组成部分，也为"浙江经验"增添了亮丽光彩。总结美丽金华建设的经验，对于大力推进省域生态文明建设、实现人民群众对美好生活的向往具有重要的理论价值和实践意义。

一、"绿水青山就是金山银山"的"金华样板"

习近平同志在浙江工作期间，形成了完善的浙江生态省发展理念。无论是"生态是可以富县的，生态好不仅可以富县，而且可以让老百姓很富，是很高境界的富"的著名论断，还是"绿水青山就是金山银山"理念成为以美丽中国为目标的生态文明建设的重要思想来源，也成为推进金华生态文明建设的重要理论指导。

（一）"一张蓝图绘到底"

面对环境污染严重、生态系统退化、资源约束趋紧的严峻形势，浙江省委、省政府顺应人民期待，彰显责任担当，将建设生态文明、推进绿色发展视为关系人民福祉的长远大计，放在首要和突出位置。金华生态文明建设 20 年来取得了非凡的成绩，不仅受到浙江省的关注，还受到了全国的关注，甚至是世界的关注。金华市生态文明建设取得如此辉煌的成绩，与历届党委、政府和全市 500 万余人的长期坚持、不懈努力密不可分，"一张蓝图绘到底"是美丽金华建设的宝贵经验。

金华市的生态文明建设与浙江省生态文明建设合拍共振。2003年 1 月，浙江成为全国第五个生态省建设试点省，标志着浙江全面建设生态省的工作进入了快车道。5 月，省委、省政府成立了以习近平同志任组长的"浙江生态省建设工作领导小组"，并出台了《浙江生态省建设规划纲要》；6 月省人大常委会通过了《关于生态省建设的决定》；7 月，习近平同志在省委十一届四次全会报告中提出了"八八战略"，其中强调进一步发挥浙江的生态优势、创建生态省，打造"绿色浙江"。与浙江省生态建设战略相一致，2004 年 12 月，金华市人民政府印发了《金华生态市建设规划（2003—2020）》，开启了金华生态文明建设的战略实施。此后，金华市把生态文明建设作为一项重要战略任务，作为"发展城市群，共建大金华"的重要内容，重点流域水污染得到有效遏制、城市空气质量得到明显改善。2017 年，《金华市生态文明体制改革实施方案（2016—2020 年）》正式出炉，确认了金华市生态文明体制改革的主要目标。2017 年，生态文明建设体制框架初步确立，生态文明体制改革重要领域和关键环节取得突破，形成有利于保护环境、节约资源的制度安排。2019 年《金华市生态文明建设示范市规划（2018—2025）》正式发布，分三个阶段对生态文明示范市建设进行了战略规划：到 2020 年，全市生态文明建设取得阶段性成效，建成浙江省生态文明建设示范市要求；到 2022 年，达到国家级生态文明建设示范市建设要求；到 2025 年，最终建成以绿色发展为主线，以改善环境质量为核心，以空间结构优化、资源节约利用、生态环境治理为重点，深化体制机制改革，建立系统完整的生态文明制度体系，形成高水平生态文明，为建设美丽"浙中大花园"、高水平全面建成小康社会提供持续动力。

（二）健全生态制度体系

无规矩不成方圆。金华生态文明建设取得如此成绩，关键在于健全制度体系。如 2015 年《生态环境损害赔偿制度改革试点方案》实施，浦江县便以"全面建成小康社会样板区、全面深化改革先行区、全面深化法治建设示范区、全面从严治党标杆区"的战略布局试点县为依托，践行"绿水青山就是金山银山"和"环境有价、损害赔偿"理念，探索实践生态环境损害赔偿工作。此后，无论是 2019 年首部实体地方性法规《金华市水环境保护条例》的公布，还是 2020 年《金华市大气污染防治规定》的出台，还是各项与生态环境保护相配套法规条例的出台，金华始终把绿色发展、循环发展、低碳发展体现并落实到制度上，通过可操作的具体规范来保障实施，实现产业生态化、消费绿色化，实现经济效益与生态效益相统一。

（三）坚持以人为本

"以人为本"，就是生态文明建设必须以人民群众为根本出发点、必须依靠人民群众的主体力量、成果必须由人民群众共享、绩效必须由人民群众来检验等四个方面推进生态文明建设。坚持以人为本，提高人民生活质量，满足人民日益增长的对良好生态环境和优质生态产品的需求，是金华市生态文明建设的重要理念。金华市委、市政府坚决把思想和行动统一到党中央和省委、省政府决策部署上来，把生态文明建设摆在全局工作的突出地位和群众期待的重要环节；各地紧盯生态环境重点领域、关键问题和薄弱环节，以钉钉子精神下大气力解决好社会反映强烈的突出问题，努力让更好生态红利惠及更多人民群众。

如今，习近平同志的"绿水青山就是金山银山"理念早已在八婺大地生根发芽、深入人心，成为正确处理经济发展与生态保护辩证关系的指南，走出了一条经济和生态互融共生、互促共进的社会主义生态文明建设新路。

二、政府、市场和社会的协同共治的"金华模式"

生态环境整治工作绝不是一个部门的事情，而是全社会的一件大事。为此，一方面，各地各部门要切实加强组织领导，落实领导责任制，加强地区和部门协作，增强合力，提高效率，确保各项目标任务的顺利完成。另一方面，还要动员社会力量加强舆论宣传，形成上下共识，齐心协力地推进环境整治和生态建设。生态协同治理是一个系统工程，包括"府际协同""社会协同""市场协同"等方面的内容要求。在生态协同治理中，金华市委、市政府作出了明确定位：要始终坚持政府部门是环境管理的责任主体、企业是污染环境治理的责任主体、公众是环境监督的责任主体，构建企业、政府、公众互动的环保社会行动体系，推动环保从部门走向社会、从政府走向民间。

府际协同就是"中央与地方政府＋地方政府之间＋政府各部门"的协同模式。金华市生态治理向来重视地方政府之间和政府各部门之间的有效协同，强共建促聚合，打好都市能级提升战，树立了快速、高效、协同发展的实力"金华形象"。在过去的生态建设实践中，金华市委、市政府统一领导、统一协调，促进地方政府之间的有效合作，走出跨域生态治理的"囚徒困境"，避免地方政府"画地为牢""各自为政"。金华市"五水共治"与"蓝天保卫"工程之所以取得非凡成绩，就在于有效的府际协同、提升社会整体智治水平、从"条块分割"走向"条块融合"，系统推进生态文明示范市建设。由此，金华市生态文明建设的府际协同取得了宝贵的经验：一是决策统一，实现"条块融合"；二是目标整合，以责任保障利益；三是组织整合，强化相关部门横向协调；四是文化整合，更新治理观念、增强合作意识。今天，金华市深入学习贯彻党的二十大精神和中央经济工作会议精神，坚持把系统观念、系统方法贯彻到谋划"十四五"经济社会发展全过程，着力形成"九市建设"和"四攻坚四争先"战略部署，践行"八八战略"，全力争创社会主义现代化先行市。

社会协同就是强调政府以外的行动者，如社会组织、社会公民等参与生态治理的实践。发挥社会组织参与、公众参与在全市生态治理中的作用，是金华市生态治理的主要社会协同方式。早在2014年，金华市环保联合会正式宣告成立，开启了"大环保、大联合"公众参与环境保护工作的新时代。金华市联合会还成立了市民环保检查团及环保专家服务团、环保志愿者服务队和环境维权法律服务中心等多支环保志愿者队伍；制定了《金华市环保联合会章程》《金华市公众参与环境保护管理办法（试行）》《金华市环境违法行为举报奖励暂行办法》等配套保障制度，整合了金华市环境保护科学产业联合会、金华市绿色生态文化服务中心和义乌市碧水蓝天环保俱乐部等20多个民间环保组织，目前已拥有1万多名环保志愿者。同时，为让更多公众参与环保，金华市组织了世界环境日、浙江生态日、环保开放日、环境论坛、公众参与行动、最美环保人评选，以及环保宣传进广场、进街道、进学校、进乡村等活动，调动社会公众共同参与。重视社会组织参与和公众参与，旨在进一步创新环境公共治理模式，推进和规范社会公众参与环境保护，共同建设、共同享有资源节约型、环境友好型和天蓝、地绿、山青、水净的美丽金华。

生态治理的市场协同包括两个方面：一是综合运用生态资源产权制度、生态补偿制度、有偿使用和用途管制等市场制度，二是运用价格、税收、信贷等经济杠杆，实现利益驱动。在"美丽金华"建设实践中，金华市在全省率先建立了市县两级之间"双向补偿"的流域水质考核奖惩制度，真正实现了用市场杠杆撬动高效的生态治理。2016年1月，金华市开始施行市县两级之间"双向补偿"，通过奖"好水"罚"差水"的"双向补偿"机制，市财政每年拿出1.25亿元用于水质奖励，充分调动了各县（市、区）治水积极性、主动性，推动流域水质大幅提升，

Ⅲ类水质达标率从 2015 年的 67.5％提高到 2017 年的 100％,县(市、区)"双向补偿"金额从实施考核前 2015 年的市财政需收取罚金 2326 万元转变为 2017 年的市财政支出奖励金额 6892 万元。2018 年 7 月,金华市在认真总结积累"双向补偿"经验基础上,制定《金华市流域水质生态补偿实施办法(试行)》和《金华市流域水质生态补偿实施细则(试行)》,在全国率先建立上下游联动协同治水的激励机制,实现全流域上下游横向生态补偿,形成了全流域共抓生态环境保护工作格局,在推动属地责任落实、流域水质改善等方面发挥了重要作用,取得了明显成效。通过全流域上下游生态补偿,过去行政味浓的上下级考核转变为市场化更重的上下游补偿,过去上级对下级考核式监管融入了下游属地对上游属地的自发式监督,推动了地方政府由"被动治水"向"主动治水"的转变,从而大大激发了各县(市、区)生态环境保护工作的积极性和主动性。当前,金华市积极探索资源要素配置机制更为优化,排污权交易市场和碳排放权交易市场更为完善的生态市场化道路,致力于推进长三角地区环保领域信用联合奖惩模式。

三、生产发展、生活富裕、生态良好的"金华愿景"

习近平同志在浙江工作期间,强调要以壮士断腕的精神搞好环境保护,以腾笼换鸟的决心搞好转型升级。习近平同志形象化地提出,"推进经济结构的战略性调整和增长方式的根本性转变……就是要养好'两只鸟':一个是'凤凰涅槃',另一个是'腾笼换鸟'。所谓'凤凰涅槃',就是要拿出壮士断腕的勇气,摆脱对粗放型增长的依赖……所谓'腾笼换鸟',就是要拿出浙江人勇闯天下的气概,跳出浙江发展浙江……"[1]近年来金华市坚持走生产发展、生活富裕、生态良好的文明发展道路,积极构建全域美丽的绿色发展体制机制。金华市人民政府

---

[1]　习近平:《干在实处　走在前列——推进浙江新发展的思考与实践》,中共中央党校出版社2006 年版,第 128 页。

于 2020 年 10 月公布的《深化生态文明示范创建 高水平建设新时代美丽金华规划纲要（2020—2035 年）（征求意见稿）》，对生产发展、生活富裕、生态良好的"金华愿景"作出了详尽的规划。

（一）生产发展与生态良好的良性互动：转变经济发展方式、大力推进"美丽经济"

在工业领域，金华市全力积极推进清洁生产和循环经济发展，构建绿色制造体系，并采取了一系列行之有效的措施：对重点污染企业等实施强制性清洁生产审核和持续清洁生产审核；加快行业结构低碳化、制造过程清洁化、资源能源利用高效化，建设能源资源利用、静脉产业园、热电联产等一批低碳产业发展项目；实施园区循环化改造和生态循环示范创建等工程，构建现代生态循环绿色发展体系；积极创建国家级绿色工厂和省级绿色制造示范基地（园区）试点。

在农业领域，一是大力提升资源节约的生态农业水平，推进农业资源利用，建立农业绿色发展体系。同时，采取了一系列行之有效的措施：大力推广节地、节水、节肥、节药、节能、节工等节约型农业技术，建立老旧农机淘汰补贴机制，加大节能高效先进适用农机具应用，促进农业节能减排；积极推广秸秆肥料化、能源化、原料化、饲料化、基料化利用技术，多渠道扩大"三沼"综合利用，促进农村生活污水、畜禽养殖污水等清洁转化；建立健全农业绿色发展制度体系，以浦江县、武义县和磐安县三个农业绿色发展先行县（市、区）建设，带动农业绿色发展先行区和先行主体建设。二是着力构建现代农业产业体系，增强农业综合生产能力。坚持走以特色高效农业为核心的农业现代化路子，提升粮油、蔬菜、肉类三大保供产业发展水平；进一步提高特色精品水果产业、中药材种植业、优质茶产业、食用菌产业、生态畜牧产业和花卉苗木产业六大特色产业市场竞争力，优化特色优势农产品布局，促进农业产业规模化、专业化、集群化发展；全面提升农产品产地初加工与精深加工水平，支持发展乡村共享经济、创意农业、农居民宿等现代产业业态。

（二）生活富裕与生态良好的良性互动：深入推进美丽城镇、和美乡村建设

生态良好是生活幸福感的重要保障，也是实现生活富裕的基础。生态良好首先靠有效的生态治理。习近平同志在浙江省工作期间，就强调将环境污染的整治作为优化生态环境的基础性工作。金华市为了深入推进美丽城镇、和美乡村建设，全面实施河长制、湖长制、林长制，积极开展"碧水提升"行动、"蓝天保卫"行动、"净土清废"行动，深化"垃圾革命"试点，创建"无废城市"，建立健全治水治气治土治废长效机制，完善重要生态系统的保护和利用机制，大力强化美丽经济发展激励，全面拓宽"绿水青山"向"金山银山"转化通道。在全市人民的不懈努力下，金华市获得"中国人居环境范例奖""中国十佳宜居城市""中国十佳宜游城市"等荣誉，民众的幸福感逐年提升。

在生态良好的保障之下，民众的生活富裕状况有了极大提高。生活富裕就是让农民有稳定的生活收入来源，生活水平有更大提高。从2020年一个数据对比中可以看出金华市人民生活富裕情况：杭州的常住人口已经突破了千万，人均住户存款已经达到了11.48万元，金华的人均存款以9.59万元位居浙江城市第二位，紧随杭州之后。浙江的都市圈定位中，金华地区与杭州、宁波、温州一个级别，金华拥有义乌、东阳、永康等强市县，产业极具特色，藏富于民，是金华市老百姓生活富裕的真实写照。2020年，面对极其严峻复杂的国内外形势，特别是新冠疫情的严重冲击，金华市扎实做好"六稳"工作，全面落实"六保"任务，推动经济社会高质量发展，人民生活持续改善，各项社会事业繁荣发展，生态环境质量总体改善，社会治理体系和治理能力实现新提升，高水平全面建成小康社会取得决定性成就。据2021年2月27日中商产业研究院公布的数据，2020年全市地区生产总值4703.95亿元，按可比价计算，比上年增长2.8%。全市常住居民人均可支配收

入 50580 元,增长 5.0%。分城乡看,城镇常住居民人均可支配收入为 61545 元,增长 3.7%;农村常住居民人均可支配收入为 30365 元,增长 6.5%。从全体居民收入来源看,人均工资性收入 28180 元,增长 4.8%;人均经营净收入 8649 元,增长 3.4%;人均财产净收入 6641 元,增长 3.4%;人均转移净收入 7110 元,增长 9.7%。

中国特色社会主义进入新时代,中国人民在党中央的坚强领导下,坚定走生产发展、生活富裕、生态良好的文明发展之路。习近平同志在党的十九大报告中指出:"坚定走生产发展、生活富裕、生态良好的文明发展道路,建设美丽中国,为人民创造良好生产生活环境,为全球生态安全作出贡献。"[1]党的十九届四中全会通过的决定指出:中国将坚持节约资源和保护环境的基本国策,坚定走生产发展、生活富裕、生态良好的文明发展道路,建设美丽中国。党的二十大报告提出了"以中国式现代化全面推进中华民族伟大复兴"的使命任务,并强调"促进人与自然和谐共生"是中国式现代化的本质要求。[2] 今天,金华市正积极践行党中央的精神,全市正着力打造天蓝地绿水清的美丽金华,朝着建设高质量宜居、宜业、宜学、宜游、宜养的"浙中大花园"的目标不懈奋进,不仅为浙江省高质量发展建设共同富裕示范区作出积极努力,也为"美丽中国"建设提供更多的"金华素材"和"金华经验"。

长风破浪会有时,直挂云帆济沧海。习近平同志关于金华市生态建设的相关论述,为金华市生态文明建设提供了正确指引,也是更好地理解浙江作为"中国革命红船起航地、改革开放先行地、习近平新时代中国特色社会主义思想重要萌发地"精神内涵的重要依据,对于把金华市打造成为具有"生态+人文"特色的现代化都市区,加快建设宜居、宜业、宜学、宜游、宜养的"浙中大花园"具有极其重要的意义。

---

[1] 《决胜全面建成小康社会　夺取新时代中国特色社会主义伟大胜利——在中国共产党第十九次全国代表大会上的报告》,《人民日报》2017 年 10 月 28 日。
[2] 《高举中国特色社会主义伟大旗帜 为全面建设社会主义现代化国家而团结奋斗——在中国共产党第二十次全国代表大会上的报告》,人民出版社 2022 年版,第23 页。

　　总结经验，是为了更好前行。"十三五"时期，金华市聚力生态治理、绿色发展，美丽金华展现新貌：连续第六年夺得治水"大禹鼎"。市区 PM2.5 平均浓度从每立方米 54 微克降至每立方米 28 微克。成功创建全国文明城市、国家园林城市、国家节水型城市，开展全国首个地级市国家森林城市群建设试点，获绿色中国特别贡献奖。完成 131 个小城镇环境综合整治。创成国家生态文明建设示范县 3 个。农村生活垃圾分类、美丽乡村建设入选党的十九大"砥砺奋进的五年"大型成就展。

　　雄关漫道真如铁，而今迈步从头越。在努力建设新时代全国"共同富裕示范区"的实践中，"水通南国三千里，气压江城十四州"的金华市更是责无旁贷。如今，出征"十四五"的号角已经吹响，金华市将继续引领带动浙中生态文明先行示范，探索人与自然和谐共生的现代化地方发展模式，谱写更加华丽的生态文明建设篇章。

第六章 全面从严治党，保障浙中崛起

进入 21 世纪以来，中共金华市委遵照习近平同志多次来金调研党建工作时发表的重要讲话精神，深入贯彻落实"三个代表"重要思想、科学发展观和习近平新时代中国特色社会主义思想，带领全市各级党组织和广大党员干部抓住根本加强党的建设，推动金华的全面从严治党向纵深发展，为金华忠实践行"八八战略"和"打造增长极、共建都市区、当好答卷人"，高水平建设内陆开放枢纽中心城市，实现"浙中崛起"提供了坚强政治保障，在新的历史条件下积累了全面从严治党的宝贵经验。

第一节 抓住根本加强党的建设

20 年来，金华市委、各级党组织和广大党员干部自觉按照习近平同志的重要讲话精神和党中央、省委相关工作部署，紧紧围绕党的政治路线、思想路线、组织路线、群众路线，制定了一系列加强党的建设规章制度，采取切实有效的措施和步骤，抓住根本全面推进党的建设，为实现浙中崛起提供了坚强的政治保障。

一、紧紧围绕党的政治路线，持续推动经济社会健康发展

党的政治路线是党在一定历史阶段确定的总目标和总任务。党

的政治路线正确与否，是关系党的事业和党的建设的决定因素。党在社会主义初级阶段的基本路线是决定党和国家前途命运的生命线，就是我们党根本的政治路线，它决定着党在社会主义初级阶段的行动方向，决定着党的政策和策略，也为我们党的建设指明了正确方向。因此，党的建设必须紧紧围绕党的政治路线。

20年来，金华市各级党委政府遵照习近平同志的讲话精神，抓住根本加强党的建设，紧紧围绕党的政治路线，始终坚持发展这个党执政兴国的第一要务，以经济建设为中心，坚持四项基本原则，坚持改革开放，按照浙江省委提出的"八八战略"，朝着"全面小康浙中崛起"目标，领导全市人民上下同心、奋勇争先，一张蓝图绘到底，一茬一茬接着干，大力实施"群城聚市、实业兴市、创新强市、开放活市、环境立市"五大发展战略，先后提出加快建设浙中西部中心城市，成立金义都市新区，建设三条廊道，打响九场硬战，部署"九市建设"，争创社会主义现代化先行市，实现浙中崛起。2005年3月，中共金华市第五次代表大会就提出要通过五年的努力，基本形成综合实力更加雄厚、区域发展更加协调、文化支撑更加强劲、社会建设更加和谐的浙江中西部中心城市雏形，人均收入赶超全省平均水平，基本建成全面小康社会。大会确立了"发展城市群、共建大金华"的战略主线，强调加快发展浙中城市群、建设浙江中西部中心城市，关键在于加强和改善党的领导。2012年2月，中共金华市第六次代表大会胜利召开，市委又紧紧围绕"赶超发展、浙中崛起"的要求，提出经过5年努力实现经济实力更加雄厚、社会事业更加发展、人民生活更加宽裕、城乡社会更加和谐、生态环境更加优美的发展目标，并提出了不断提高党的建设科学化水平"五个强化"的具体要求。2017年2月，中共金华市第七次代表大会召开，在《实现全面小康、加快浙中崛起，努力开创现代化都市区建设新局面》的报告中，市委按照"全面小康、浙中崛起"总目标和"走在前列、共建金华"要求，提出大力实施群城聚市、实业兴市、创新强市、开放活市、环境立市五大战略，坚定不移推进全面从严治党，着力打造全省高质量发展的重要增长极,确保与全省同步高水平全面建成小康社会,加快建设圈带聚合、协同共兴、富有活力、和谐宜居的现代化都市区。会议强调要坚定推动全面从严治党向纵深发展,全力打造绝对忠诚、勇立潮头、敢打硬仗、能打胜仗的金华铁军,更好肩负起"全面小康、浙中崛起"的重任。2018年12月,在金华市改革开放攻坚大会上,市委强调全市上下要高举习近平新时代中国特色社会主义思想伟大旗帜,坚定不移推进"八八战略"再深化、改革开放再出发,坚决打赢改革开放攻坚战,争当新时代改革开放排头兵,为"两个高水平"和现代化都市区建设提供强大动力和坚实保障。2019年7月,在市委七届五次全体(扩大)会议的报告中,又提出了聚焦"九场硬战"重点任务,奋发进取、攻坚破难,为高水平全面建成小康社会打下决定性基础。2020年7月,市第七届委员会第七次全体会议提出:"坚定不移沿着'八八战略'指引的路子走下去,加快打造增长极,合力共建都市区,奋力当好答卷人,推动习近平新时代中国特色社会主义思想在八婺大地落地生根、绽放光芒。"①12月,市委七届八次全体会议通过《中共金华市委关于制定金华市国民经济和社会发展第十四个五年规划和二〇三五年远景目标的建议》,部署提出了"九市建设"的目标,力争到二〇三五年,全面建成高层次现代产业、高能级组团城市、高效能政务服务、高品质美好生活,实现"浙中崛起",基本建成现代化都市区,基本实现高水平现代化,成为浙江建成"重要窗口"的重要板块。2022年2月,中共金华市第八次代表大会召开,大会确定的主题是:以习近平新时代中国特色社会主义思想为指导,动员全市广大党员和干部群众,扛旗争先、崛起浙中,为高质量建设共同富裕现代化都市区而努力奋斗。2022年9月,市委八届二次全体(扩大)会议审议通过《中共金华市委关于学习贯彻省第十五次党代会精神 高水平建设内陆开放枢纽中心

---

① 《中共金华市委关于学习贯彻习近平总书记考察浙江重要讲话精神努力交出建设"重要窗口"高分答卷的意见》,婺城新闻网,2020年8月4日,https://jhwcw.zjol.com.cn/wcnews/system/2020/08/04/032653168.shtml。

城市的决定》，提出进一步动员全市上下忠实践行"八八战略"，坚决做到"两个维护"，锚定共同富裕现代化都市区建设战略目标，高水平建设内陆开放枢纽中心城市，奋力交出"两个先行"金华高分答卷。12月，市委八届三次全体会议审议通过了《中共金华市委关于全面学习贯彻党的二十大精神，打造国际枢纽城、奋进现代都市区，全力谱写中国式现代化生动实践的金华篇章的决定》，提出推动全市上下更加深刻领悟"两个确立"的决定性意义，忠实践行"八八战略"、坚决做到"两个维护"，高水平建设内陆开放枢纽中心城市，高质量建设共同富裕现代化都市区，为以"两个先行"打造"重要窗口"、奋力谱写中国式现代化浙江篇章贡献金华力量。

20年来，金华市委始终紧紧围绕着党的政治路线，不断贯彻落实习近平同志重要讲话精神，把握机遇，改革创新，勇于担当，乘势而上，坚定不移沿着"八八战略"指引的路子走下去，一张蓝图绘到底，一任接着一任干，蹄疾步稳推进现代化都市区建设，为"两富浙江"和"两个高水平"建设绘就出一幅幅金华图景。

二、紧紧围绕党的思想路线，始终保持与时俱进精神状态

思想路线也叫认识路线，是人们的认识所遵循的方向、途径、原则和方法。一个政党的思想路线，就是这个政党确定自己的指导思想并支配自己行动的认识路线。与时俱进是中国共产党始终保持先进性的内在基因，要保持与时俱进的精神状态，必须解放思想，不能被传统的观念和条条框框所束缚。正如习近平同志在《之江新语》中说过的："前人没有做过，就要有'敢为天下先'的精神，解放思想，大胆地闯，大胆地试，怎么有利于发展就怎么改革；就是要超越原有的体制，从根本上冲破束缚发展的桎梏。"①

---

① 习近平：《之江新语》，浙江人民出版社2007年版，第17页。

实践在发展，形势在变化。在战略机遇到来之时，能不能发现机遇，敢不敢抓住机遇，会不会把握机遇，善不善运用机遇，实现区域经济跨越式发展，关键在于领导、在班子、在干部队伍的骨干作用；关键在于领导干部的思想观念能不能适应急剧变化的新形势，领导能力和水平能不能适应日趋复杂的新任务，工作作风能不能适应不断提高的新要求。这就要求党的各级领导干部紧紧围绕党的思想路线，始终保持与时俱进的精神状态。2003 年 6 月 27 日，在中共金华市委第四届委员会第十次全体（扩大）会议上，市委在报告中将"与时俱进，转变观念"作为第一条"需要特别强调"的要求，并强调思想是行动的指南，要实现跨越式发展，首先必须使思想不断适应变化着的新形势。2005年 3 月，市委五届一次全体会议指出，创新是制胜的法宝，提出要与时俱进、不断创新，在深化改革、扩大开放、加快发展、维护稳定的实践中，积极探索新领域，认真研究新情况，善于谋划新思路，不断总结新经验，努力解决新问题。只有这样，才能变压力为动力，变差距为潜力，变困难为机遇，不断开创新局面。

2007 年，中共金华市委、市政府下发《关于在全市开展"作风建设年"活动的实施意见》，提出以在县处级以上领导班子中开展"团结和谐干在实处，科学发展走在前列"为主要内容的树新形象、创新业绩主题实践活动为载体，积极引导各级领导干部始终坚持解放思想、实事求是、与时俱进的思想路线。2012 年 2 月，市委下发《关于在全市开展解放思想大讨论活动的实施方案》，以"三思三破十问"为内容，要求全市干部群众认真反思"在适应形势上是否有所迟滞，在改革创新上是否有所畏难，在加快发展上是否有所松懈"；如何破除"不会思考、不敢突破、不愿创新"的思想障碍；如何推动义乌国际贸易综合改革试点的国家战略的实施，并让试点惠及金华全市。思想解放大讨论就是要破除画地为牢、以邻为壑的狭隘地域观念。在市委五届十七次全体（扩大）会议报告中，提出以"思想大解放、作风大转变"为总抓手，创新抓落实机制，确保赶超发展、浙中崛起各项工作落到实处。同时，金华市委作出的《关于加强自身建设的决定》，提出要建设坚定政治方向，努力建设思想解放、精神振奋的班子。为了加快推进浙中崛起和省第三大城市群、第四大都市区建设，确保"十三五"发展走在全省前列，按照"走在前列、共建金华"的要求，2016年12月，中共金华市委作出了《关于全力打造绝对忠诚勇立潮头敢打硬仗能打胜仗金华铁军的决定》，提出了"扛起浙中崛起新使命，打造勇立潮头的金华铁军"的目标，要求旗帜鲜明激励干部改革创新，推动干部进一步解放思想，把能否担当改革重任、开创工作新局面，作为评价和检验各级干部的重要依据，重视了解干部落实改革创新决策部署中的现实表现，大力选拔求真务实、敢闯敢试、担当有为的改革"弄潮儿"。

三、紧紧围绕党的组织路线，进一步健全党的民主集中制

党的组织路线是党在一定的历史时期，根据政治路线和思想路线所规定的关于党的组织工作的根本方针和基本准则。

民主集中制是马克思主义政党的根本组织原则。2003年6月，在市委四届十一次全体（扩大）会议报告中，强调民主集中制是党的根本组织制度和领导制度，也是领导班子建设的重要内容，提出要加强对各级领导干部贯彻民主集中制的经常性教育，严格党内民主生活制度和各项纪律，扩大和发展党内民主，提高各级领导班子的整体合力。2005年3月，在《中共金华市委关于构建金华市惩治和预防腐败体系的决定》中，把"严格执行民主集中制"作为"创新制度严格管理，着力构建规范权力运行的制度防线"的第一条，强调凡属方针政策性的大事，凡属全局性的问题，凡属重要干部的推荐、任免和奖惩，都要按照集体领导、民主集中、个别酝酿、会议决定的原则，经集体讨论作出决定。各级党组织要不断完善议事规则，把民主集中制落到实处。2009年12月，市委又作出《关于加强和改进新形势下党的建设的实施意见》，进一步明确了加强和改进新形势下党的建设的总体要求和目标

任务，提出要着力加强民主集中制建设，推进党内民主，提高科学执政水平。2012 年 2 月，在市委作出《关于加强自身建设的决定》中，更是提出了坚持民主集中制，努力建设坚强有力、团结和谐的班子的目标和要求。2016 年 12 月，在市委作出的《关于全力打造绝对忠诚勇立潮头敢打硬仗能打胜仗金华铁军的决定》的目标和要求中，提出要坚持和落实民主集中制，增强全局观念和责任意识。

干部问题是党的组织路线的核心内容。推进党的建设，必须重视干部问题，始终把干部队伍建设作为一项主要任务。2003 年 6 月，市委四届十次全体（扩大）会议强调，领导干部要做群众的表率，必须不断锤炼执政为民的品质。会议提出要按照《干部选拔任用条例》的要求，深化干部人事制度改革，大力选拔培养优秀年轻干部、女干部、党外干部，加大干部交流和调整不称职领导干部力度，建立领导干部自愿辞职、引咎辞职和责令辞职制度，推进干部能上能下。2009 年 12 月，在市委作出的《关于加强和改进新形势下党的建设的实施意见》中，提出要着力加强干部队伍建设，推进干部人事制度改革，提高选人用人公信度。2012 年 2 月，市委在作出《关于加强自身建设的决定》中，提出了"六个班子"建设目标，即坚定政治方向，努力建设思想解放、精神振奋的班子；强化理论学习，努力建设勤学善思、视野开阔的班子；坚持民主集中制，努力建设坚强有力、团结和谐的班子；实践党的宗旨，努力建设以人为本、执政为民的班子；弘扬优良传统，努力建设求真务实、干事创业的班子；带头反腐倡廉，努力建设秉公用权、严以律己的班子。该决定还从 19 个方面对加强市委领导班子的自身建设提出了具体要求。

基层组织是党在社会基层组织中的战斗堡垒，是党的全部工作和战斗力的基础。党的战斗力强不强，关键在基层。2003 年 6 月，市委四届十次全体（扩大）会议的报告中强调，党的基层组织是党联系群众的桥梁和纽带，加强党的基层组织建设，使党的基层组织成为贯彻"三个代表"重要思想的组织者、推动者和实践者是一项长期任务。会议提出要以中心镇、中心村为重点，坚持以"强核心、强素质、强管理、强服务、强实力"为目标，以"先锋工程"活动为抓手，扎实推进农村基层组织建设；按照"抓示范带整体，抓机制促规范，抓网络强服务"的总体思路，扎实推进社区党建工作；继续按照"非公有制经济发展到哪里，党建工作延伸到哪里"的要求，坚持组建与规范并重，抓好非公有制企业党建工作的巩固、扩面和提升，不断加强非公有制企业党建工作；继续按照分类指导的原则，重视加强社团、集贸市场和社会中介组织的党建工作，不断扩大党的工作覆盖面。2009 年 12 月，中共金华市委作出《关于加强和改进新形势下党的建设的实施意见》，进一步从扩大基层党组织覆盖面，提高基层党组织创造力、凝聚力、战斗力，建设高素质基层干部队伍，健全基层党建工作责任制，构建基层党建工作新格局等 5 个方面着力加强基层党的建设，推进工作创新，提高城乡统筹的基层党建工作水平。2015 年 7 月，通过了《中共金华市委关于全面加强基层党组织和基层政权建设的决定》，提出了强化基层党组织领导核心地位的目标要求和一系列加强以村（社区）为重点的基层党组织建设的重大举措，为新时代金华基层党组织建设指明了方向。

四、紧紧围绕党的群众路线，密切党同人民群众的血肉联系

得民心者得天下。人民群众是党的力量源泉和胜利之本。能否始终保持和发展同人民群众的血肉联系，直接关系到党和国家的盛衰兴亡。

在 2003 年 6 月的市委四届十次全体（扩大）会议上，提出要做到"三个坚持"，即一要坚持充分尊重群众；二要坚持紧紧依靠群众；三要坚持为民解忧。2005 年 2 月，中共金华市委下发《关于第一批开展保持共产党员先进性教育活动的实施意见》，强调要充分体现服务群众这一根本来开展教育活动。教育党员进一步牢记党的宗旨，牢固树立

立党为公、执政为民的观念,始终坚持"两个务必",做到"八个坚持、八个反对";坚持"以民为本",切实转变思想和工作作风,把"爱民、为民、富民、安民"作为一切工作的出发点和落脚点,把群众利益作为第一目标,把群众需要作为第一重点,把关心群众疾苦作为第一责任,把群众情绪作为第一信号,把群众满意作为第一追求,克己奉公,多作奉献,不断提高新形势下组织群众、教育群众、服务群众的本领。坚持群众路线,树立群众观念,倾听群众呼声,维护群众利益,解决好群众关心的热点和难点问题,不断巩固党同人民群众的血肉联系,使广大人民群众紧紧团结在党组织周围。

2007年初,市委、市政府下发的《关于在全市开展"作风建设年"活动的实施意见》中,将"心系百姓、真情为民的形象"作为作风建设中要树立的五大形象之一。2009年12月,市委作出《关于加强和改进新形势下党的建设的实施意见》,在总体要求中强调"紧紧围绕实现、维护、发展人民利益,情为民所系、权为民所用、利为民所谋,始终保持同人民群众的血肉联系"。2012年2月,在《中共金华市委关于加强自身建设的决定》中,从坚持党的群众路线、切实保障和改善民生、健全群众工作制度等方面,阐明中共金华市委自身要实践党的宗旨,努力建设以人为本、执政为民的领导班子。2015年7月,在《中共金华市委关于全面加强基层党组织和基层政权建设的决定》中强调指出,要充分发挥基层党组织凝聚群众的主心骨作用,着力改善群众生产生活,维护群众合法权益,更好地组织群众、动员群众、教育群众、引导群众,把党的正确主张变为群众的自觉行动。2016年12月,在《关于全力打造绝对忠诚勇立潮头敢打硬仗能打胜仗金华铁军的决定》中,提出"驰而不息改进作风",要求始终坚持以人民为中心,自觉践行党的群众路线,顺应群众期待,完善党员干部直接联系服务群众机制,坚持市县领导班子成员联系软弱落后村,落实蹲点调研、下访接访、结对帮扶等制度,深化乡镇干部联村联党建工作。

第二节　全面从严治党向纵深发展

20年来,中共金华市委坚持以马克思列宁主义、毛泽东思想、邓小平理论、"三个代表"重要思想、科学发展观和习近平新时代中国特色社会主义思想为指导,持续深入贯彻落实习近平同志多次在金调研时发表的有关党建工作重要讲话精神,制定实施了一系列推进党的建设和全面从严治党的文件,坚持和加强党的全面领导,进一步压实各级党组织管党治党责任,持续推动金华全面从严治党向基层延伸,基层党建与中心工作深度融合,党的各方面建设取得了显著成效,为实现金华经济社会发展和浙中崛起提供了坚强政治保证。

一、加强领导班子和干部队伍建设,提高党的领导水平和执政能力

党的领导水平和执政能力建设,关系到中国特色社会主义事业的全局。要提高党的领导水平和执政能力,必须加强党的各级领导班子和干部队伍建设。金华市委高度重视党的领导水平和执政能力建设,尤其在习近平同志金华调研时重要讲话精神指引下,抓住思想政治建设这个根本,坚持以党的纯洁性和先进性建设为主线,以提高党的领导水平和执政能力建设为核心,充分发挥党委总揽全局、协调各方的领导核心作用,不断推动金华经济社会健康发展。

（一）把思想政治建设摆在首位

思想政治建设是管根本、管长远、管方向的建设,是领导班子和干部队伍建设的核心和灵魂。在推进领导班子和干部队伍建设中,金华市委始终把思想政治建设放在首要位置。

首先,通过各种形式、采用多种手段加强党员干部的思想政治教

育。市委按照中央和省委的部署,先后启动党的群众路线教育实践活动、"三严三实"专题教育活动、"两学一做"学习教育、"不忘初心、牢记使命"教育实践活动、"四史"教育活动、党史学习教育等,一次又一次地使广大党员干部受到思想教育。在教育实践活动中,市委领导班子率先垂范,抢先学带头学,各地各级党组织和领导干部、广大党员都将学习教育作为头道工序,认真学深入学,打牢了做事干事的思想政治基础。

其次,通过"树先进立典型",促进各级党组织和领导干部的思想提升。20年来,市委先后开展范匡夫、孟祥斌、骆胜宾、李斌等同志先进事迹学习教育,以此教育提升广大党员干部的思想境界和政治觉悟。通过这些典型教育,广大领导干部认识到在权力面前要"淡泊名利、倾心为民",在金钱面前"经得起诱惑、管得住小节",在歪风邪气面前"有勇气、敢较真、敢碰硬",牢固树立起共产主义的理想信念和正确的世界观、人生观、价值观,始终保持共产党人艰苦奋斗的优良品质,吃苦在前,享受在后。

再次,结合学习型党组织建设活动,增强领导干部的理想信念,夯实思想根基。金华市委十分重视学习型党组织建设,以此着力培养领导干部坚定的政治信仰、过硬的党性原则和良好的思想品行,牢固树立正确的世界观、权力观和事业观。学习的目的在于净化思想、提升觉悟,也在于提高领导能力和水平。金华各地积极推进学习型党组织建设的成果,最终转化为党员学习能力的不断提升、知识素养的不断提高、实践能力的不断增强,把学习型党组织建设的出发点和落脚点放在提高解决实际问题的能力和为人民服务的本领上。

最后,紧紧抓住党政一把手、重点领域和关键岗位领导干部、新进班子成员这些"关键少数",以点带面推动领导班子思想政治建设。多年来,中共金华市委以抓政治生活规范化推进领导班子思想政治建设。围绕增强政治功能和政治效果,严格党的政治生活制度,结合推进"两学一做"学习教育常态化制度化,制定"三会一课"、民主生活会、领导干部双重组织生活等规范化制度办法，抓实抓细政治学习、党性锻炼和思想交流，定期对党员领导干部进行"政治体检"和党性锻炼，增强党内政治生活的政治性、时代性、原则性、战斗性。此外，市委还紧紧抓住履职成效实践化检验，把思想政治建设成效体现在推动浙中崛起和经济社会文化事业发展上，大力开展换届后干部专业化适应性培训，切实增强各级领导班子成员履职能力，特别是新进班子成员适应新岗位能力。

20 年来，金华市委不断强化正向激励，大胆容错纠错，大力推进领导干部能上能下，引导党员干部把思想和精力用在专注工作、真抓实干上，使得各级领导班子的精神面貌和工作作风焕然一新，工作效能空前提高。

（二）以党的最新理论成果武装党员干部

理论是行动的先导。只有强化理论武装，才能坚定共产党人的政治信仰。金华市委高度重视理论武装，始终坚持以马克思主义中国化最新理论成果教育和武装广大党员干部。

首先，坚持以中国特色社会主义理论武装党员干部。党的十六大以来，市委广泛组织广大党员干部深入学习"三个代表"重要思想、科学发展观和习近平新时代中国特色社会主义思想等马克思主义中国化时代化最新理论成果，系统掌握中国特色社会主义理论体系，以党的马克思主义中国化最新理论成果武装党员干部。金华市第六次党代会报告强调指出："坚持以党的最新理论成果武装党员干部，着力培养坚定的政治信仰、过硬的党性原则和良好的思想品行，牢固树立正确的世界观、权力观和事业观。"①

其次，将市委理论学习中心组作为加强领导班子理论学习的重要载体和有效手段。多年来，市委在全市各级党组织中积极营造崇尚知

---

①　《建成全面小康社会，建设现代化新金华，努力开创赶超发展浙中崛起新局面——在中国共产党金华市第六次代表大会上的报告》，《金华日报》2012 年 3 月 5 日。

识、热爱读书的浓厚氛围，组织广大党员干部重点学习马克思主义理论、党的路线方针政策、国家法律法规和党的历史，广泛学习现代化建设需要的经济、组织、文化、科技、社会等各方面知识。同时，积极发挥党校、行政学院、高等院校、党委讲师团和党委（党组）中心组在学习型党组织建设中的作用，建立健全党委（党组）中心组学习制度、党员干部学习考核激励制度和领导干部学习培训制度，完善领导干部述学、评学、考学办法，从而极大提高了干部教育培训的质量和效益。市委规定：市委理论中心组要有针对性地开展研讨交流，有计划地邀请专家学者作专题讲座，每年集中学习时间不少于 12 天。市委常委每年至少完成 1 篇有一定深度的调查报告或体会文章，每年至少到联系点做 1 次学习辅导。各级党委（党组）中心组要精心设计学习主题，每年集中一定的时间学习，不少于 6 次，不少于 12 天。不仅如此，市委还继续开展"每月荐书""月月读"等活动，要求党员干部每年安排一周左右的时间进行集中学习。正是在广泛开展的"学习型党组织""学习型领导班子"等创建活动的带动下，全市上下学习型机关、学习型企业、学习型社区、学习型城市建设蔚然成风。

再次，建立有利于学习的政策导向、舆论导向、用人导向和体制机制，不断推动学习实践活动向深度和广度发展。市委要求领导干部特别是县处级以上的领导干部要做读书学习的表率，确实提高前瞻思维、创新思维、辩证思维能力，理清发展思路、创新工作举措。同时，通过各类媒体发挥理论学习的舆论导向作用，积极宣传引导党员干部和广大人民群众学习运用"三个代表"重要思想、科学发展观和习近平新时代中国特色社会主义思想等马克思主义中国化时代化最新理论成果，以中国特色社会主义理论体系武装自己，不断推进马克思主义大众化。

最后，大力弘扬理论联系实际的学风，引导党员干部把理论学习与研究解决人民群众利益的实际问题结合起来，增强理论学习的针对性、有效性，增强工作的预见性、创造性。在理论学习中，金华各级党委(党组)中心组、县(市)委党校、行政学院等把"三个代表"重要思想、科学发展观和习近平新时代中国特色社会主义思想等马克思主义中国化时代化最新理论成果作为党员干部学习培训的主要内容,开展干部自主选学,推行培训、研究、实践三位一体的培训模式。

(三)不断强化制度建设

制度是关系党和国家事业发展的根本性、全局性、稳定性、长期性问题。20年来,金华市委不断强化制度建设。

首先,按照中央和省委的统一部署和要求,市委坚持以党章为根本、以民主集中制为核心,按照科学执政、民主执政、依法执政的要求,创新党委工作制度,完善党的领导方式,不断推进党的建设制度化、规范化和程序化。同时,积极改进和完善党委领导工作机制,切实加强党对经济工作的领导,努力健全了解民情、反映民意、集中民智的决策机制,完善党委决策咨询制度、重大决策意见征求制度,保证决策科学民主、执行规范有序、监督有力有效;完善全委会工作运行机制,充分发挥全委会对重大问题的决策和监督作用等。

其次,完善党内民主决策机制。金华市委坚持"集体领导、民主集中、个别酝酿、会议决定"的原则决定重大事项;发挥全委会对重大问题的决策作用,健全和规范党委常委会向全委会定期报告工作并接受监督制度;完善常委会议事规则和决策程序,推行和完善党委讨论决定重大问题和任用重要干部票决制;加强党委决策咨询工作,做好重大问题前瞻性、对策性研究,广泛听取党员、群众、基层干部意见和建议,发挥咨询研究机构、专家学者、社会听证在决策过程中的作用,提高科学决策、民主决策、依法决策水平。

再次,健全决策失误纠错改正机制和责任追究制度,推进决策科学化、规范化和制度化。金华市委不断完善集体领导与个人分工负责相结合的制度,在议事决策中注意听取不同意见,防止个人或少数人说了算。

最后，严肃党的纪律，维护党的集中统一领导，健全对中央、省委、市委重大决策部署执行情况定期检查和专项检查制度、纪律保障机制，严肃处理公开发表和散布同党中央、省委决定相反意见等违反党的政治纪律的行为，坚决纠正有令不行、有禁不止现象，保证政令畅通。

（四）建设高素质干部队伍

培养造就一支思想境界高、精神状态好、眼界思维宽、能力水平强的高素质干部队伍，是推动一方经济社会发展的决定因素。金华市委向来非常重视干部队伍建设，把它作为党的建设的重要任务和内容。

第一，坚持德才兼备、以德为先的用人标准。在选拔任用干部时既要看才，更要看德，把干部的德放在首要位置，是市委一贯坚持的标准。多年来，市委坚持注重品行、崇尚实干、鼓励创新、群众公认，真正把政治上靠得住、工作上有本事、作风上过硬、人民群众信得过的干部选拔出来。在研究制定考察领导干部德的具体办法过程中，金华市委重视政治品质和道德品行，注重从履行岗位职责、完成急难险重任务、关键时刻表现、对待个人名利等方面考察干部的德。重点看是否忠于党、忠于国家、忠于人民，是否确立正确的世界观、权力观、事业观，是否真抓实干、敢于负责、锐意进取，是否作风正派、清正廉洁、情趣健康。坚持正确用人导向，使选拔出来的干部组织放心、群众满意，让能干事者有机会、干成事者有舞台，不让老实人吃亏，不让投机钻营者得利。同时，市委高度重视"一把手"的培养教育和监督管理。看实绩定进退，以发展论英雄，凭群众公认选干部，广开选贤之门，广辟任能之路，使各地发展得到最需要的人才，使各类人才找到施展才华的最佳位置，全力打造想干事、能干事、会干事、干成事的领导班子和干部队伍。

第二，完善干部选拔任用机制。市委坚持民主、公开、竞争、择优原则，严格干部选拔任用程序，改进干部选拔任用办法，完善干部任用推荐提名办法，加深群众有序参与程度，不断提高选人用人公信度。扩大选人用人民主，建立健全主体清晰、程序科学、责任明确的干部选拔任用提名制度。正确分析和运用民主推荐、民主测评结果，增强科学性和真实性。鼓励多种渠道推荐干部，广开举贤荐能之路，拓宽党政干部选拔来源。健全干部考察制度，完善考察标准，落实领导干部任用延伸考察办法，增强考察准确性。完善公开选拔、竞争上岗等竞争性选拔干部方式，突出岗位特点，注重能力实绩；健全立体考评制，探索破格提拔制，建立不胜任干部调整制，让"有思路、有办法、有本领、有激情"的人才脱颖而出；完善差额选拔干部办法，推行差额推荐、考察、酝酿；扩大干部工作信息公开，健全干部选拔任用监督机制和干部选拔任用责任追究制度。

第三，坚持党管人才原则。市委始终坚持党管人才原则，积极创新人才工作体制机制，增强人才资源配置机制活力，完善人才培养、吸引、使用、评价、激励办法，以高层次人才、高技能人才为重点统筹抓好各类人才队伍建设。同时，匡正选人用人风气，坚决整治跑官要官、买官卖官、拉票贿选等问题。近年来，金华市始终围绕"绝对忠诚、勇立潮头、担当敢为、能打胜仗"的好干部16字标准，树立"五用五不用"选人用人导向，通过实施"实干比绩、管理监督、激励关爱、选优培优"等选人用人系列工程，从拓宽干部成长路径到落实干部正向激励举措，从强化干部管理监督到深化教育培训等方面稳步推进高素质专业化干部队伍建设，进一步发挥干部正向激励作用，从严加强干部管理监督。

第四，强化干部队伍教育培训。市委一直高度重视干部队伍的教育培训工作，着力培养广大干部的世界眼光、战略思维和党性修养，增强开拓创新、破解难题、化解矛盾、推动发展的本领。尤其重视优秀年轻干部、女干部、党外干部和少数民族干部培养，积极探索"退二线干部"发挥作用的路径和机制，认真落实老干部政治和生活待遇，充分调动各类干部积极性。

第五,实施领导班子、领导干部年度考核。这是金华市委加强领导班子建设、强化干部日常管理、促进干部作风转变的重要举措。通过年度考核会,全面掌握领导班子运行情况和领导干部现实表现,能够进一步激发干部队伍活力。参会人员必须以党的事业为重,以高度的责任感和使命感,积极参与民主测评和评议工作,全面衡量领导班子的各方面建设情况、客观评价领导班子的成绩,公道正派地评价领导干部的德才素质和工作实绩。

正是在市委领导班子带动下,全市上下各级党组织和广大党员干部理论学习蔚然成风,思想不断解放,理论水平不断提升,干事创业能力不断增强,为打造"工作快节奏、办事高效率、服务上水平、群众真满意"的金华效能打下了坚实基础。

二、推进清廉金华建设,营造清秀政治生态

党的十八大以来,金华市委认真贯彻落实习近平同志在金调研讲话精神和中央、省委关于反腐倡廉与全面从严治党的决策部署,持续加大党风廉政建设和反腐败斗争力度,取得了明显成效,赢得了金华人民的信赖,为建设清廉金华奠定了实践基础和民意基础。

(一)加强作风建设,不断夯实党风廉政建设责任制

党的作风是党的性质、宗旨、纲领、路线的重要体现,党的作风状况如何,关系着党的形象,关系着党的生死存亡,关系着国家的前途命运。

金华市委一贯高度重视党的作风建设。早在 2007 年,金华市委、市政府就下发《关于在全市开展"作风建设年"活动的实施意见》,在全市范围开展"作风建设年"活动。2010 年,市委办公室、市政府办公室又下发了《关于在全市开展"深化作风建设年"活动的通知》,持续推进党政机关的作风建设。为扎实推进"深化作风建设年"活动,促进服务窗口规范化建设,优化经济与社会发展环境,市委、市政府还下发《金

华市"十佳"服务窗口与服务标兵评选活动实施意见》,贯彻落实市委、市政府"治庸提效转作风,创新创优促发展"的工作要求,在全市范围开展了"十佳服务窗口""十佳服务标兵"评选活动和"五比五争五提升"活动,激励窗口及工作人员提高服务经济、服务社会、服务群众的能力,建设"便民、高效、廉洁、规范"的服务型、绩效型窗口,为金华经济社会又好又快发展提供有力保障。正是持续不断的作风建设,使全市上下的党风政风有了明显的好转,优化了金华的发展环境。

自党的十八大以来,金华市委深入贯彻落实中央和省委有关精神,进一步正风肃纪,加强党的作风建设。2013年1月,市委、市政府印发《关于改进工作作风密切联系群众的实施意见》,从改进调查研究、精简会议活动、精简文件简报、规范考核检查、规范出国访问和出市考察活动、改进接待和警卫工作、改进新闻报道、厉行勤俭节约、狠抓督查落实等方面,对改进工作作风、密切联系群众提出了具体明确的要求。2017年11月,为让党员干部能够随时学习,时刻牢记纪律红线,有效提高精准发现问题、处理问题能力,按照简洁明了、易于操作、统一标准、统一尺度的原则,市纪委组织编印了《贯彻落实中央八项规定精神"可为""不可为"规范手册》,并下发到全市科级以上领导干部手中。

为深入贯彻习近平总书记关于作风建设重要指示批示精神及中央纪委、省纪委工作要求,自2020年开始,金华市纪委监委按照市委作风建设专项行动部署,开展以担当作为、基层清风、清廉自律专项督查为主要内容的"清风护航"专项行动,知重而担、尽责而为,推动党员干部优化作风、拼搏实干、争先进位,为统筹推进疫情防控和经济社会发展提供了坚强法纪保障。据统计,仅2020年上半年,全市纪检监察机关共查处违反中央八项规定精神245起,处理369人,其中给予党纪政务处分108人。在此基础上,市纪委、市监委共发布通报5期,对

20 起典型问题进行通报,形成了强力震慑。①

　　在持续推进作风建设的同时,金华市委不断夯实党风廉政建设责任制。落实党风廉政建设责任制,党委(党组)负主体责任,各级党委(党组)书记是"第一责任人"。2014 年初,市委办就强化党风廉政建设党委主体责任专门下发通知,细化党委 9 个方面、一把手个人 7 个方面的报告内容。在建立年报制度、市级领导落实责任报告机制的同时,又不断完善市级领导参与党风廉政建设机制和"三书两报告"制度。还通过发放惩防体系重点项目挂牌督办、责任分工表等方式,在年初将全年反腐败工作任务分解到市委、市政府所有领导以及相关市级部门,使人人身上有责任,个个肩头有任务。到年底进行"晒单式"全面检查,把检查内容"清单式"晒出来,传导压力和动力。通过一些具体指标的量化考核,做到任务项目化、项目责任化、责任目标化,确保工作落实。市纪委还结合日常掌握的情况,对县(市、区)、市级机关部门"一把手"进行廉情约谈,并开展党风廉政建设巡视巡察全程动态监督,建立健全"一案双查"制度追查腐败当事人外相关人员的领导责任,梳理群众信访中反映出的重点问题,在各级党委(党组)书记心中牢固树立"不抓党风廉政建设就是严重失职"的信条。

　　(二)坚定不移反对腐败,进一步健全惩治和预防腐败体系

　　腐败是党的机体上的毒瘤,如果任其蔓延,就会丧失党长期执政的群众基础。金华市委历来旗帜鲜明地反对腐败,而且高度重视制度反腐,注重从源头上预防和惩治腐败问题。尤其是党的十八大以来,市委更以前所未有的顽强意志和坚定决心正风肃纪,对腐败问题坚持无禁区、全覆盖、零容忍,坚持重遏制、强高压、长震慑,"老虎""苍蝇"一起打、受贿行贿一起查,坚决查处不收敛不收手的领导干部,坚决整治群众身边的蝇贪蚁腐,积极构建惩防并举反腐倡廉体系。

---

①　《金华:作风建设不停步 "清风护航"在路上》,浙江省纪委省监委网站,2020-07-20,http://zjsjw.gov.cn/toutiao/202007t2020719_2618898.shtml。

1.聚焦聚力一体推进"三不"机制

在保持"惩腐打伞"高压态势的同时，充分发挥查办案件治本功能，做实做细案件查办"后半篇文章"，不断清除政治生态中的"污染源"，通过清廉文化建设，推动完善权力配置和运行制约机制，持续放大"不敢腐、不能腐、不想腐"的叠加效应。

一是高压惩治，强化"不敢腐"的震慑效应。推进"三不"，不敢腐是前提。只有严格执纪执法，使腐败分子付出惨重代价，才能让意欲腐败者不敢越雷池半步。市委始终坚持"严"的主基调，保持高压态势，一刻不松劲开展"打虎""拍蝇""猎狐"，推动高压态势成常态。2019年以来，全市纪检监察机关共立案2492件，同比增长10.5%，其中县处级18人，严肃查处了陆峰、施欣辉、朱洪淼、陈晓、陶诚华等一批严重违纪违法案件，形成了有力震慑，时刻警示党员干部不越党纪"红线"、不碰法律"高压线"。面对当前新形势和新任务，还制定出台金华市委反腐败协调小组工作规则和深化协作配合机制工作办法，进一步增强全市反腐工作合力。

二是以案促改，扎紧"不能腐"的制度笼子。推进"三不"，不能腐是关键。查办违纪违法案件不仅是为了打击腐败毒瘤，更重要的是通过一系列扎实有效的措施，扎紧制度笼子。近年来，金华主要通过做深做细每一起案件的"后半篇文章"，查漏补缺，完善制度机制，着力将不敢腐和不能腐贯通起来。如施欣辉案处置中，市纪委监委结合案件全面探讨公安系统、市场监管系统内部的政治生态现状，细致分析存在的问题和不足，并针对性提出切实可行的意见和建议，与公安、市场监管部门对接整改，效果显著。又如义乌坚持查改并举，要求每名违纪违法人员剖析其履职背后的制度漏洞，并下发纪检监察建议书20份，督促发案单位查漏补缺、建章立制。只有从源头防治腐败，加强制约监督，才能把权力关进"不能腐"的制度笼子，让胆敢腐败者无机可乘。金华市还探索建立了以巡促政、以查促改、以案促改的"三促改"

工作机制,贯通监督执纪问责全过程。针对"违规借贷、违规持股、低价购房"和"一家两制"利益冲突问题,金华市纪委、市监委集中组织开展"三清理一规范"专项行动。根据整治实际,还在此基础上制定实施《关于巩固深化"三清理一规范"工作的实施意见》《关于防止公职人员违规借贷、持股、房产交易和"一家两制"利益冲突的规定(试行)》,紧密结合日常执纪监督,常态化开展抽查核实。这一切,都标志着金华的反腐工作又向长效监管机制迈进了一步。

三是思想自律,筑牢"不想腐"的精神堤坝。推进"三不",不想腐是根本。坚持用身边事教育身边人,是以不敢腐的成果促进不想腐的缩影。剖析典型,用身边事教育身边人。2019年7月,在金华市纪委监委的组织下,金华市人大常委会机关、各县(市、区)四套班子领导、市直机关正处级领导干部家属、特约监察员代表等130余人参加东阳市人大常委会原党组书记、主任施侍伟涉嫌受贿案庭审旁听,庭上施侍伟的声声忏悔和劝诫,令众人深受警醒。金华原市委常委、副市长陈晓受贿案件被查处后,金华市纪委监委立即协助市委召开专题民主生活会、全市领导干部警示教育会、开展"五个一"系列警示教育活动,推动各级各单位举一反三、引以为鉴,起到了查处一案、警示一批、教育一片、整改一方的效果。反腐败斗争要抓好"治本",从根本上说就是要抓好思想教育工作。结合查办的典型案例,金华市纪委专门开展警示教育月活动,同时编印下发《金华市党员干部违纪违法典型案例警示录》,配发案件剖析等内容,掀起了"读忏悔、谈感悟、排风险"的警示教育活动热潮;制作完成的《痛定思痛》等17部警示教育片以及50余个短视频,2019年在全市开展轮播,受教育干部达7万余人;编制警示教育读本10种、印发各类通报152期,典型案例真正成了党员干部"最好的清醒剂"、警示教育"最好的教科书"。①

---

① 《一体推进"三不"做实案件查办"后半篇文章"》,《金华日报》2021年2月20日。

2. 推进惩治和预防腐败体系建设

金华市委坚持标本兼治、综合治理、惩防并举、注重预防的方针，扎实推进惩治和预防腐败体系建设，更加注重治本，更加注重预防，更加注重制度建设，拓展从源头上防治腐败工作领域。早在 2005 年 3 月，市委就通过了《关于构建惩治和预防腐败体系的决定》，6 月下发了《金华市构建惩治和预防腐败体系实施办法》。按照省委提出的"干在实处、走在前列"的要求，从金华实际出发，提出到 2007 年，初步建立起有金华特色的惩治和预防腐败体系的基本框架；再经过一个时期的努力，建立起思想道德教育的长效机制、反腐倡廉的制度体系、权力运行的监控机制，建成较为完善的惩治和预防腐败体系。2014 年，又下发《金华市建立健全惩治和预防腐败体系 2013—2017 年工作细则》，提出力争经过五年的努力，腐败现象和不廉洁行为得到有效遏制，"四风"问题得到有效治理，权力运行得到有效制约监督，反腐败体制机制更加健全。以有效惩治和预防腐败为目标，以提高党员干部素质为根本，以规范权力运行为核心，以教育引导、制度规范和监督检查为手段，不断提高各级党政组织和党员干部的拒腐防变能力，有金华特色的惩治和预防腐败体系日益完善。

（三）建设"清廉金华"，打造山清水秀的政治生态

政治生态是党风、政风和社会风气的综合反映。金华市委一直高度重视政治生态建设，注重营造良好的政治生态环境，努力营造政治上的山清水秀。在省委十四届三次全会就推进清廉浙江建设作出决定后，金华市委全面贯彻落实习近平总书记赋予浙江的新使命和省委全会精神，2018 年 7 月在市委七届三次全会上作出打赢"九场硬战"的决策部署，并将清廉金华推进战作为"九场硬战"的基础之战、关键之战，审议通过《关于推进清廉金华建设的决定》。随后，清廉金华推进战的 122 项具体任务被细化分解落实至各单位，筛选确定的 37 个清廉金华建设重点项目，均分级分类纳入项目管理、实体运行，清廉金华

建设不断向纵深发展。一个政治生态清朗健康、政务运行清廉高效、党员干部清正有为、基层治理清淳惠民、社会环境清新崇廉的清廉金华向阳而生。

一是精准监督净化政治新生态。政治建设是清廉金华建设的首要任务和重中之重。近年来,金华市认真贯彻落实全面从严治党向纵深推进的各项要求,紧紧围绕清廉金华既定目标,综合施策、精准发力。2019年机构改革后,全市制定出台《巡察工作三年行动计划(2019—2021年)》,科学谋划和实施巡察工作。至2020年,七届市委已开展十轮109个党组织的巡察工作,市本级覆盖率95%,县级覆盖率92%,村居覆盖率100%。市纪委还在婺城试点"净鉴"平台即净化政治生态大数据平台建设,成为金华持续推动政治监督精准化常态化的缩影。同时,为从根本上遏制污染政治生态的"毒瘤"生长,金华市着眼于抓早抓小、注重预防,加强日常监督,精准运用监督执纪"四种形态"①。2018—2020年3年共处置问题线索6765条,其中运用第一、第二种形态处置占92.7%,充分发挥了"红脸出汗"、"咬耳扯袖"的教育提醒作用,有效实现了拔"烂树"、治"病树"、正"歪树"、护"森林"的效果;260余份纪检建议书、监察建议书充分发挥出了纪检监察的有力作用,督促各地各单位"以巡促改、以查促改、以案促改",从顶层设计层面消灭易发、多发问题的滋生土壤。

二是高效服务展现政府新形象。政务服务是党风廉政建设的重要组成部分,也是提升人民群众幸福感和社会满意度的重要抓手。2019—2021年3年间,金华市通过监督保障重大工程、重点项目建设,"蜗牛项目"和履责不力的部门、干部被相继追责,严肃问责唤醒了责任担当;通过规范权力运行,财政性资金长效监管机制进一步深化,政府资金管理分配使用规范化水平有效提高;通过开展"最多跑一次"改

---

① 《中国共产党党内监督条例》第七条提出监督执纪"四种形态",它们是指:经常开展批评和自我批评、约谈函询,让"红红脸、出出汗"成为常态;党纪轻处分、组织调整成为违纪处理的大多数;党纪重处分、重大职责调整的成为少数;严重违纪涉嫌违法立案审查的成为极少数。

革、"无证明城市"创建、"两优一高"市创建工作专项督查,积极回应基层呼声,企业和群众真实感受到了政府职能的转变。

三是构建亲清新型政商关系,优化营商环境。为了进一步打造政府清廉高效的服务水平,建设清廉金华,金华市还着力于构建亲清新型政商关系,打造一流营商环境。如在全市组织开展"护航民营经济"专项督查,并在总结推广义乌创新经验的基础上,建成开放全省首家亲清政商关系廉政文化展馆,成为全面展示金华廉政建设的窗口,旨在展示"亲""清"一家、携手发展的主题,从而形成社会崇廉尚洁、政商亲清互动的良好氛围。

四是清廉品牌焕发社会新气象。上行下效,政府清廉高效自然也自上而下浸透基层,影响到社会。近年来,金华各地村(社)组织换届选举工作程序很严密,纪律严格,基层的党风、政风越来越好。在全市组织开展"清廉金华·映象2020"系列活动,包括微视频创作大赛、好新闻评比等,进一步浸润滋养清廉之风。2019年,《金华地名中的100个清廉故事》推出后,得到社会各界的广泛好评。清廉金华教育基地自2019年开馆至2021年5月先后共接待来访单位1100余家4.7万余人,成为展示全面从严治党成果的重要窗口、开展警示教育的重要阵地。同时,致力于打造"八婺清风"品牌,以"一馆一刊一网一微"宣教集群为载体,定制以案说纪、八婺廉情等系列板块,打造全市警示教育融媒体联盟。而清廉村居、清廉学校、清廉企业等建设又形式多样,精彩纷呈,影响深远。八婺大地共有160个基层清廉示范点竞相涌现,以清为美、以廉为荣的价值取向日渐深入人心,基层监督体系和监督能力不断迈向现代化。

三、深化人才体制改革,完善干部人事制度

遵照习近平来金华调研党建工作时提出切实加强党管人才工作的要求,20年来,金华市委铁下心来抓人才,一心一意促改革,不断深

化人才体制改革,完善金华市的干部人事制度,以提高人才工作的战略谋划力和战役战术执行力,取得了显著成效,人才创业创新活力不断增强、全面迸发。

(一)深化人才体制改革,不断壮大人才队伍

人才是兴市之本、强市之基。市委、市政府历来高度重视人才工作,积极探索出台了一系列人才新政,注重把人才培养、人才引进和人才使用紧密结合起来,各条战线上人才不断涌现。尤其是近年来的"直评工程师"机制、评定"低学历、高业绩"的草根特殊人才等政策举措,使金华在探索建立学术、市场社会多元化评价体系,树立"不唯学历、资历、职称、论文,以实绩论英雄"的导向方面走在前面,从而极大推动了金华人才队伍壮大和人才素质的不断提高。

1. 坚持大规划引领,牢固确立人才优先发展战略

金华市非常重视建章立制和制定长期规划,抓紧制定人才规划分工方案,加快建立全市人才规划体系,不断完善实施人才规划长效机制。2005年,金华将这一年确定为"人才工作机制建设年",大力加强人才工作制度建设,制定了《关于加强我市非公企业人才队伍建设的意见》《金华市"新世纪321"人才培养工程实施意见》《金华市宣传文化系统五个一批人才工程实施意见》《引进人才居住证实施意见》,有效促进了各类人才的培养、引进和使用。2006年,编制了《金华市"十一五"人才发展规划》,明确了2006—2010年人才工作的总体方向,并对各项具体工作任务进行了细化分解。2008年,全面贯彻落实人才发展规划,进一步完善人才工作政策机制,组织开展人才队伍建设中长期规划纲要编制,制定下发《金华市人才队伍建设中长期规划纲要编制工作方案》,2010年制定了《金华市人才队伍建设中长期规划纲要(2010—2020年)》。2015年,通过优化政策招才,对"亿元"人才政策提质升级,出台《关于加快集聚五大千亿产业人才和团队的若干意见》,大力引进五大千亿产业的紧缺急需人才。

2. 坚持大工程推进，加快培养和引进创业创新人才

　　培养和引进相结合是金华市人才培养、加强人才队伍建设的重要举措。多年来，金华市拓宽工作思路，不断创新人才培养引进办法，抢占先机引才，构建优势引才，搭建平台引才，营造引才氛围。首先，立足自身培养。早在 2005 年，金华就组织实施"2＋1"人才基础工程，全年共培养各类急需的技能型实用人才约 9.3 万人，使人才总量得到了明显扩张。大力实施"54321"人才培养工程，全面开展非公有制经济组织人才队伍建设试点工作，认真抓好外向型经济管理和城市建设管理两支人才队伍的教育培养工作。其次，着力加强高层次人才队伍建设。2006 年，根据《金华市专业技术拔尖人才选拔和管理办法》，圆满完成第六批拔尖人才的评选工作，共选出第六批市级拔尖人才 45 名。2008 年，大力开展高层次人才的培养选拔工作，组织全市青年科技奖评选，选拔第一层次人才 12 人，第二层次人才 57 人，评选出有关领域具有突出贡献的中青年专家 12 人。同时加强有突出创造力的高技能人才队伍建设，以技校、行业龙头企业为依托，建立了 19 家市级高技能人才培训基地。2011 年，开展第二批金华市科技创新领军人才评选，启动首批金华市优秀创新团队评选，组织实施"名师名校长""名医"培养工程。研究起草《金华市高技能人才队伍建设三年行动计划（2011—2013 年）》，加强"金蓝领"提升培养。实施企业经营管理人才素质提升工程，举办首期中国人民大学 MBA 金华研修班。2016 年，入企博士共为企业举办各类讲座 230 多次，培训员工 4000 余人次。"产教结合，双向育才"模式为企业人才队伍建设作出积极贡献。最后，注重多元化的农村实用人才队伍建设。以实施"百万农村劳动力素质培训工程"为抓手，加大农民培训力度，开展"金华市十佳农村实用人才"评选活动，到 2018 年底，全市农村实用人才总数已达 13.1919 万人，占农村实有劳动力的 8.54％。

　　在重视人才培养的同时，金华市也不断强化人才引进，尤其是高端人才引进,不断提高人才队伍建设水平。2006 年起,金华创新人才引进机制,积极利用中国浙江国际人才交流会、浙江经济贸易投资洽谈会、上海金华籍博士"故乡行"、海外留学生考察、"留交会"、"浙洽会"、百家名企人才招聘会等活动,为企业与专家科技交流搭建沟通平台,多种形式大力引进经济社会发展急需的各类人才。仅 2009 年,就引进各类人才 2.46 万人,其中海外高层次人才或执行国外智力项目60 余个。2011 年,大力推进"海内外英才引进计划",加快引进创新型领军人才,主要涉及高新技术、战略性新兴产业。联合统战、科技、人力社保等部门,举办"院士专家金华行""清华海外学子金华行""海内外英才投资创业洽谈会"等活动。牵头实施"金华籍优秀人才智力回归工程",推动"金华人经济"向"金华经济"转变。建立海内外金华籍优秀人才信息库,设立海内外人才联络站,以亲情、乡情和优惠政策,吸引和激励在外金华籍人才为家乡发展建功立业。当年共回归人才智力项目 151 个,其中千万元以上项目 14 个;共引进创新团队 18 个,高层次人才 449 名,其中海外人才 22 名。① 2017 年,成立金华海内外人才总会,构建了涵盖 40 多个国家的 3 万名金华籍人才"朋友圈"。每两年举办金华发展大会,持续推动金华籍人才智力和资本回归。尤其是第二届金华发展大会上,签约引进重大人才项目 335 个,投资超700 亿元。连续举办三届"婺星回归"创业大赛,累计吸引全球高层次人才创业项目 466 个。②

为了引进创新团队和高层次人才,金华积极谋划出台招才引智和用好人才留住人才的新办法。2013 年,首设招才局,带动了各县(市、区)竞相效仿。以市、县招才局为纽带,在海内外建立 47 家引才联络站,其中海外 8 家;12 个省级以上开发区园区、151 个乡镇(街道)建立人才联络站,统一聘请招才专员招才大使定期组织到国内重点人才地

① 林丹军主编:《浙中崛起——金华改革开放 40 年研究》,浙江人民出版社 2018 年版,第 257 页。
② 《打造"人才科创高地"! 未来 5 年,科技创新与人才发展,金华将有这些"大动作"》,澎湃新闻·澎湃号·政务,2021 年 1 月 20 日,https://www.thepaper.cn/newsDetail_forward_10869998。

区开展人才科技对接。先后组织开展了金华市第一届招才引智大会等重大引才活动。启动于 2014 年的金华市"百名博士入企计划"，预期用 5 年时间引进 100 名博士(教授)到金华市企业担任研发中心负责人，开展技术指导和研发活动。2014—2015 年，已引进 18 所高校的 90 名博士与金华市 70 家企业结对合作，合作的进度、广度和深度大大超过预期。截至 2017 年底，累计引进"千人计划"超百人，评选"双龙计划"项目超百个，人才总量超百万，人才项目所在企业产值超百亿元，人才集聚效益加快显现。①

在全国首推"揭榜挂帅"全球引才机制。2020 年，金华市率先启动"揭榜挂帅"全球引才，连续举办 22 个制造业八大细分行业专场；率先出台"揭榜挂帅"10 条举措，成立超 50 亿元"双龙人才基金"跟投支持，构建全流程工作闭环；率先推出"揭榜险"，保障智力转化过程中的不确定风险。截至 2021 年 3 月，累计发布 5 批共 1509 项企业技术难题榜单，吸引 55 家高校院所的 166 个团队前来"揭榜"，攻克"卡脖子"难题 38 项，先后兑现榜额超 1 亿元，为企业节约成本超 10 亿元。② 通过需求端、供给端、服务端"三端"协同发力，有效打破了研发机构、科研院所和企业间的技术壁垒，初步拓展形成了全球引才新路径。

招才方式精彩纷呈。新冠特殊时期，金华市创新推出"云招才"活动，市委有关领导示范当主播，各县(市、区)委书记全部上镜引才，10 天 10 个专场，打了一场线上"旋风式"引才战，直播活动吸引 1270 余万人次参与，推出人才岗位超 13 万个，引进人才 6400 余名，意向引进 4.5 万名。③ 如 2020 年 3 月初，金华在举办高层次人才"云社区"千企万岗十天十场招才活动后，4 月 9 日又启动在"浙"里"智联金华·百校千企十万岗"大学生引才活动，联合智联招聘打造的"智联金华"引才云平台正式上线运行，这一平台联百校、汇千企、设万岗，向海内外莘

---

① 林丹军主编：《浙中崛起——金华改革开放 40 年研究》，浙江人民出版社 2018 年版，第 258 页。
② 《我市"揭榜挂帅"为全国提供经验样本》，《金华日报》2021 年 3 月 31 日。
③ 《为高质量发展凝心聚力》，《金华日报》2020 年 3 月 20 日。

莘学子伸出橄榄枝、发出英雄帖。为此，金华放眼全国，派出了"一号主播"＋"百名金华籍高校校长"的吆喝阵容，市县"一把手"担任"一号引才主播"，北大、清华、浙大等全国近百名金华籍高校校长线上助力，联动近 4000 家规上企业，推出超 10 万个工作岗位，涉及数字经济、生物医药、信息光电等多个领域，吸引了 100 万人次参与。

3. 坚持大服务理念，着力构筑浙中人才高地

一是加强人才工作服务保障，切实优化人才发展环境。2012 年，金华市着力推进人才专项房建设，公开采购 200 套高端人才租赁用房，启动 40 套高端人才限价销售房申购工作，累计建成人才房 10.48 万平方米。二是不断探索创新人才服务模式。在金职院成立首家市级高层次人才工作驿站，为引进高层次人才提供"道式"服务；成立"婺州英才驿家"，搭建了高端人才沟通交流合作平台。2014 年，发挥领军人才发展服务联盟作用，选派 121 名"人才服务专员"。2015 年，围绕建设最优人才生态的目标，全力打造人才服务的"金华模式"，初步形成了"专员、专窗、专卡、专项、专线"人才服务载体，涵盖行政服务以及医疗就学、餐饮住宿、旅游交通等生活服务的 221 项内容。人才服务实现"零跑腿"，承担全省"领跑者"改革试点，上线"人才码"，完成外国人才来华工作居留"一件事"集成改革，线上首批推出 4 类 30 项人才服务，"关键小事"实现"零次跑"。出台"双龙引才"新政 20 条，最高给予 1 亿元支持和 1 亿元创业授信，储备人才住房 1.8 万套，盘活人才周转房 4 万余套。市本级和各县市均开设了领军人才服务专窗，统一受理工商注册、住房申请、子女就学等 139 项行政类服务事项。三是构建"科创飞地"。近年来，金华市通过"飞出去"揽才，把"最强大脑"设在上海、杭州，研发服务直通金华，这就是"科创飞地"。2019 年，金华市推进长三角人才一体化项目共建，"跳跃式"接轨融入长三角。共建上海复旦大学"一院三基地"、清华长三角石墨烯应用研究产业园，在沪杭建立 2.5 万平方米人才飞地，可为 100 余家科技人才企业提供异地孵化、研发平台。2020年，再投入2.5亿元，设立上海（金华）人才大厦，打造集智力、项目、资源于一体的人才创新综合体，促进"创新链＋产业链＋资本链＋人才链＋服务链"五链融合。2019年以来，金华市实施了大学生留（来）金计划，仅2019年就引进集聚了超11万名大学生，形成了大学生集聚效应，有力促进了大学生创新创业。①

4.坚持大投入方略，着力强化人才发展保障

加大人才发展专项投入，加强人才创业创新扶持，加快建立多元化人才投入机制，确保重大人才工程和项目的实施。制定出台《关于进一步加强金华市区人才住房保障工作的若干意见》《加快网络经济人才发展的若干意见（试行）》《网络经济特殊人才认定办法》等，进一步优化人才政策环境。抓好人才政策落实，市本级兑现"双龙计划"首批项目资助356万元、高层次人才补助200余万元，为市区407名人才协调办理人才住房、落户子女就学、家属就业外国专家证等。近年来，为确保"双龙引才"政策精准落地，金华市进一步明确政策标准、享受人群、前后衔接、风险防控等内容，构建常态化人才政策体系，扩大来金留金吸引力。一是聚焦"关键小事"，提供全周期政策保障。从大学生来金实习到留金安居，推出招聘交通补贴、企业实习补贴、来金生活补助、创业贴息贷款、职称晋升补贴、购房补助、大学生礼包和子女入学等8个方面全周期扶持政策。2020年，全年发放各类人才补贴合计4818万元，服务人才7558人次。二是倾斜"重点人群"，给予多方面激励关怀。扩大政策覆盖面，将全日制专科及以上大学生纳入补贴享受范围。提高补贴标准，以本科为例，其可享受的补贴金额由2.16万增加至4万元。对"金华籍大学生""在金高校大学生"两类群体，提档相应政策标准，即专科毕业生按照普通本科标准、普通本科毕业生按照"双一流"本科标准享受。三是推动"智配直享"，实现无感化政策

---

① 蓝柳丹：《共创金色年华 金华"百校千企十万岗"助力大学生创新创业》，浙江之声，2020年4月9日，http://www.am810.net/6268962.html。

服务。为新来金大学生定制专属人才码，推出"智配直享"人才服务。通过大数据比对出在金高校留金参保就业人员，发送短信提醒其通过手机 App 兑换"人才银卡"电子消费券，可享受交通出行、观影健身、文化旅游、餐饮住宿等系列服务，最高额度 2000 元。目前已为 1200 余名高校毕业生推送政策申领提醒短信，实现从"人找政策"到"政策找人"转变。①

5. 坚持大人才格局，切实增强人才工作合力

近年来，金华市加快建设人才强市，市委、市政府进一步强化党管人才意识，积极探索管宏观、管政策、管协调、管服务的有效方式和实现途径，加快形成建设人才强市的整体合力。2017 年 1 月，市委、市政府印发《关于支持人才创业创新发展服务浙中崛起的若干意见》，主要从 5 个方面进行谋篇布局，即围绕人才集聚，立体化做好招引工作；围绕作用发挥，全域化搭建发展平台；围绕激发活力，精准化实施体制机制改革；围绕服务保障，精细化打造最优生态；围绕党管人才，一体化构筑共建共享格局。目的就在于强化组织领导，加快形成党委统一领导，组织部门牵头抓总，有关部门各司其职、密切配合的人才工作格局。

（二）坚持党管干部，深入推动干部人事制度改革

多年来，遵照习近平同志关于切实加强党管人才工作的指示精神，金华市委不断深化人事制度改革、加强干部队伍建设，并从 4 个方面进行了大胆探索，取得了较好成效。

1. 实行"海推"办法，开展差额推荐，使干部提名工作更加规范

结合贯彻落实中央"5＋1"和省委"4＋1"干部工作文件精神，市、县两级都对本地有关干部制度进行了梳理修订。在此基础上，市委组

---

① 《金华市升级"双龙新政"　倾力服务大学生就业创业》，浙江省人力资源和社会保障厅网站，2021 年 1 月 27 日，http://rlsbt.zj.gov.cn/art/2021/1/27/art_1389524_58920789.html。

织部对 2000 年以来干部人事制度规定进行了集中整理，并组织编写
了《金华市干部人事制度改革工作制度汇编》。2004 年 7 月，制定出台
了《市委全体会议成员民主推荐提名制度实施细则（试行）》，把重要岗
位的初始提名权交给每一位市委委员，开始实现由"少数人选人"向
"多数人选人"的转变。市本级和东阳市率先试行全委会成员民主推
荐提名制度，规范了干部的初始提名权。2007 年永康市探索建立了
干部选拔任用初始提名"海推"办法，规定凡是提任 2 个以上（含 2 个）
党政正职人选的，必须经干部大会进行无记名"海推"。在此基础上，
金华市委对 4 名县委书记和 5 名县（市、区）长人选进行了无候选人民
主推荐提名，进一步增强民主推荐、民主测评、民主评议的真实性、科
学性。开展竞争性选拔干部工作，推出 10 个县处级领导职位、53 个县
（市、区）乡科级领导职位、15 个市机关中层领导职位，市、县联动进行
竞争性选拔。2011 年，利用换届契机进一步深化干部人事制度改革。
在市两会期间，积极改进和创新候选人介绍方法，使代表委员更加认
真负责地行使民主权利。探索和完善初始提名"海推"工作，推出 52
个市机关部门正职岗位实行无参考人选全额定向推荐提名。推出 25
个副县（处）级领导职位，开展全市竞争性选拔干部工作。同时，注重"三
方面"干部的培养选拔，不断规范年轻干部、女干部和党外干部的推荐、
培养、选拔、任用和管理工作，在浦江县和武义县分别开展了规范年轻干
部选拔任用工作和党外干部管理工作试点。

2. 强化考察考核，注重群众评议，干部考察工作更加健全

2009 年，为了健全落实促进科学发展的干部考核评价体系，市委
制定了《关于健全完善促进科学发展的干部考核评价体系的意见》等
"1＋6"共 7 个制度文件，分别建立了对县（市、区）、市党政工作部门、
市属国有企业的综合考核评价以及年度考核、实绩档案、专项考察等
制度，大力完善综合考核评价体系。在干部选拔任用过程中，健全完
善领导干部"德"的考察，对"德"方面存在严重问题的实行"一票否

决"。建立重点工作干部巡察制度，专门派出巡察组赴金义都市新区、市区重点区块建设指挥部等 18 个地方开展巡查，同步跟踪了解干部现实表现。建立以市直部门"一把手"为重点的立体式考核办法，制定出台《金华市县（市、区）领导干部年度考绩推优实施办法（试行）》，全面建立以实绩为导向的市管领导干部立体化考核评价机制。

3. 注重基层锻炼，建立干部培养选拔链，干部选拔机制更加科学

多年来，金华市坚持把建立来自基层一线的党政领导干部培养选拔链，作为推进干部人事制度改革的重要内容，努力形成"干部在基层成长"的用人导向，积极搭建锻炼平台，不断拓宽"干部在基层培养"的工作路径，着力完善"干部在基层选拔"的工作机制。2013 年，制定下发了《关于建设过得硬打胜仗干部队伍的若干意见》，注重培养选拔"狮子型""全科型""老黄牛型"干部，选优、配强、善攻坚、敢担当、有作为的好班子好干部。在竞争性选拔干部工作中，注重把基层经历、工作实绩和一线经验作为选拔要素，变"考场选马"为"战场选马"。2014 年，干部人事制度改革力推"干部能上能下"，畅通市、县（市、区）干部交流渠道，打破干部"部门化"，让能干事者有位置、干成事者受重用，全年有 42 名县（处）级领导干部在市县之间作了交流。同时，坚决执行调整不适宜担任现职领导干部实施细则，加大"干部能上能下"、治庸治懒力度，共对 47 名领导干部作出了岗位调整、降职、免职等处理，其中市本级 11 名。2016 年，金华市委把班子集中换届，作为调整不能为、不想为、不敢为干部的有利契机，重拳出击治理为官不为，大力调整不适宜担任现职的干部，坚决摘掉"太平官""逍遥官""玲珑官"的帽子，镇领导班子成员降职 9 人、免职 19 人。[①]

4. 开展责任追究，试行"两责联审"，干部监督工作更加完善

责任审计不仅是落实全面从严治党的重大举措，也是金华打造过

---

① 林丹军主编：《浙中崛起——金华改革开放 40 年研究》，浙江人民出版社 2018 年版，第 251—252 页。

硬干部队伍的重要内容，更是促进权力规范运行的有力抓手。从2010年4月起，金华市在市直党政部门全面启动党政正职领导干部用人责任和经济责任"两责联审"，由组织部门会同审计部门，同步联动实施党政领导干部选人用人责任检查和任期经济责任审计。近年来，金华市更是组织和审计部门密切配合，扎实推进"两责联审"工作，取得较好成效，在加强干部日常监督管理中发挥了重要作用。同时，金华市委集中制定出台一批制度，涉及干部人事制度改革规划、从严管理干部、干部工作信息公开等各个方面，如《中共金华市委关于贯彻落实〈2010—2020年深化干部人事制度改革规划纲要〉的实施办法》《关于进一步从严管理干部的实施办法》等八项制度，积极创新管理机制，干部管理工作逐步走上规范化、制度化的轨道。

（三）标本兼治，打造敢打硬仗能打胜仗的铁军

在高水平全面建成小康社会决战决胜阶段，金华市委按照习近平同志讲话精神，全力打好干部工作"上、下、管、育、爱"组合拳，坚持"信念坚定、为民服务、勤政务实、敢于担当、清正廉洁"的好干部标准，以建设"狮子型"团队为重点，切实加强好班长、好班子、好梯队建设，造就一支过得硬打胜仗的干部铁军。

1. 拧紧"开关"，从严教育干部

自开展群众路线教育实践活动以来至2016年底，金华运用教育实践活动的新经验新成果，对照"三严三实"高标准，抓好党章和《准则》《条例》等党内规章学习，组织7600多名市管党员领导干部和乡科级党员领导干部开展集中轮训，着力增强党员干部政治意识、大局意识、核心意识、看齐意识。在坚持与时俱进创新改进干部教育培训的同时，组织力量开发红色教学资源，培育了浙中预防职务犯罪警示中心、"江南第一家"、陈望道故居、刘英烈士陵园、杨东海纪念馆等革命传统教育现场教学基地，上好发人深省的"政治课""群众课"。围绕提升干部推动科学发展、善作善成的素质本领，持续强化专业能力培训。

2. 围绕事业,鲜明用人导向

金华市委先后制定出台了《关于建设过得硬打胜仗干部队伍的若干意见》《关于进一步加强市机关中层干部队伍建设的意见》《关于进一步加强乡镇(街道)干部队伍建设的实施意见》《中共金华市委关于全力打造绝对忠诚勇立潮头敢打硬仗能打胜仗金华铁军的决定》等一系列制度文件,注重选拔对党忠诚、德才兼备、敢担当、能担当的干部,培养选拔"狮子型""全科型""老黄牛型"的"三型"干部。有了择人的标准,并不意味着万事大吉,还得知人善任。实行把 80% 的精力花在平时了解识别干部上的"二八分"原则,建立领导班子和领导干部综合分析研判机制,健全上门走访、谈心谈话、平时考核、一线巡查等制度,将功夫下在平时,深入了解干部真实表现,提人知情、提情知人。

3. 加强管理,抓住"关键少数"

在干部队伍管理方面,市委紧紧抓住领导干部这个关键少数,抓早抓小、抓细抓常。2013 年以来,深入开展选人用人专项检查、带病提拔倒查追责、领导干部个人有关事项报告核查等工作,截至 2016 年底,对县(市、区)和市直单位 98 个选人用人问题进行了立项督查整改;对 13 名"带病提拔"的科级干部选任过程进行了集中倒查,7 名责任人受到问责;对 353 名拟提拔任用或转重要岗位任职的市管干部考察人选进行核查,5 名干部因瞒报个人有关事项被取消提拔任用或考察对象资格。同时,坚持把干部监督贯穿于干部选拔任用、日常管理全过程。市委于 2015 年制定出台《金华市党员领导干部从严管理"六个必须"纪律要求》,对干部严守政治、组织、群众、工作、生活和廉政纪律提出"50 个不准"的具体要求。

4. "能上能下",激励担当有为

2015 年,市委出台《金华市党政领导干部履职问责暂行办法》《调整不适宜担任现职领导干部实施细则》等系列文件,大力推进干部能上能下,着力解决干部"为官不为""小错无为"等问题。随后一年多时间,共有 34 人被调整(其中市管领导干部 7 人),其中受到问责处理的有 2 人,因不适宜担任现职被调整的有 32 人。在从严管理的同时,还注重关心关爱干部特别是基层干部。2016 年,制定《关于建立容错免责机制激励干部干事创业的意见》,对干部做到政治上激励、工作上支持、待遇上保障、心理上关怀,多措并举激励干部敢于担当奋发有为。2019 年,在《中共金华市委关于认真学习贯彻党的十九届四中全会精神高水平推进市域治理现代化的决定》中,强调健全容错纠错、澄清证明、精准问责等机制,持续打好激励干部担当作为"组合拳",形成干部为事业担当、组织为干部担当的"两个担当"良性互动局面。

四、做深做透"党建十",夯实基层党的领导

20 年来,金华市着力抓好基层党建工作,不仅首创"一把手工程",落实基层党建责任,而且做深做透"党建十",不断夯实基层党的领导,努力把每一个基层党组织建设成战斗堡垒,取得了可喜的创新成果。

(一)"一把手工程"引领基层党建取成效

书记带头是做好基层党建工作的关键环节。2012 年,金华市委认真总结各地实践成果,研究出台了市县党委抓基层党建工作责任制的"十条意见",首创"一把手工程",为进一步落实基层党建工作责任制提供了有力抓手,极大推动全市基层党建的深入发展,取得了新的巨大成效。

1."书记抓,抓书记",基层党建工作的责任制具体化

建立"红色星期六"制度,每月集中一天,6 万名党员志愿者身穿"红马甲",活跃在群众最需要的地方,省委书记批示"干得好"。这是义乌基层党建的好做法,正因此义乌争得了 2016 年金华市第三季度基层党建现场会的承办权。金华市从 2012 年开始,紧扣"书记抓、抓书记"这个关键,加强制度设计,以"钉钉子"精神,通过一年一述职、一

季一例会、不定期明察暗访、强化考核评议,把县(市、区)委书记抓基层党建工作的责任制具体化,激活了基层党建的一池春水。2015年开始,围绕"整乡推进、整县提升"主题,金华市县两级每季度召开基层党建工作现场会,每次选择一个乡镇进行全面检查,由市委书记带着县(市、区)委书记现场观摩、打擂台赛。2016年,金华市委书记亲自领办"整乡推进、整县提升"党建项目,定期走访检查、开会研究、督促推进。乡村党组织书记也把"整乡推进、整县提升"工作纳入党建责任清单。党员领导干部人人制定党建责任清单,大抓基层的导向更加鲜明。

2. 从"顶层设计"入手,开展党建示范带建设

2015年以来,为突破一些地方党的基层组织建设"经验出在点上、问题出在面上"等问题,金华市从"顶层设计"入手,开展党建示范带建设。明确每个领域、每个基层党组织的建设标准,市县乡三级联动,集中力量、持续发力,积小成为大成。到2016年,全市已建成20条党建示范带,50%的乡镇创建成为整乡推进示范乡镇。"整乡推进、整县提升",难点在补齐短板。2012以来,金华共选派5000多名"两富"局级指导员、农村工作指导员、"第一书记"驻村指导。

3. 党建与发展的互促共赢,激发党员干部创业干事精神气

多年来,金华市委重视以党建促发展、以发展推党建,坚持把党建"第一责任"和推动发展"第一要务"有机融合,有力推动了建立党建和发展互促共赢,使基层党建与中心工作任务相统一。金东区澧浦镇琐园村的发展变化,就是一个典型例子。正如琐园村党支部书记所说,他们村这些年发展的法宝就在于抓好了党建,抓实抓牢了"党建+发展"这个主题,是党员带头干、群众跟着干的结果。正是党建与发展的互促共赢,激发了金华全市党员干部创业干事的精气神,营造了风清气正的政治生态。

4. 以学教活动为契机，党员集中上党课，学习家规家训

浦江县白马镇夏张村是"百忍堂"张氏家族的聚居地，祖训二十四条崇尚节俭、追求踏实务实，源远流长，也是浦江最早的革命老区。在"两学一做"学习教育活动中，一场关于党员合格标准的大讨论在这里轰轰烈烈地展开。40 余名党员通过集中讨论，形成了夏张党员"十条标准"，把老祖宗的家训融合进了党员标准的提炼。大家还一致通过，党员要带头在家门口晒出家训，为村庄发展注入了红色动力。在 2016 年的"两学一做"学习教育活动中，立家规家训在全金华蔚然成风。当年 11 月，全省深化基层党建"整乡推进、整县提升"工作暨党员干部家风家规建设现场推进会在金华召开。此外，金华还开展了集中大党课、网上晒承诺、掌上微课堂等形式多样的活动。全市农村、社区基层党组织每月 15 日学习已是常态。2015 年以来，每年"七一"前后，全市 152 个乡镇街道党（工）委书记都会亲自为农村党员上大党课。金华于 2003 年被中央党建领导小组秘书组确定为联系点。

（二）"基层党建＋社会治理"探新路

"治国有常，而利民为本。"近年来，金华市锚定"平安浙江示范区""社会治理示范市"目标，以坚持和发展"枫桥经验"为基点，围绕坚决打赢基层治理巩固战，打出"基层党建＋社会治理"创新系列组合拳，着力做好党建与治理融合文章，将各县（市、区）在社会治理方面的好经验好做法上升为制度机制，探索出一条符合金华实际的市域社会治理现代化之路，较好实现经济发展与社会稳定同步推进、社会治理与平安建设同步提升、人民群众获得感幸福感和安全感同步增强。截至 2022 年，金华已连续 17 年被省委、省政府命名为"平安市"，荣登全国地级市民生发展榜榜首，为推进市域治理现代化贡献了金华智慧，提供了金华样本。

1. 党建引领，开动市域治理的红色引擎

2018 年以来，金华市以"基层党建＋社会治理"创新为抓手，着力在"党建"与"治理"融合上做文章，以党建引领夯实治理基础。截至2020年初，全市共成立333个"社区大党委"，打造591个党建综合体，推动基层党组织全覆盖。同时，把社会治理工作落实情况列入"一把手"基层党建述职评议的重要内容，推出政法系统"比学赶超"现场会制度，通过"晒拼创"形式，推动社会治理工作"一月一督查、一月一排名、一月一通报"，压紧压实县（市、区）、乡镇（街道）、村（社区）三级党组织抓党建、强治理的责任。2019年，金华市在推广金东区"基层党建＋红色网格"做法的基础上，全力推进"网格2.0版"建设，全市优化细分网格5996个，配备专职网格员6078名，红色网格员52368名，同时细化网格员录入信息事项，加强有效信息的报送工作，不断提升基层治理能力和水平。

2. 整合联动，夯实市域治理的基层基础

为守住矛盾纠纷化解的第一道防线，金华市大力推广"基层党建＋龙山经验"，坚持"社会调解优先、法院诉讼断后"理念，让纠纷尽可能地化解在诉前，使案件尽可能地解决在庭前。全市各级建立了矛盾纠纷调处化解中心，形成诉调、检调、警调、访调和人民调解、行政调解、司法调解、律师调解等互相衔接的大调解工作体系。仅2019年，全市各类调解组织累计调解矛盾纠纷3.46万起，化解率99％。为贯彻社会治理领域"最多跑一次"理念，2019年以"基层基础提升年"为载体，全面推进市、县、乡三级综治中心建设，充分发挥市级协调指挥作用，同时压实县、乡两级工作力量，在县级层面重点打造集矛盾化解、信访代办、关爱帮扶等为一体的社会矛盾纠纷调处化解中心，变"多中心"为"一中心"，实现群众办事"最多跑一地"；在乡镇层面扎实推进"基层治理四平台"数字化建设，加快实现由"以条为主"的职能部门多头管理向"以块为主"的乡镇（街道）综合治理转变。2019年底，县（市）级社会矛盾纠纷调处化解中心和乡镇综治中心均100％建成并投入使用，群众的矛盾纠纷得到及时解决。

3. 社会协同，构建市域治理的新型体系

"变群众上访为领导下访"是习近平同志在浙江工作期间给金华信访工作留下的宝贵财富。近年来，金华市深入推进"基层党建＋浦江经验"，建立健全市级领导带头下访、县级领导坐班接访、乡镇领导随时接访、村级干部上门走访的"四级联动"工作机制。2018 年以来，金华市又以信访"最多访一次""最多跑一地"为目标，在全国首创民情民访代办工作和首接首办责任制，加快打造县（市）级"信访超市"，推动形成"群众张嘴、干部跑腿"的新型信访渠道，群众点单、干部代办已成为信访工作新常态，得到省委和国家信访局的充分肯定。截至 2019 年，金华已分层分级设立民情民访代办站点 3376 个，设立代办人员 12380 人，实现县乡村三级全覆盖。

针对案多人少的基层法院现实难题，永康龙山法庭构建党委领导、法庭指导下的庭前多元化解机制，充分发挥党建引领和司法保障作用，采取"网格调解→镇矛盾多元化解中心分流调解→法庭调解"的分层递进式调解，引导当事人选择适当的纠纷解决方式，构建了司法参与基层矛盾纠纷化解的新模式。自 2013 年以来，永康龙山法庭立案量逐年下降，形成矛盾纠纷多元化解的"龙山经验"，得到最高人民法院和省委主要领导的充分肯定，被誉为新时代"枫桥经验"升级版。2019 年以来，金华市着力打造"龙山经验"都市版，建立诉调、检调、警调、访调和人民调解、行政调解、司法调解、律师调解等互相衔接的大调解工作体系，形成矛盾纠纷"一站式受理、一条龙服务、一揽子解决"的"基层党建＋多元化解"机制。

4. 公众参与，开创市域治理的最优格局

以民主监督助推社会治理是"后陈经验"的精髓。近年来，金华市始终牢记习近平同志的殷切嘱托，充分发挥"后陈经验"发源地的独特优势，全域推广"基层党建＋后陈经验"，健全落实村务联席会议、"五议两公开"等基层民主管理制度，大力推行村级小微权力清单，充分发

挥村监会的监督作用，使"能人治村"的传统治理模式逐渐转变为"自治法治德治"相融合的现代治理方式。如在义乌市鸡鸣山社区，居住着来自 58 个国家和地区的 1000 多名境外人员，以及 28 个少数民族的 2000 余名同胞。多文化、多种族、多元素交织，给社区治理带来极大挑战。社区党委积极探索"中国人与境外人员和谐共处、汉族与少数民族和谐共融、本地居民与外来建设者和谐共生"治理模式，动员社区居民成立中外居民之家自治委员会，设立"国际老娘舅"品牌，为社区居民提供跨文化交流和生活服务平台，被誉为"联合国社区"。社区是个家，家园的建设不仅靠社区党委，而且要靠大家庭里每一个成员的合作与配合。在此基础上，金华市还探索建立以基层党组织为核心、群团组织为纽带、各类社会组织为依托的群众工作制度体系，陆续涌现出兰溪"无案村"、磐安"管头管事"、横漂"演员公会"等一大批群众参与社会治理的典范。截至 2019 年底，全市共有各类社会组织 5400 多家，平安志愿者 17.2 万人，组织开展公益和志愿服务 17495 人次，较好实现了党政治理和社会协调、居民自治的良性互动。

5. 科技赋能，插上市域治理的智慧翅膀

金华市聚力"基层党建＋智慧治理"创新的努力。2018 年开始，金华市启动实施"智慧安防小区"建设，将基层治理与现代科技深度融合，在试点小区安装智能门禁等各类智能前端感知设备，采集"人、地、事、物、组织"等社会信息，运用大数据、云计算等技术分析，创新基层治理工作向高效型、精准型转变，"智安小区"侵财警情明显下降。在此基础上，金华市以点扩面，提升出租房智能门禁安装率，形成"以房管人"的流动人口管理新模式。全市已建成的 140 个"智安小区"，实现零发案。同时，作为"雪亮工程"全国重点支持城市，金华市积极推进公共安全视频监控建设联网应用，已建成一类监控达到 57745 路，联网二、三类监控达到 57299 路，在全市形成高密度、全覆盖的"天罗地网",极大提升了人民群众的安全感和基层社会治理智能化水平。①

五、提质增效添活力,"两新"党建助力民企发展

金华市按照习近平同志来金调研非公党建时重要讲话精神,在过去"两新"党建取得成效的基础上,出台"两新"党建助推民营企业振兴发展十项举措等,进一步健全"两新"领域党的基层组织体系,强化党组织的政治功能,发挥党组织服务民营经济发展作用,形成"示范引领、全面提升"的"两新"党建工作格局。

(一)通过规划引领,以示范带建设提升"两新"党建

多年来,针对"两新"党建存在的薄弱环节,金华市委着眼于积极适应并主动引领经济发展新常态,根据习近平同志来金调研时重要讲话精神和省委"两新"工委适时提出的打造"和合共同体"、网商党建、青春党建、社会组织党建示范群等重点工作和重点任务,及时提出编制"'两新'党建发展规划",以规划为引领,推动"两新"党建水平整体提升。

1. 规划引领,示范覆盖

"金华市'两新'党建发展规划"以打造示范带为核心,科学制定"近、中、远"三期规划。到2015年底,以经济发展主轴线和交通主干线为依托,以开发区(园区、工业功能区)为重点,在9个县(市、区)分别打造"两新"党建示范带,在每条示范带的进出口位置,统一树立醒目的标志性指示牌和导向性示意图;在每个"两新"组织党建点设立标识介绍牌;使用统一的党建标识,在全市形成11条长约10公里的"红色"示范带。到2020年,在全市实现"红带共舞、群星璀璨"的"两新"党建示范带全覆盖。该规划按照"1+7"的模式,在总规划下设"两新"

---

① 《迭代升级"基层党建+社会治理"助力整体智治 金华系统推进市域社会治理现代化》,《浙江日报》2021年1月11日。

组织党群服务中心、"两新"组织党建示范点、网商（电商）党建、青春党建、双重管理"两新"党组织、"两新"组织党建超市、在外婺商党建等 7 个专项子规划，计划打造 100 个左右的党建精品示范点。

2. 项目推进，塑造品牌

为确保规划顺利推进，金华市委"两新"工委提出了"项目化推进、高标准建设、全方位提升"三大实施举措。市委"两新"工委各委员分头联系指导示范带建设，对示范带实行项目化管理推进，每月通报一次具体进展情况，定期开展督查，随机开展检查，年底逐个进行验收。坚持高起点规划、高标准建设，大力实施"4＋5"品牌工程，每条示范带都要达到"示范密度高、整体水平优、作用发挥好、发展态势强"的要求；做到"五个有"：有坚强有力的红色队伍，有健全完善的红色制度，有务实管用的红色载体，有功能齐全的红色阵地，有生动活泼的红色文化，将每条示范带都打造为精品工程，确保示范带的典型性、代表性和示范性。在全力打造一批龙头示范点的同时，针对示范点以外的"两新"党组织，大力开展"6＋1"标准化建设，实现全面过硬，没有"短板"。

3. 市县联动，健全体系

市委在进一步修订完善发展规划的同时，实行市县联动，按照"典型带动、规范提升、均衡发展、全面进步"的思路，全力打造"两新"党建示范带，全面提升"两新"党建工作水平，确保"两新"党建发展规划从"作战图"上落到地上，落到实处，为金华转型赶超和"两富""两美"建设提供坚强的组织保障。近年来，市委"两新"工委通过理顺体制，不断健全完善"两新"党建工作体系；通过推行区域化、行业化、产业化、网络化的"立体化"覆盖模式，大力推进提升党的组织和工作覆盖；通过出台《"两新"党建服务新型工业化发展十大举措》、举办"企业家创新驱动发展"论坛、开展百个"村企联建治水示范工程"等党建载体，全力服务中心工作；以义乌小商品市场为基础，以"三定三有三促三亮"

为标准,创建了全国领先的市场党建品牌;先后在北京、上海、广东、江苏、陕西、杭州成立6家在外婺商党工委,积极发挥"凝聚在外婺商、开展招商招才"作用,在全省率先开展在外婺商党建;积极培育"两新"党建示范点,打造了律师协会、酥饼协会等全国先进基层党组织和全国"双强百佳"非公企业。

（二）推进"两新"党组织设置"四化重组"

1.全面排查摸底

市委组织部要求以县（市、区）为单位,依托第四次经济普查数据,深入开展"进园入企""扫楼扫街"行动,对"两新"组织进行地毯式排摸,摸清实际情况,做到"两新"组织数量清、运转情况清、职工人数清、党组织组建情况清、党员状况清、出资人情况清。由市直有关单位牵头,对主管的市级学会、协会、研究会进行全面梳理,做到学会协会研究会数量清、运行情况清、会员情况清、党组织组建情况清、党员状况清、负责人以及领导层人员情况清等。

2.完善组织设置

适应"两新"组织不同行业特点,近年来金华市按照地域相邻、行业相近、规模适当、便于管理的原则,推进覆盖重组。依托园区管委会、小微园管理部门建立"区域和园区化"党建联盟,依托街道、市场监管部门、协会商会或产权单位建立"商圈和市场化"党建联盟,依托物业服务企业、产权单位、骨干企业等建立"CBD和楼宇化"党建联盟,依托产业主管部门、行业监管部门、优势产业和龙头企业等建立"产业和行业化"党建联盟。同时,继续抓好互联网行业党建工作,推进网红、主播、电商、"快递小哥"等群体党建工作,切实填补覆盖真空。

3.建立"党建联盟"工作机制

主要是落实"专门机构、专职人员、专门场地、专门牌子、专项经费、专业队伍",实行党建联盟单位"契约化"管理,推行"清单工作法",

建立"组团制、轮值制、例会制、议事制、通报制"五项机制,构建"党建共抓、资源共享、活动共办、事务共商"工作格局,推动党内基本制度落实,打造党建特色品牌,发挥实质实效作用。如在"建筑之乡"东阳市,截至2015年10月,各类建筑企业达275家,足迹遍布国内,有的甚至走出了国门。在这支建筑大军中,流动党员占到了全市的64%。为此,金华市在东阳成立建筑业协会党委,做到党组织与项目部同步组建、党建工作与项目管理同步部署,使"党建跟着工程走,支部建在项目上"。2509名在册党员及流动党员均收归麾下。浦江县在推进"两新"组织党建中也积极开展"党建联盟"建设行动,对照产业布局、地域分布以及"四化重组"要求,梳理组建浦江挂锁产业党建联盟、浦江江南一埠电商党建联盟、浦江水晶产业党建联盟等12个产业党建联盟,强化上下联动、内外贯通,做实做细联盟企业联防新冠疫情、联建党员队伍、联享优势资源、联创生产经营、联破瓶颈难题,实现企业间同频共振、互利互惠。

对党员人数较少或没有党员、暂不具备条件单独建立党组织的"两新"组织,党群服务中心承担起了党建孵化和培育的重任。近年来,金华市也大力推进"两新"组织党群服务中心建设。在党群服务中心内,阅览室、健身活动室、谈心谈话室、党组织活动室一应俱全。如金华市社会组织党群服务中心(社会组织创新园)为全市社会组织提供党务、场地、需求对接、公益活动等服务,自2013年建立以来,已孵化45个社会组织党组织。①

（三）实施政治"领航聚力"工程

1. 强化政治引领

巩固"不忘初心、牢记使命"主题教育成果,加强思想政治教育,引导业主、广大职工坚定听党话、跟党走、报党恩。推荐"两新"组织负责

---

① 《为高质量发展凝心聚力》,《金华日报》2020年3月20日。

人为各类先进或"两代表一委员"人选时，要看其是否重视党建工作。巩固拓展"两新"党组织主题教育"十个一"等做法，严格落实"三会一课"、主题党日、组织生活会和党性体检、民主评议等基本制度，持续推动"两新"组织党员读原著学原文悟原理，不断增强"四个意识"、坚定"四个自信"、做到"两个维护"。

2. 强化政治吸纳

深入实施"党员人才工程"，重点在上市公司、高新技术企业、民办学校、民办医院、社会中介组织等各类人才密集行业中发展党员工作，注重把政治素质好、群众认可度高、符合党员条件的"两新"组织出资人、经营管理人员、专业技术骨干、高知识群体等各类优秀人才吸收到党内来。由县（市、区）委"两新"工委成员牵头，建立高知识群体入党"一对一关爱"制度。所在单位没有党组织的，县级以上党委（党组）组织人事部门可直接做好联系培养工作。

3. 强化政治把关

积极推行"两新"组织和党组织领导班子"双向进入、交叉任职"，探索建立"两新"组织党组织参与本单位重大决策事项会议的制度，对"两新"组织有关事项是否符合党的路线方针政策进行政治把关，引领正确发展方向。发挥党管人才的政治优势，对"两新"组织人才引进、选拔、管理、使用等事项进行政治把关，为"两新"组织选准人、用对人提供决策参考。

（四）推进"两新"领域"基层党建＋社会治理"创新

1. 实施"'两新'治理先锋"工程

深入开展党群共建活动，加强"两新"组织思想政治工作和文化建设，进行社会主义核心价值体系教育，团结感化出资人奉公守法、以人为本、诚信经营、勇担社会责任。健全"两新"组织党员广泛联系职工制度，及时了解员工思想动态，及时排忧解难、疏导情绪，构建和保持和谐劳动关系。强化党员服务基层治理的能力,推行党员目标管理、评星定级、"12 分制"积分管理等办法,促使广大党员自觉投身基层治理的实践。

2. 打造区域治理平台

由"党建联盟"牵头,以市场、特色小镇、园区、商圈、楼宇等各类党群服务中心为平台,按照"区域统筹、条块协同、上下联动、共建共享"要求,整合区域内多方资源,引导多元主体参与区域治理,构建基层党建"15 分钟服务圈"。建立多元化的基层治理机制,发挥群团组织、社会组织作用,发挥行业协会商会自律功能,积极引导会员和广大群众参与矛盾调处、社区服务、公益慈善、救援救助等基层治理工作。

3. 创新社会组织"党建十"治理模式

发挥社会组织资源和人才优势,积极参与基层社会治理。依托律师协会组建"法律服务团""老娘舅调解工作室",主动参与信访接访、重点工程保障、矛盾纠纷化解等工作;依托紧急救援协会、电工协会、民办医院等组建"紧急救援队",积极参与抢险救灾、紧急救援、社会救助等突发性事件处置;依托非公企业、行业协会商会开展"消薄"、结对帮扶等活动,推动社会治理力量落到最基层。

(五)实施党务工作者"红领计划"

1. 选优配强党组织书记

近年来,金华市坚持内部选拔、组织选派、公开选聘等多种途径,选优配强"两新"党组织书记。从"两新"党组织中推荐一批素质较好、热爱党务工作、相对年轻的优秀党员担任书记,推荐管理层人员担任书记,鼓励支持重点和大型企业配备专职副书记。加大选派党建指导员工作力度,从退出现职干部、退休干部、优秀年轻干部中选派一批担任"两新"党组织书记,注重从驻企服务员选派一批担任非公企业第一书记,建立"联企联党建"工作机制。试点"两新"党组织书记县级备案管理制度,落实书记工作变动报告制度。探索从高校毕业生中公开招聘专职"两新"党务工作者。

2.建立健全教育培养机制

推行"红领职业通"、党务人才资质认证等做法,市级办好省市级双重管理党组织书记培训示范班,县级办好重点班和轮训班,所有"两新"党组织书记每年至少参加 1 次县级以上组织的培训。加强"两新"党建后备人才库建设,注重从群团组织负责人、生产骨干中有计划地培养选拔书记后备人选。定期分片组织双重管理"两新"党组织书记学习交流,打造互学互比平台。

3.完善激励保障机制

金华市推行 10％党建绩效考核,选树一批"优秀党组织书记""优秀党务工作者",激励"两新"党务工作者担当作为、干事创业。同时,推动各地建立健全"两新"党组织书记薪酬待遇保障制度,鼓励有条件的地方建立以财政支持为主渠道的党组织书记和党务工作者津补贴制度。优先推荐优秀书记担任各级人大代表、政协委员、工青妇代表和劳动模范,探索优秀书记参加干部教育培训主体班次的做法。

第三节　全面从严治党金华实践的经验与启示

20 年来,金华市遵照习近平同志多次来金调研党建工作时发表的重要讲话精神和中央、省委有关全面从严治党决议的精神,始终抓住根本加强党的建设,全面推进党的思想政治、组织领导、干部队伍、工作作风、基层党建、"两新"党建向纵深发展,为金华改革开放和社会主义现代化建设提供了坚强政治保障,为金华推进全面从严治党留下了许多重要经验和启示。在新时代金华忠实践行"八八战略",高水平建设内陆开放枢纽中心城市,实现"浙中崛起"的社会主义现代化建设的征程中,我们必须结合新的时代条件下的金华实际,不断推进全面从严治党的实践探索,把党建设得更加坚强有力。

一、坚持以人民为中心紧紧围绕党的政治路线

党的建设历来同党的政治路线和中心任务紧密联系在一起。只有紧紧围绕党的政治路线和中心任务加强党的建设,坚持为党领导的伟大事业服务,才能保证党的建设的正确方向,使全体党员干部始终不忘初心、牢记使命,履行好肩负的神圣职责,坚定不移为实现党的理想而奋斗。民心是最大的政治,党的中心任务就是不断推进改革开放和中国特色社会主义建设,维护好、实现好、发展好最广大人民群众的根本利益,坚持以人民为中心的发展思想,不断促进人的全面发展、全体人民共同富裕,以自身全面过硬赢得人民衷心拥护和支持。

长期以来,金华市委、市政府正是遵照习近平同志的讲话精神及党的路线方针政策,坚持以人民为中心的发展思想,抓住根本加强党的建设,紧紧围绕党的政治路线,始终坚持以经济建设为中心,坚持"四项基本原则",坚持改革开放,按照"全面小康浙中崛起"目标,领导全市人民上下同心,奋勇争先,不断前行。从"十五""十一五"到"十二五""十三五",再到如今的"十四五",在"八八战略"和习近平重要讲话精神指引下,一张蓝图绘到底,一茬一茬接着干,大力实施"群城聚市、实业兴市、创新强市、开放活市、环境立市"五大发展战略,先后提出加快建设浙中西部中心城市,成立金义都市新区,建设三条廊道,打响九场硬战,努力推动金华经济社会健康发展,实现浙中崛起。尤其在"十三五"时期,在高水平全面建成小康社会决胜阶段,面对严峻复杂的国内外形势,金华市委、市政府坚持以习近平新时代中国特色社会主义思想为指引,坚决贯彻中央和省委决策部署,紧紧围绕"打造增长极、共建都市区、当好答卷人"工作总要求,团结带领全市人民,拼搏实干、争先进位,全面打赢"九场硬战",高水平谱写了"八八战略"金华新篇

章。"十三五"时期,金华市聚力全面小康、浙中崛起,综合实力持续增强。经济总量达 4704 亿元,年均增长 5.7％。一般公共预算收入从 309 亿元增加到 423 亿元,年均增长 6.5％。城乡居民收入分别跨上 6 万元、3 万元台阶,年均分别增长 7.3％、8.4％。市场主体从 59.7 万户增加到 126.9 万户,总量跃居全省第二位。三大攻坚战取得决定性成就,全面小康指数位列全国地级市第 27 位。动能转换全力提速,入选国家创新型城市建设名单,成功加入长三角 G60 科创走廊,创成国家知识产权示范市,数字经济产业指数、区域贸易指数位列长三角 27 个中心区城市首位;改革开放全面深化,"无证明城市"、企业开办"零见面"改革等走在全国全省前列,全球跨境电商大会永久落户金华,中国(浙江)自贸试验区金义片区获批建设,外贸出口居全省第二,跨境网络零售出口位列全省第一;都市区共建取得突破,成功纳入长三角中心区范围,金义都市区及核心区范围实现扩容,省级金义新区获批设立,全国性综合交通枢纽加快建设,以优异成绩跻身"全国文明城市"行列;生态环境持续优化,连续 6 年夺得省治水"大禹鼎",成功创建国家园林城市、国家森林城市、国家节水型城市,荣获 2019 绿色中国特别贡献奖;社会事业加快发展,省教育基本现代化县(市、区)实现全覆盖,优质医疗资源"双下沉、两提升",疫情防控有力有效,民生保障全面加强,文化金华、平安金华、法治金华、清廉金华建设全面深化,平安金鼎县(市、区)实现满堂红。"十三五"规划目标任务基本完成,高水平全面建成小康社会胜利实现,为开启高水平现代化新征程、打造"重要窗口"奠定了坚实基础。

总结历史经验,在中国特色社会主义新时代,金华市委、市政府必须继续坚持以人民为中心的发展思想,紧紧围绕党的政治路线不动摇,带领全市党员干部和人民群众着眼"两个大局",深刻认识我国社会主要矛盾变化带来的新特征新要求,深刻认识错综复杂的国际环境带来的新矛盾新挑战,深刻认识危和机并存、危中有机、危可转机的新判断,增强"窗口意识"、机遇意识和风险意识,保持战略定力,发扬斗争精神,树立底线思维,奋发有为办好自己的事,努力在危机中育先机、于变局中开新局,在建设社会主义现代化国家新征程中夺取更大胜利,早日建成经济综合实力更强、科技创新活力更足、改革开放水平更高、都市区共建步伐更快、城乡生态环境更美、人民生活品质更好、市域治理效能更高的社会主义现代化先行市,实现金华在浙中的崛起。

二、立足金华地方实际不断创新基层党建

金华历来高度重视基层党建工作,按照习近平同志相关指示精神,立足金华地方实际,一以贯之抓好基层党组织建设,充分发挥其战斗堡垒作用。20年来,在基层党组织建设过程中,金华市按照"四个全面"战略布局和"干在实处永无止境,走在前列要谋新篇"的总体要求,着力强化党的政治引领、思想引领、制度引领和作风引领,推动全市基层党组织全面过硬、基层政权全面稳固,使党的旗帜在每个基层阵地高高飘扬,党同人民群众的血肉联系更加密切,确保全市基层党组织各项工作走在全省前列,确保中央和省委、市委各项决策部署一贯到底,确保基层社会和谐稳定,确保广大人民群众过上更加幸福美好的生活。

在基层党建中,金华正是坚持从自己的实际出发,结合新时代"枫桥经验",以"基层党建+社会治理"创新为主抓手,因而使"后陈经验""浦江经验""龙山经验"不断拓展深化,使民情民访代办制全面推广,创建了一批"无访乡村""善治村居",广大乡村安定和谐、文明有序、崇善向上的氛围日益浓厚。落实基层党建工作责任制是加强基层党组织建设的重要保障。抓好基层党建,关键在县(市、区)委书记。金华市结合实际围绕"书记抓、抓书记"这个关键加强制度设计,引导县(市、区)委书记像抓经济工作一样抓基层党建,形成了大抓基层的鲜明导向。金华市的做法说明,基层党建要抓好做实,关键是各级党组

织书记要承担和落实主体责任。金华市之所以能够连续 9 次荣获"全国最安全城市"称号,获"平安金鼎","好家风信用贷"获评省宣传思想文化工作创新奖,是结合金华实际不断推进"基层党建＋社会治理"创新的金华模式的结果。正是如此,2019 年,全市信访四级走访登记量同比下降 27.8%,新增信访积案率下降 68%,其中很大一部分矛盾纠纷化解在了基层。

正是坚持从金华各地的实际出发不断创新基层党建,近年来金华各地创造出了独具地方特色的基层党建工作经验。如金东区基层党建紧紧围绕"整镇推进、整区提升"要求,全面落实浙江基层党建"二十条"经验做法,探索形成了载体鲜活、基层欢迎、实效明显的特色金东基层党建"十法",包括抱团协作法、定题突破法、挂图作战法、融合推进法、擂台比武法、清单促改法、区域协同法、晾绩倒逼法、底线抬升法、会考会诊法等,推进全区基层党建工作全面进步、全面过硬。再如义乌市坚持务实创新,全力打造"党建＋美丽乡村"建设的义乌样本。近年来,义乌市强化规划引领,因地制宜,围绕"一村一特色、一线一品牌",利用乡土材料、留住乡愁文化、体现历史厚度,打造美丽乡村升级版,并以农村土地制度改革为主要抓手,推动"党建＋美丽乡村"建设,注重招商引资,把美丽乡村转化为美丽经济,深入挖掘老祖宗留下的悠久历史文化、大自然赋予的好山好水、老百姓无穷的创造力,全面提升美丽乡村建设品质,努力把盆景变成风景、把风景变成生态,不断提升百姓幸福感和获得感。婺城区则聚焦基层党组织建设,从村级组织队伍管理、村集体经济增收、村域治理现代化着手,以"五星四过硬""十法组合拳""开门七件事"推进"五星三强"提升,切实为高水平推进"重要窗口"建设提供坚强组织保障。聚焦"党建强",锻造"五星四过硬"干部队伍。以"五星级"和"政治过硬、能力过硬、作风过硬、实绩过硬"为标准,以村社书记季度"晒拼创"为抓手,实行村庄治理一线、产业发展一线、项目建设一线、急难险重一线、服务群众一线"五个一线"大比拼,通过"360 全方位"考评,画准画实村社干部画像,建立村社干部全链条培养体系。目前全区 2500 余名村社干部全部领办实事项目,通过实干识人,建立一线表现档案 1528 册,1200 多名优秀村社干部进入组织视野。聚焦"发展强",打好消薄增收"十法组合拳"。以增强造血功能为着力点,以"十乡百村"创业行动为主平台,深入实施"双富"工程,通过飞地抱团联营、镇村合资增收、新村融合图强等"消薄十法",把资源聚到产业上,把要素聚到平台上,把服务聚到链条上,全力做大"造血项目",推动村集体经济高质量发展。2020 年,实施村集体增收项目 80 余个,安排财政补助资金 2000 余万元,所有行政村达到总收入 20 万元且经营性收入 12 万元以上。聚焦"治理强",推行"开门七件事"阳光座席。以村干部队伍作风建设为切入点,全面做实日常事务办理、民情民访代办、村内事务巡查、联邻帮户走访、政策宣传讲解、居家养老帮忙、民情日志记录等值班坐班"开门七件事",打造村干部"阳光座席",推动村域治理现代化。全区清退村干部办公用房 544 间,2500 余名村干部全部在便民服务中心一线办公。依托党群服务中心提档升级,不断做实"党员连心桥"品牌建设,把村办公楼打造成老百姓"无事也要登的三宝殿",真正把"基层党建＋社会治理"融入村域治理。

正是锚定"平安浙江示范区""社会治理示范市"目标,以坚持和发展"枫桥经验"为基点,金华市坚持从自身实际出发,围绕坚决打赢基层治理巩固战,打出"基层党建＋社会治理"创新系列组合拳,探索出一条符合金华实际的市域社会治理之路,较好实现经济发展与社会稳定同步推进、社会治理与平安建设同步提升、人民群众获得感、幸福感和安全感同步增强。金华连续 17 年被省委、省政府命名为"平安市",荣登全国地级市民生发展榜榜首,为推进市域治理现代化贡献了金华智慧,提供了金华样本。

三、以"赶考者"的姿态交出人民满意答卷

1949 年 2 月,在西柏坡"进京赶考"路上,毛泽东同志誓言"我们决

不当李自成，我们都希望考个好成绩"，表达了一个即将执掌全国政权的人民政党的坚定政治信念。2013 年 7 月，习近平来到"赶考"始发地西柏坡郑重地宣示："从实现'两个一百年'目标到实现中华民族伟大复兴的中国梦，我们正在征程中。'考试'仍在继续，所有领导干部和全体党员要继续把人民对我们党的'考试'、把我们党正在经受和将要经受各种考验的'考试'考好，努力交出优异的答卷。"①习近平同志在浙江工作期间多次到金华调研，明确提出要使浙中城市群成为带动金华乃至浙江中西部经济社会发展的重要增长极。这份沉甸甸的时代问卷，寄托着总书记的殷切期望，关乎金华人民的幸福安康，更关乎全省发展大局。如何回答好这份让金华人民满意的时代问卷，是摆在一届届金华市委和各级领导干部面前的重大课题。这既是思考题，也是必答题；是政治任务，也是历史使命。

20 年来，金华市委、市政府带领全市各地党员干部始终以"赶考者"姿态努力当好答卷人。使浙中城市群成为带动金华乃至浙江中西部经济社会发展的重要增长极，就是实现浙中崛起。它承载着几代金华人的梦想。从首次提出"建设浙中小城市群"目标，到如今"加快建设圈带聚合、协同共兴、富有活力、和谐宜居的现代化都市区"，金华人民追逐大都市梦想的脚步从未停歇。正是面对这份沉甸甸的时代问卷，金华市委带领全市各级干部群众怀着自信和豪迈负重前行，交出了一份份让金华人民满意的答卷。如今的金华，拥有世界最大的小商品批发市场、世界第三大五金产品集散中心，出口总额稳居全省第二；全国每 3 扇安全门中有 2 扇是金华制造，每 3 部电视剧中有 1 部在金华拍摄，全国每天发出的快递中，14 件就有 1 件发自金华。如今的金华，改革开放、锐意创新成果多："义乌发展经验"、武义"后陈经验"、浦江领导干部下访接访制度、"无证明城市"改革，在全国首开先河；农村

---

① 《党面临的"赶考"远未结束——习近平总书记再访西柏坡侧记》，《人民日报》2013 年 7 月 14 日。

居家养老模式、农村生活垃圾分类等成为全国典型;截至 2022 年已与 233 个国家和地区建立贸易关系,"义新欧""义甬舟"打造全省对外开放大动脉,创造了内陆地区开放发展的鲜活样本。如今的金华,金义双城记正在精彩上演,金义都市新区启动建设,这里是全省第三大城市群、第四大都市区——金义都市区的战略发展区。如今的金华,义乌国际贸易综合改革试验区正在金义黄金主轴上蓄势发力。如今的金华,作为"浙江之心",已经作为全省"一体两翼"发展总体格局中"一体"的重要组成部分来谋划定位;在国家"一带一路"和长江经济带等战略实施中,东南西北的资源皆可为金华所用;金华还有 40 多项国家和省部级改革试点,拥有先行先试的政策优势和要素支撑等。

中华民族吹响了伟大复兴的高亢号角,全省人民正奋进在"两个高水平"建设的新征程上,金华迎来了大有可为的战略机遇期。面对前进征程上一道道崇关险隘,面对"标兵渐远、追兵渐近"的严峻形势,面对周边地市抢抓机遇、大干快上的奋斗身影,金华唯有继往开来,开拓进取,百舸争流,奋勇者先,以答卷人的身份更加努力地答好时代问卷。首要的就是得有立志争先的士气、拼争抢创的劲头、共建图强的谋略,既要立足金华自身发展和资源优势,用足用好各项政策机遇,更要打破盆地意识、固化思维、小进即满的束缚,认真查找发展中的问题和短板,以时不我待、不进则退、慢进也是退的危机意识,高起点定位、高标准规划、高效率推进各项工作。要以积极主动的姿态,自觉融入大局找准定位,带着务实的政绩观去干、带着唯实的改革观去干、带着朴实的群众观去干、带着严实的责任观去干,勇于担当作为,善于攻坚克难,在新一轮发展中奏响实干最强音。当好新时代金华答卷人,各级领导干部必须带好头、敢担当、求实效、拼服务。要解放思想争一流,切实以新思想引领新征程,以新理念指导新实践;要自觉融入大局找准定位,以积极主动的姿态谋求作为,攻坚克难、狠抓落实;要以大调研为抓手,进一步转变工作作风,积极构建亲清政商关系,为发展营造良好服务环境;要从严管理抓队伍,让敢担当、敢作为在干部队伍中蔚然成风,不断巩固风清气正的政治生态。

历史只会眷顾坚定者、奋进者、搏击者，而不会等待犹豫者、懈怠者、畏难者。身处伟大时代，让人备感自豪；肩负都市梦想，更觉责任重大。在中国特色社会主义新时代，金华的各级党组织和全体党员干部在市委、市政府带领下，在习近平新时代中国特色社会主义思想的指引下，一定能继续以"赶考者"的姿态，不负700万金华人民的重托，不辱使命，在崛起浙中的前进道路上负重前行，向党和人民交出一份又一份满意答卷。

四、严管厚爱相结合全方位打造干部工作体系

党的干部是党和国家事业的中坚力量。政治路线确定之后，干部就是决定因素。20年来，正是遵照习近平同志在金华考察时有关加强干部队伍建设的指示精神，金华市委始终坚持党管干部原则，坚持选准用顺培优管好干部，切实把各方面优秀人才集聚到崛起浙中的伟大奋斗中来。

首先，要坚持德才兼备、以德为先，坚持五湖四海、任人唯贤。要深刻把握选人用人的新标准新要求，切实把好用人导向的"方向盘"，始终把政治标准作为衡量干部的第一标准，强化党组织的领导和把关作用，确保选出来、用起来的干部政治上过得硬、靠得住。要树立实干导向，立足事业发展，突出用人以公，真正把敢于负责、勇于担当、实绩突出的干部选出来，把能力突出、专业过硬的优秀干部用起来，大胆给年轻干部锻炼的机会和平台，打造"忠诚担当、拼搏实干、高效廉洁"的金华铁军。要加强组织领导，紧盯"关键少数"，探索开展"一把手问政"，带动形成一级抓一级的良好局面。要夯实基层基础，牢固树立"抓好党建是最大政绩"意识，突出"书记抓、抓书记"，从严管理乡村干部队伍，全方位加强权力监督，推动基层党建"全领域建强、全区域提升"。

其次，要将严管与厚爱相结合。在干部使用和管理过程中，既从

严管理,对为官不为、乱为、慢为的典型人和事等不良现象,要严肃查处;同时又要对干部有足够的关心和关爱,积极关注他们的身心健康,认真解决好他们的实际困难和问题,让他们切实感受到组织的关怀和温暖,进一步完善容错免责机制,坚持激励和约束并重,切实减轻基层负担,最大限度调动广大干部的积极性,激励干部干事创业,不断提升全市干部工作的质量和水平,全方位打造全市干部工作体系。

最后,要不断提升各级领导班子和党员干部能力素质。认真落实好干部标准,健全干部成长选育管用全链条机制,完善全面、立体、透视察人识人机制。坚持实干导向、实战历练,注重在建设一线考察识别干部,完善能上能下的考核评价机制,加强对敢担当、善作为干部的激励保护,扎实做好澄清正名和容错免责工作,推进"两个担当"良性互动,让干部有奋斗激情而无后顾之忧。加强干部教育培养特别是年轻干部、妇女干部培养,加强高素质专业化公务员队伍建设,以正确的用人导向引领干事创业创新导向,让拼搏实干的干部队伍、风清气正的政治生态成为金华的鲜明标识。

20年金华发展的实践证明,建设现代化都市区关键是全方位打造一支高素质专业化干部队伍。"高素质"除了政治上过硬,最重要的就是要具备敢担当能担当善担当、敢干事能干事干成事的综合素质。领导干部不仅要自己带头担当、敢于担当、善于担当,更要为那些敢于担当干事的干部撑腰鼓劲,使敢担当、敢作为在干部队伍中蔚然成风。"专业化"不仅要求有一定的专业知识,更要求有专业能力、专业精神,做到"干一行爱一行、钻一行精一行、管一行像一行"。各级领导干部要自觉对照都市区建设的任务,既要在提高专业知识上下功夫,更要在培养专业能力、弘扬专业精神上下功夫。同时,必须坚持问题导向,按照市委"'八八战略'再深化、改革开放再出发"大调研活动部署要求,深化"巡察式"调研,敢于直面问题,向顽瘴痼疾开刀。广大党员干部还要树立求解思维,以10个方面主要问题为标靶,弘扬钻研精神,逐一推动落实解决。要练就"绣花"本领,发扬认真、严谨的精神，力求每项工作都精益求精、臻于至善，为高质量完成"十四五"规划和二〇三五远景目标，实现浙中崛起提供坚强组织保障。

展　望

当前,我国经济社会发展正处在一个特殊的历史节点上:在过去的 2021 年,中国共产党迎来了建党 100 周年的历史性时刻;再过 26 年,我们又将迎来人民共和国诞辰 100 周年。在这样两个"100 周年"所闭环的时间段里,在世界经济政治"前所未有之大变局"的格局中,金华市继续推行"八八战略",不仅具有更加扎实的社会经济基础,而且也必然具有更加崇高更加辉煌的战略目标。从某种角度上来说,在这样两个"100 周年"的闭环时间段里,作为我国经济社会发展的"亚发达区域",金华将"高质量"地完成"中国梦"所包含的各项战略指标,特别是通过共同富裕,"两个文明"协调发展,人与自然和谐共生等路径圆满完成中国式现代化,成为中华民族伟大复兴的典范区域,向全世界展示"中国道路"和"中国智慧"的伟大使命。在"八八战略"的指引下,金华在以下方面可以实现跨越式发展。

一、"中国梦"的金华推进

作为名列全国前 50 甚至前 40 位的城市,展望第二个"100 周年"的闭环,金华要在现代化、一体化、省域第四大都市区建设上取得决定性成就,高层次现代产业、高能级组团城市、高效能政务服务、高品质美好生活全面建成,体现中国气派和金华韵味、令人向往的创新、开放、人文、生态、幸福的浙江中西部中心城市功能更加彰显,基本实现高水平现代化,成为全省发展的重要增长极,实现"浙中崛起"。

到第二个"100周年"的闭环，金华全市经济综合实力和质量效益大幅提升，人均地区生产总值达到发达经济体水平，基本实现新型工业化、信息化、城镇化、农业农村现代化，全面实现县域经济向都市区经济、城市经济升级，高水平建成国家创新型城市，形成金华特色现代化经济体系，成为浙江中西部地区经济社会发展的核心支撑；基本实现市域治理现代化，高水平建成整体智治体系和现代政府，建成法治政府、法治社会；全面打响"学在金华""健康金华""宜居金华"品牌，建成文化强市、人才强市、体育强市，"信义和美"成为金华城市鲜明标识；共同富裕取得更为明显的实质性进展，居民人均收入与人均生产总值之比达到发达经济体水平，中等收入群体显著扩大，建成现代化公共服务体系，城乡区域发展和居民生活水平均衡度实现领先，安全保障体系不断健全，共建共治共享的社会治理体系更加完善；建成国家级生态文明建设示范市和国家级森林城市群，基本实现人与自然和谐共生的现代化，生态环境质量、资源能源集约利用、美丽经济发展全面处于先进水平，高质量建成浙中大花园；党的全面领导落实到各领域各方面的高效执行体系全面形成，全面从严治党持续深入推进，清廉金华全面建成，政治生态风清气正，新时代中国特色社会主义制度优势充分彰显。

在"中国梦"架构下的金华，完全形成了与全省第四大都市区定位相匹配的集聚力、承载力和辐射力，做强金义主轴，在区域协调发展上攻坚突围，把金义主轴这个"龙头"高高扬起，以主轴强带动全市强，推动形成"主轴带动、多点支撑、全市协同"的生动局面。第一，建设成为国际陆港枢纽样板城市，在"三中心三高地"和"两核三区多平台"空间架构下，立足浙江、辐射长三角，通达全国、链接全世界的内陆开放示范样板。第二，打造先进制造新引擎，坚持工业强市不动摇，紧盯"2＋4＋X"产业导向，深入实施产业基础再造行动，奋力推动"四高三增两突破，以先进制造业崛起引领金华高质量赶超发展。第三，塑造科教人才新优势，深入实施科教人才强市行动，一体谋划推进教育、科技、人才工作,不断塑造发展新优势、抢占未来制高点。第四,激发金义主轴新活力,深入实施金义主轴牵引行动,积极落实好主轴发展规划,唱好双核驱动"双城记",以主轴大提升引领组团大发展。第五,擦亮八婺人文新标识,坚持创造性转化、创新性发展,深入实施新时代人文高地建设行动,加快打造与现代化都市区相匹配的文化标识。第六,树立生态发展新标杆,深入实施浙中大花园建设行动,协同推进降碳、减污、扩绿、增长,推动生态优先、节约集约、绿色低碳发展。第七,探索共同富裕新成果,深入实施共富共享品质生活行动,加快打造更多具有金华辨识度和重大影响力的标志性成果,不断提升群众获得感、幸福感、安全感、认同感。第八,创新社会治理新体系,深入实施基层治理体系创新行动,全面推动治理体系制度创新、组织变革、能力提升,构建共建共治共享的社会治理格局,平安考核进入全省第一方阵。

二、金华版"中国梦"的社会架构

古人云:千里之行,始于足下。任何宏伟的大厦,都是用一砖一瓦建造起来的。同样的道理,金华的"中国梦"也需要一系列特别定制的"砖"和"瓦"。

(一)巨量市场主体集聚的世界小商品之都

纵观金华改革开放 40 多年来的发展历程,最大的亮点就是"专业市场"。由专业市场而企业发展,由企业发展而技术升级,由技术升级而产业迭代,再形成整体经济的升级和转型。在市场与政府的双重作用下,金华市的市场主体迅速发育,并且以此奠定了经济发展的企业基础。相关数据显示,截至 2022 年 6 月底,金华市市场主体总量达151.1 万户,在全省率先实现个体工商户超百万,市场主体总量仅次于杭州位居全省第二,超出第三名的温州十万多户。特别是在义乌,在册市场主体数突破 90 万户,占全省的十一分之一,位居全省县级区域第一。正是在这样巨量市场主体的集聚作用下,金华形成了为数众多的块状经济,进而在不同的块状经济之间形成了统一联系的经济联合体,最终奠定了经济社会发展的优势。

金华市的这种块状经济集聚集中地体现在义乌市的"世界小商品之都"建设上。在各个行业的产品研究院,或者相关企业的产品研究所的支撑下,在博览会经济的牵引下,使得义乌成为我国乃至全世界的小商品总部经济。与研发高地形成直接依存关系的是生产高地。依据小商品的行业类别,由研发和生产双重高地而形成的总部经济,是以产品聚类为中心的特色小镇,也就是说,若干年之后,义乌会形成50—80个产业小镇,每个产业小镇小则几亿产值,大则超过千亿,最终使义乌集聚成为一个万亿产值的大型城市经济体。

作为小商品的全球总部经济,义乌的市场体系还有一个重要的战略使命,也即作为全国统一大市场体系的力量策源地和架构示范地。全国统一大市场建设是中共中央国务院的战略部署,因而也是我国当下最为重要的战略任务。但是要建设高标准市场体系,建设高效规范、公平竞争、充分开放的全国统一大市场;建立全国统一的市场制度规则,打破地方保护和市场分割,打通制约经济循环的关键堵点,促进商品要素资源在更大范围内畅通流动,都与我国几千年的传统文化、计划经济的强大惯性构成矛盾与冲突,因此,义乌凭借自己市场经济体系的强大实力和系统经验,都可以为我国统一大市场体系提供力量策源地和架构示范地。

(二)"大富小富共同富"的财富分配"社会链"

促进共同富裕是我国未来一个时期的一项战略目标,浙江省要为建设共同富裕示范区作出"窗口效应"。事实上,金华市是"共同富裕"窗口效应的典型城市,因为在市场主体充分发育的基础上,基于市场的价格分配机制,金华市形成了独具浙江特色的财富分配"社会链",甚至在某种角度上超越了"先富后富"的社会分配格局,形成了"大富小富共同富"的财富分配"社会链",最终奠定了金华市共同富裕的经的经济社会格局。因为专业市场的深层发育而形成的"企业链"的完美存在,因此在金华,特别是在义乌,巨量的市场主体通过"企业链"而在整个社会财富的大蛋糕中嵌入自己的分配体系,进而形成了一个完整的财富分配的"社会链"。在财富分配"社会链"的格局下,财富的获得尽管有多有少,但却是依据个人的能力而共同获得的,甚至在市场的带动下,市场主体之间的财富分配效应是互相促进的共同富裕模式。具体来说,金华的共同富裕模式有以下特点。首先是同步增长,也即每个企业的财富都是正增长的。其次是有差异的增长,位于前列的企业增长的幅度相对更大一些,而位于后列的企业则可能会相对小一些。再次是龙头效应,整个财富的增长由两个因素决定,一是龙头企业的创新力度,二是市场的销售机制。这两个机制共同作用,形成一个很多其他城市可能不存在的"和谐效应":龙头企业的"大富",是作为后级企业"小富"的源头和保障,只有龙头企业的"大富",才能确保后级企业的"小富",最终形成"共同富"。最后是消费者的保障效应。在完善而广泛的"企业链"的前提下,消费者作为工人可以得到相对具有保障效应的工资收入,此外消费者作为社会保障参与人员也可以得到基于政府架构的各种社会保障收入,从而决定了整个社会财富分配的和谐局面。

(三)"全域城市化"的城乡统一体系

金华市财富分配的"社会链"扩展到农村体系,自然地形成了金华城乡二元体系的本质性突破,也即在农村体系中嵌入财富分配"社会链"之后,原本作为弱势一极的农村体系反而形成了强势一极的社会特征,进而形成的城乡发展的逆向偏好。金华各地的专业市场发展过程中一个重要特点,就是原生意义上的市场主体在总体上呈现出明显的农村比例。义乌市场源于"鸡毛换糖",而当年参与鸡毛换糖的人几乎是清一色的农民,城市居民只是在市场体系已经制度化之后才有所介入。也正是因为前期农民作为市场主要力量,因此也自然地使得大量的农民获得了改革开放的"第一桶金"，进而为"起飞"奠定了经济基础，再加上在"新农村"政策的连续激励下，义乌市政府又对农村进行了大规模的投入，从而使义乌农村的社会发展在某种程度上并不弱于城市的发展，甚至在某些方面已经领先于城市的发展。正是因为在事实上消除了"城市居民"和"农村居民"的差异，因此这样一种"高境界富裕"的生活状态，在某种角度上来说可以归结为"全域城市化"的社会发展阶段。考虑到在未来一个时期内在政府上的突破，因此在"全域城市化"的统计口径中，一个人是否城市化的标准并不是居住地，而是其经济生活方式。以此来推论，以"绿水青山就是金山银山"理念为指引而实现了"高境界富裕"的县域，应该是一种"全域城市化"的发展阶段，因为其居民所达到的"比较优越的自然生态环境"、"相对比较高的经济收益"和"相对比较发达的社会民生福利"，都决定了其已经完全超越了传统农村的生产生活方式，而达到了真正的城市化生产生活状态。

（四）有为政府架构下的现代智慧治理体系

"义乌经验"，或者说以"义乌经验"为核心的"浙江经验"的本质特征，是市场经济这只"看不见的手"的主体性和系统性作用，但是随着市场体系的全面作用，市场本身不可避免的一些"市场失灵"现象也随之产生并深化发展。由此，发挥主观能动性，建构与市场这只"看不见的手"相协调的政府这只"看得见的手"的作用体系，也就是金华市政府在未来一个时期重中之重的战略任务。不仅如此，在现代智慧技术的引领下，政府这只"看得见的手"也必须在"智慧经济"的引领下，生成"智慧治理体系"，真正建构现代市场经济成熟而又完善的"市场有效，政府有为"的现代公共治理体系。首先是金华市的"有为政府"架构。党的十九届五中全会提出，要推动有效市场和有为政府更好结合，这是构建高水平社会主义市场经济体制的题中应有之义。其次是现代智慧治理体系。作为浙江省第二大信息港，金华市处于全国"八横八纵"干线光缆传输网的重要节点位置上,拥有 2 条国家一级和 10 条国家二级光缆干线,实际出口带宽已超 4800G。早在 2012 年,金华市就提出了建设"智慧城市"的战略构想,并被列为首批国家智慧城市试点,迈出了先行先试的重要一步。在"新时代"的历史节点上,金华市更要举全市之力推进智慧城市建设,整合多部门力量,制定智慧城市建设总体规划和年度行动计划,建设高速、移动、安全、泛在的新一代信息基础设施基本建成,政府与公共信息资源开发利用效益明显,民生服务和城市治理重点领域智慧应用成效突出,信息网络经济蓬勃发展,网络安全保障体系健全,建成全省一流的"智慧金华"。

综上所述,在未来一个时期内,金华市的发展目标可以界定为以下四个方面:一是市场主体数量集聚的超级块状经济联合体;二是"大富小富共同富"的财富分配"社会链";三是"全域城市化"的城乡体系;四是有为政府架构下的现代智慧治理体系。事实上,这四个方面的工作和任务都已经是"现在进行时"状态,而作为战略目标,其落脚点显然是一种更加完善、更加有效率的体系。

三、金华版"中国梦"的实施路径

古人云:千里之行,始于足下。尽管金华市的"十四五"规划和"2035 年远景规划",都为金华在"两个一百年"的伟大画卷中奠定了"中国梦"的社会基础,但是任何一个伟大的目标和远景,都必须建构在全体人民共同的扎实努力上,必须一步一个脚印地从实地干出来,金华人民的这些"美好生活",也必须建构在全体金华人民共同的扎实努力上,必须由金华全体人民一步一个脚印地从实地干出来。

（一）建构"高标准市场体系"

市场体系是金华市的长板和优势项目,但是距离党中央和国务院要求的"高标准市场体系"仍然有不小的距离。建设高标准市场体系是加快完善社会主义市场经济体制的重要内容,对加快构建以国内大循环为主体、国内国际双循环相互促进的新发展格局具有重要意义。为此，必须以习近平新时代中国特色社会主义思想为指导，全面贯彻落实党的十八大、十九大和二十大会议精神，深刻领悟"两个确立"的决定性意义，增强"四个意识"、坚定"四个自信"、做到"两个维护"，紧密团结在以习近平同志为核心的党中央周围，坚定不移贯彻新发展理念，坚持稳中求进工作总基调，以推动高质量发展为主题，以深化供给侧结构性改革为主线，以改革创新为根本动力，以满足人民日益增长的美好生活需要为根本目的，充分发挥市场在资源配置中的决定性作用，更好发挥政府作用，牢牢把握扩大内需这个战略基点，夯实市场体系基础制度，推进要素资源高效配置，改善提升市场环境和质量，实施高水平市场开放，完善现代化市场监管机制，坚持平等准入、公正监管、开放有序、诚信守法，畅通市场循环，疏通政策堵点，打通流通大动脉，推进市场提质增效，通过5年左右的努力，基本建成统一开放、竞争有序、制度完备、治理完善的高标准市场体系，为推动经济高质量发展、加快构建新发展格局、推进国家治理体系和治理能力现代化打下坚实基础。

（二）完善财富分配的"社会链"

财富分配的"社会链"在很大程度上是浙江省所独有的现象，这在很大程度上决定了浙江省社会经济发展的"大富小富共同富"的特征，而进一步的制度化完善也是当前需要特别完成的任务。要进一步完善专业市场基础上的"企业链"架构，进一步完善"企业链"基础上的财富分配"社会链"机制。

（三）夯实"全域城市化"的社会基础

基于财富分配的"社会链"体系，特别是基于金华市农村居民在专业市场创建过程中较高比例的主体性参与，因此财富分配"社会链"对金华农村的推进作用是不可估量的。也正是因为如此，金华农村的"三农"问题已经在很大程度上得到了解决，事实上，金华农村居民的总体生活质量已经和城市居民的生活质量在某种程度上实现了平衡。

（四）统筹推进智慧化公共治理现代化体系

智慧社会中的现代化治理是政府治理理念的创新，是现代社会发展对社会管理方式的变革，是科技推动与现代社会结构互动的转变，其关键在于借助信息通信技术、云计算、大数据等技术创新优势，更好地为社会良好运行助力，深度联结社会，以全新的社会治理体系为动力推动城市发展。

参考文献

[1]常光民、王传志:《如何做好新形势下的群众工作——访中共浙江省委书记习近平》,《求是》2005 年第 17 期。

[2]《车俊在永康武义调研时强调 以大抓落实推动高质量发展》,《浙江日报》2018 年 5 月 31 日。

[3]陈光金主编:《中国梦与浙江实践》(社会卷),社会科学文献出版社 2015 年版。

[4]《陈龙在市区调研时强调:以更坚定决心推进"两优一高"市建设》,《金华日报》2020 年 11 月 6 日。

[5]《创新引领 全面开启服务经济新时代——金华国家现代服务业综合试点的创新实践》,《浙江日报》,2020 年 6 月 10 日。

[6]崔元培:《中国 70 年扶贫政策历史演进分析》,《世界农业》2020 年第 4 期。

[7]《带着满满的安全感迈入全面小康社会》,《人民日报》2018 年 8 月 5 日。

[8]戴顺祥:《城郊经济与宋代城乡关系探析》,《思想战线》2011 年第 11 期。

[9]《迭代升级"基层党建＋社会治理"助力整体智治 金华系统推进市域社会治理现代化》,《浙江日报》2021 年 1 月 11 日。

[10]房宁、负杰主编:《浙江经验与中国发展:科学发展观与和谐社会建设在浙江》(政府管理卷),社会科学文献出版社 2007 年版。

[11]《扶贫史上的武义创举——从"山民"到"市民"的下山脱贫工

程》,《金华日报》2018 年 12 月 28 日。

[12]葛慧君:《推进浙中城市群"金义主轴线"建设》,《政策瞭望》2007 年第 4 期。

[13]《坚持开放发展——"五大发展理念"解读之四》,《人民日报》2015 年 12 月 23 日。

[14]《坚持共享发展——"五大发展理念"解读之五》,《人民日报》2015 年 12 月 24 日。

[15]《建成全面小康社会,建设现代化新金华,努力开创赶超发展浙中崛起新局面——在中国共产党金华市第六次代表大会上的报告》,《金华日报》2012 年 3 月 5 日。

[16]《金华:共建都市区掀开新篇章》,《浙江日报》2020 年 12 月 28 日。

[17]"金华历史文化丛书"编委会编:《八婺瑰宝——金华不可移动文物图集》,浙江教育出版社 2018 年版。

[18]"金华历史文化丛书"编委会编:《婺风遗韵——金华非物质文化遗产图录》,浙江教育出版社 2018 年版。

[19]"金华历史文化丛书"编委会编:《源远流长——千古风流说金华》,浙江教育出版社 2018 年版。

[20]《金华培养造就高素质专业化干部队伍》,《金华日报》2018 年 9 月 18 日。

[21]《金华市人大 2019 年工作亮点回眸》,《浙江日报》2020 年 4 月 23 日。

[22]《金华市人民代表大会常务委员会工作报告》,《金华日报》2019 年 3 月 1 日。

[23]林丹军主编:《浙中崛起——金华改革开放 40 年研究》,浙江人民出版社 2018 年版。

[24]《毛泽东著作选读》(下册),人民出版社 1996 年版。

[25]《2021 年金华市政府工作报告》,《金华日报》2021 年 3 月 1 日。

[26]《2019 年金华市中级人民法院工作报告》,《金华日报》2019 年 3 月 1 日。

[27]《2021 年金华市中级人民法院工作报告》,《金华日报》2021 年 3 月 1 日。

[28]《2017 年金华市中级人民法院工作报告》,《金华日报》2017 年 4 月 17 日。

[29]《强化指政理念　实践指政宗旨——习近平在金主持召开金丽衢三市党建工作座谈会　乔传秀等参加》,《金华日报》2004 年 8 月 12 日。

[30]《全市"四攻坚四争先"动员大会召开》,《金华晚报》2021 年 2 月 19 日。

[31]《完整准确全面贯彻新发展理念　发挥改革在构建新发展格局中关键作用》,《人民日报》2021 年 2 月 20 日。

[32]王明波:《习近平下访工作研究——基于福建、浙江、上海的领导实践》,《中国延安干部学院学报》2019 年第 5 期。

[33]《为高质量发展凝心聚力》,《金华日报》2020 年 3 月 20 日。

[34]《我市"揭榜挂帅"为全国提供经验样本》,《金华日报》2021 年 3 月 31 日。

[35]《武义:从下山脱贫到兴城共富》,《金华日报》2021 年 3 月 8 日。

[36]《武义打造"两新"党务工作者"全培养链"》,《浙江日报》2020 年 5 月 26 日。

[37]习近平:《摆脱贫困》,福建人民出版社 2014 年版。

[38]习近平:《干在实处　走在前列——推进浙江新发展的思考与实践》,中共中央党校出版社 2006 年版。

[39]习近平:《干在实处　走在前列——推进浙江新发展的思考与实践》,中共中央党校出版社 2013 年版。

[40]习近平:《决胜全面建成小康社会　夺取新时代中国特色社会主义伟大胜利——在中国共产党第十九次全国代表大会上的报

告》,人民出版社 2017 年版。

[41]《习近平来金开展党建工作调研时指出　兴起学习"三个代表"的新高潮　切实抓住根本加强党的建设》,《金华日报》2003 年 6 月 16 日。

[42]《习近平谈治国理政》(第二卷),外文出版社 2017 年版。

[43]《习近平在金华调研时强调积极进取　奋发有为　推动经济社会又快又好发展》,《金华日报》2006 年 6 月 15 日。

[44]《习近平在金华调研时强调加快浙中城市群建设　推动经济社会发展再上新台阶》,《浙江日报》2004 年 8 月 11 日。

[45]《习近平在我市调研时强调加强基层组织建设要有作为做好群众工作巩固执政基础》,《金华日报》2005 年 6 月 18 日。

[46]习近平:《之江新语》,浙江人民出版社 2007 年版。

[47]徐亚清、于水:《论信访的治理之维:断裂的历史与重构的话语》,《湘湖论坛》2020 年第 1 期。

[48]《一体推进"三不"做实案件查办"后半篇文章"》,《金华日报》2021 年 2 月 20 日。

[49]《义乌市场主体突破 60 万户》,《浙江日报》2020 年 4 月 27 日。

[50]《永远的征程——习近平总书记在浙江的探索与实践　党建篇》,《浙江日报》2017 年 10 月 13 日。

[51]《远程数字法庭高效推进审理进度》,《金华日报》2020 年 12 月 19 日。

[52]《在庆祝全国人民代表大会成立 60 周年大会上的讲话》,《人民日报》2014 年 9 月 6 日。

[53]《中办国办印发〈关于创新群众工作方法解决信访突出问题的意见〉》,《光明日报》2014 年 2 月 26 日。

[54]中央党校采访实录编辑室:《习近平在浙江》(上),中共中央党校出版社 2021 年版。

[55]周伟林、严冀：《城市经济学》，复旦大学出版社 2004 年版。

[56]朱海燕：《金华生态文明建设的足迹及启示》，《统计科学与实践》2018 年第 10 期。

后　记

按照浙江省习近平新时代中国特色社会主义思想研究中心、浙江省社会科学界联合会的统一部署，金华市与浙江省习近平新时代中国特色社会主义思想研究中心浙江师范大学基地联合组建课题组，课题组组长由周志山担任，副组长由曹一勤担任，浙江师范大学马克思主义学院党委书记苏煜担任联络员。各章作者按照提纲要求分工撰写，初稿形成后由浙江师范大学马克思主义学院郑祥福教授进行全面审读，并提出了详细修改意见。本书写作分工如下：

导论，姜玉峰（浙江师范大学）；第一章，郭金喜（浙江师范大学）；第二章，傅庆芳（浙江师范大学）；第三章，刘开美、刘宇（浙江师范大学）；第四章，周志山（浙江师范大学）；第五章，肖祥（浙江师范大学）；第六章，章小朝（浙江师范大学）；第七章，曹荣庆（浙江师范大学）。

本书写作得以顺利完成，离不开中共浙江省委宣传部、浙江省社会科学界联合会的关心、支持和指导，离不开中共金华市委宣传部、金华市社会科学联合会的协调与帮助，离不开各位审读专家的指导与支持。封面由叶颖拍摄，在此一并表示由衷的感谢！

本书的写作难免存在一些疏漏之处，敬请各位读者批评指正！

作　者
2023 年 6 月